抗战大后方文学史料建设丛书

熊飞宇 著

抗战大后方的
杜甫研究

社会科学文献出版社
SOCIAL SCIENCES ACADEMIC PRESS (CHINA)

"抗战大后方文学史料建设丛书" 总序

　　"抗战大后方文学史料建设丛书"是国家社科基金重大项目的重要成果，经过作者的不懈努力，终于如期完成，即将由社会科学文献出版社出版。翻阅重庆师范大学重庆市抗战文史研究基地中青年学者提交的这批书稿，我们有一种既熟悉又陌生的感觉。"抗战大后方文学史料建设丛书"固然源自重庆师范大学承担的国家社科基金重大项目"抗战大后方文学史料数据库建设研究"，但它已经远远不只是对抗战大后方文学史料本身的发掘和阐释，还是站在时代的高度同那一代作者和数代读者的交流与对话，并且这种交流和对话无疑将不断延续下去。这就使这些著作有了更多建设的意义。

　　或许有人会觉得，产生于20世纪三四十年代的那些抗战大后方文学作品在今日已失去现实意义，只是作为历史的某种残留物散失在各地。它们中的少数幸运者或许还有机会被后来者发现，但大部分作品只能无可避免地落入尘烟，难逃销声匿迹的命运。借用海德格尔的术语来说，它们似乎已经从现实的"存在"退回成为虚拟的"在"。然而，这套丛书的作者在最近六七年的时间里，几乎是每日都在与那些静静地躺在某个角落而被偶然发现的故纸打交道，为它们拂去历史的尘埃，使它们能够以无言的姿态讲述动人的历史的、文学的故事，从而又从虚拟的"在"变身为现实的"存在"。

由此可见，那些与我们相隔近一个世纪的历史材料，事实上并不能掌控自己的命运。只是在一代又一代的作家、读者、编辑和研究者有意无意做了大量相关工作之后，这些产生于那一战争年代、如今已经发黄变脆或模糊不清的纸片才被传递到今天。这些研究者也只是因为某种特定的机缘，在一种偶然的场合遇见了这些史料，并在感慨和感动之余写下心有所感且充满希冀的文字，希望借此表达他们对先辈的敬意，展现他们对这些被称作抗战大后方文学的作品所做的发掘和研究。而且他们知道，对那些被开发出来的作品以及相关解读著述来说，最好的结果或许是人们今后还会继续阅读和研究它们。这样一种绵延不断的过程正是我们所理解的"建设"。所以，我们更倾向于接受这样一种说法，史料本身其实不会说话，如果不是人们执着地寻找和开发，它们甚至永远不为人知。从这个意义上讲，所有史料的发掘和研究其实都是一个建设的过程，包括对史料本身的发掘和整理、对史料的阐释和说明，以及对由史料引发的相关学术问题的绵延不止的研究，等等。如果再算上一代又一代学人在研究过程中的成长，这里所说的"建设"的含义将更加丰富。正是基于这样的理解，我们认为把这一套有关抗战大后方文学史料研究的丛书称作"抗战大后方文学史料建设丛书"不仅名副其实，还可以给我们许多有益的启发并使我们意识到自己的局限。

当然，所谓文学史料的建设，又不同于修房子、建工厂那样可以凭空而起，而是有自己的限度。它更像是在某个废弃的旧地基之上的再建设。这种"再建设"，一方面可能是对当年的这些抗战大后方文学"建筑物"为什么会建造成如此模样的探寻，另一方面则可能是对当年的这些抗战大后方文学"建筑物"对今天"文学建筑学"的影响和意义的思考。当然，这种"再建设"还有可能是对那些曾经辉煌而如今已经坍塌或严重剥蚀的抗战大后方文学"建筑物"所做的"知识考古"，就像历史遗址考古发掘现场的文物工作者所做的那样，小心翼翼地发掘残存的断砖碎瓦，考辨其中的历史文学痕迹，努力获得对抗战大后方文学前辈、文学作品和文学时代尽可能真切、准确的感知与理解。远古遗址中的一砖一木，通过历史考古学的详细考辨，可以推测出那时人们的生活、思想与感情，以及他们与我们的关系；而文学作品作为时代的晴雨表，通过研究者的爬梳与阐发，可以更为直接形象地呈现彼时人们的生活状况和思想感情。毕竟文学是人学。了解过去的文学，不仅能够更好地认识今天的文学，还能够更好地认识今天的人。这也正是我们所理解的文学史料建设的意义所在。

至于这批中青年学者究竟能在多大程度上接近他们预设的目标以及他们的探索的成败得失，则有待学界的明察。我们也特别期待来自读者和学界的批评赐教。

是为序。

周晓风　李怡

2025 年 7 月 15 日

目　录

绪　论

抗战时期，"杜甫"作为中华民族的文化符号和精神象征，得到广泛的认同和广大的弘扬；同时，在大后方，由于文化机构和文人学者的聚集，这一时期的杜甫书写，呈现繁盛的局面，成为杜诗学史上的重要收获。

杜诗学发展至今，已积累成"深广之内容，浩繁的材料"，与"选学"和"红学"鼎足而三。① 论者对各个阶段的杜诗学，包括抗战时期的杜甫研究，均有或详或略的总结和阐述。其一是杜诗学的倡导与建构。"杜诗学"自元好问提出之后，经多年发展，进入整合阶段。代表性的成果有谢思炜的《杜诗解释史概述》、廖仲安的《杜诗学》、胡可先的《杜诗学论纲》和《杜诗史料学论纲》、林继中的《杜诗学——民族的文化诗学》等论文，以及许总的《杜诗学发微》，孙微、王新芳的《杜诗学研究论稿》，郝润华等的《杜诗学与杜诗文献》，刘文刚的《杜甫学史》等专著。这些学者为杜诗学建设提出总体构想，做出有益的探索。

2012 年 4 月，吴中胜的《杜甫批评史研究》由中国社会科学出版社出版。该书以时代为纲，以具体的批评家或著述

---

① 廖仲安：《杜诗学》（上），《首都师范大学学报》（社会科学版）1994 年第 5 期。

设目，考察历代学者对杜甫及其诗学的思想态度。其中，第五章"民国时期杜甫批评"之下，辟有"抗战时期的杜甫形象及杜诗评论"一节，从四个方面（专著、国文教材、报纸杂志文章及诗歌创作），揭示其特点。

其二是杜甫研究的文献辑录。历代杜集书目的裒汇，主要见诸四书：《古典文学研究资料汇编：杜甫卷》（华文轩编）、《杜集书目提要》（郑庆笃、焦裕银、张忠纲、冯建国编著）、《杜集书录》（周采泉著）以及《杜集叙录》（张忠纲、赵睿才、綦维、孙微编著）。对民国时期杜甫研究论文的辑录，主要集中于以下两种：《杜甫研究论文集》，收入中华书局"中国古典文学研究论文集"丛书，共三辑；台湾学生书局出版的《杜甫和他的诗》（上、下）。

其三是 20 世纪杜甫研究的综述。对 20 世纪杜甫研究的总体考察，有多篇论文，如杜晓勤的《20 世纪唐代文学研究历程回顾》，王学泰的《20 世纪文化变迁中的杜甫研究》，林继中的《百年杜甫研究回眸》，张忠纲、赵睿才的《20 世纪杜甫研究述评》，刘明华的《现代学术视野下的杜甫研究——杜甫研究百年回顾与前瞻》，彭燕的《杜甫研究一百年》，潘殊闲、张志烈的《杜甫研究百年回顾与展望》，等等。

此外，有两本专著尤值一提。2001 年 12 月，杜晓勤的《20 世纪中国文学研究：隋唐五代文学研究》由北京出版社出版。该书以主题为纲，细分条目，进行归类整理。其中，"20 世纪杜甫研究概述"，分 20 世纪上半叶、五六十年代、"文化大革命"期间、"文化大革命"以后四个阶段。每一阶段又包括生平研究、思想研究、诗歌艺术研究、杜集版本研究和杜诗学史四个方面。著者还在"李白研究"一章中分列专节"李杜比较"。

2014 年 7 月，赵睿才的《百年杜甫研究之平议与反思》由人民出版社出版。作者认为，百年杜诗学史基本上是"平民诗人"—"人民诗人"—"诗圣"的沉浮史与"诗史说"的争议史。其中，第一编第二章"时代召唤杜甫——抗战期间杜甫研究测旨"认为，抗战时期，杜甫成为"时代的喉舌"，而杜甫研究的主要功臣冯至，具有"筚路蓝缕，以启山林"的开创之功。此外指出，尚有多部富有时代特色、民族特色的专著，如程会昌的《杜诗伪书考》和《少陵先生文心论》、易君左的《杜甫今论》、朱偰的《杜少陵评传》、王亚平的《杜甫论》、哈佛燕京学社引得编纂处洪业等编的《杜诗引得》、章衣萍的《杜甫》等。同时，由于郭绍虞、李辰冬、罗庸、程会昌和金启华等学者的努力探讨，杜诗理论批评也得到升华。抗日战争激发的民族主义思潮，也强化了杜诗的"诗史"说。

其四是民国时期杜甫研究的有关综述。百年来，杜甫研究的论文层出不穷。有关综述，主要见诸下述三文：焦裕银的《杜甫研究论文综述（1911—1949 年）》，郑庆笃的《杜甫研究论文综述（1950—1976 年）》，张忠纲、冯建国的《杜甫研究论文综述（1977—1985 年）》。孔令环的《现代杜诗学文献述要》则主要是针对 1917—1949 年中国杜诗学文献的总结和整理。该文搜罗较为详备，而且提供线索，指示路径，颇有益于后来者。

民国时期是杜诗学发展史上的一大转折点，古典杜诗学日渐衰落，现代杜诗学逐步开启。李诗白的硕士学位论文《民国杜诗学研究》（云南师范大学，2017），史料详备，论证充分，具有集成和总结性质，是相关领域的一篇研究力作。刘晓萱的硕士学位论文《民国时期旧体诗话之论杜研究》（西北师范大学，2017），主要总结民国时期旧体诗话论杜的特点，勾勒其宏观轮廓。孔令环的《民国诗话中的杜甫评论》则对民国诗话中关于杜甫及其诗歌的评论，分类加以考察。

针对民国时期个别学人的杜甫研究，有关评述亦多可见。其中，关于闻一多杜甫研究的探讨，较为集中，如张浩逊的《闻一多和杜甫》，李凤玲、赵睿才的《治杜的态度：了解之同情——闻一多先生的杜甫研究（一）》和《治杜的结果：真了解——闻一多先生的杜甫研究（二）》，李乐平的《论闻一多后期对杜甫认知角度的转变及其原因》，等等。

其五是抗战时期杜甫研究的有关综述。对抗战时期杜甫研究的考察，主要内含于更长时段或相关论题的评述中，专题的论评则较少见。前者代表性的文献列举如下。

梅新林的《战时学术地图中的古典文学研究高峰》认为，抗战时期，东—西部学术"纵轴线"出现重心大转移，不仅重塑出国统区与沦陷区两大学术板块，而且直接影响了学者群体的空间流布与人生抉择。就学术建树而言，针对唐代诗人的个案研究，以盛唐诗人李杜为盛，而杜甫较之李白，更受到学界的重视，这与战时局势容易引发学者身世感慨有关。就启示意义而言，自全面抗战爆发，许多学者有感于现实需要而改变原先的学术计划，致力于与抗战有关的研究工作，从对战争文学、民族文学主题的关注，到对历代民族英雄和杰出人物传记故事或年谱的研究，再到屈原、杜甫的研究热，体现出一种学术取向的变迁，即从关注和投入"学术抗战"活动，走向学术研究"致用"与"求是"的并重和统一。

廖仲安曾在《近百年中国文化艺术中杜甫的潜在影响》中指出，日本侵略中国以来，杜诗随着深重的民族灾难，逐渐普及和深入于现代不同文化水平的知识分子之中，东北、

华北、华东、中原的一批批作家和学者流落西南的经历，与
杜甫当年"飘泊西南天地间"的生活，有颇多相似之处。其
后，廖仲安又在《记抗战时期三位热爱杜诗的现代作家和学
者》中，着力标举老舍、冯至、萧涤非三人，说明杜甫对中
国现代文化学术界的影响不可低估。他更在《忆肖涤非
师——兼述先生热爱杜诗的精神》① 中，以亲身经历，谈及
萧涤非在西南联大的杜诗情怀。

专题探讨抗战时期杜甫及杜诗影响的论文，有两篇。一
是李谊的《"挺身艰难际 张目视寇仇"——试谈杜甫及其
诗歌在抗日战争中的影响》。② 作者以一些代表学者和作家为
例，"借以说明杜诗的爱国主义传统"。一方面是翦伯赞、冯
至、朱偰、贺昌群、王亚平、黄芝冈等，对杜诗进行研究和
宣传，另一方面是"不少爱国诗人"，突出的如柳亚子、郁
达夫、陈寅恪等，进行创作和书写，这两类活动均旨在"发
扬杜甫忧国忧民的崇高精神"，"斥责侵略者的罪行"。

二是吴中胜的《抗战时期的"杜甫热"》。该文以老舍、
冯至、萧涤非、刘大杰、钱锺书、翦伯赞为例，说明日本侵
华期间"动荡的时局和流离的生活"，使文化人"与杜甫心
境时有契合会心之处"，正因为人们与杜甫"异代而心通"，
所以杜甫成为"抗战时期广大民众的代言人"。

上述成果奠定了资料始基，开辟了杜甫研究的新路径和
新面向，但也显露出部分缺失。首先，研究者更多地着眼于
整个 20 世纪，对抗战时期的杜甫研究，并无系统详明的论
述。对这一时期具体的作品，也鲜少全面的介绍和研究。其

---

① 肖涤非，通作"萧涤非"。
② 文章末署"1982，8，31 日于百花潭畔"。"挺身艰难际，张目视寇仇"，语
  出杜甫《送韦十六评事充同谷郡防御判官》。

中，许多关于杜甫研究的专著和论文，至今未能充分发掘与阐扬。因此，有必要通过对文献的爬梳，进一步丰富和充实杜诗学。其次，由于历史的遮蔽，这一时期的杜甫研究者，如邵祖平、易君左、杜呈祥、朱偰等，长期湮没不彰。因此，有必要对他们的学术贡献重新予以评价，为学界呈现抗战时期杜甫研究的完整面貌。最后，由于早年获取资料的不便与不易，诸多论述提供的信息，时有不确。随着信息技术的发展，大量数据库得以推出；与此同时，图书馆等机构的公共服务能力与水平，正在逐步得到改善和提升，这为本著的充分开展，创造了新的条件。

本著的主题为"抗战大后方的杜甫研究"，包括四个层面。

首先，从时间维度来说，是指全面抗战时期。关于中国的抗日战争，主要有下述时间节点。1931 年 9 月 18 日，九一八事变爆发，中国局部抗战开始。1937 年 7 月 7 日，卢沟桥事变爆发，标志着全民族抗战开始。1941 年 12 月 7 日（当地时间），日军袭击珍珠港，对美、英开战。同年 12 月 9 日，重庆国民政府正式对日宣战。1945 年 8 月 15 日正午，日本天皇裕仁通过广播宣布投降。同年 9 月 2 日，日本外相重光葵在美国军舰密苏里号上正式签署投降书。同年 9 月 9 日，侵华日军总司令冈村宁次在南京向中国政府代表呈交投降书。抗日战争及第二次世界大战至此正式结束。在本著中，因为"抗战"的时间概念与"大后方"的地理概念并列使用，后者反过来对前者具有一定的限定作用，故将主要时间范围确定在 1937 年 7 月 7 日以卢沟桥事变为标志的中国人民抗日战争全面爆发至 1946 年 5 月 5 日国民政府还都南京的这一历史时段。由于此一阶段的杜甫研究本身具有连续性，故本著取材大多立足于全面抗战，或溯源而上，或顺流而下，努力对相关人物的研究做一纵贯考察。间有部分研究成果，其完成是在全面抗战期间，但发表在其后，如李广田的《杜甫的创作态度》等，本著也一并纳入考察。

其次，从地域范围来说，是指大后方，即国统区，一般指以战时首都重庆为中心的西南西北 11 省市：重庆、四川（含西康）、云南、贵州、广西、陕西、甘肃、宁夏、青海、新疆、西藏。此外，尚有部分省市未完全沦陷，而是处于敌我交错的状态，如福建永安、江西泰和、湖北恩施等，都一度成为战时省会，并由此形成繁盛一时的文化中心。本著研究材料的选取，或将兼及此类地区。需要特别说明的是，抗战时期，有国统区、解放区、沦陷区的分别，其中国统区和解放区的政权性质虽然不同，但同属于抗日民族统一战线；而国统区和沦陷区也并未完全阻隔，两者之间的人员、物资等，仍保持或明或暗、时断时续的流通往来，因此，部分沦陷区的杜甫研究成果，会通过不同的渠道和方式进入国统区，成为相关研究的参考资料，本著也将根据实情和史料，酌加采择。

再次，从研究对象来说，主要内容是对杜甫研究的研究。对于此一题域，即不同时段的"杜甫研究"，论者多分设专题加以整理、研究，如杜晓勤的《20 世纪中国文学研究：隋唐五代文学研究》。这种方法的好处，一是主题鲜明、醒人眼目；二是不同的观点纷然并陈，可以形成一种对话和争鸣。但不足之处亦显而易见，即对于同一作者或同一论著而言，很容易造成割裂或肢解；对专题之外的内容，则容易弃而不顾，由此导致全貌的模糊乃至泯灭，无从进行整体、系统的了解和考察。因此，本著的研究，主要以人物为纲，统摄其前后的文字与观点，尽可能予以全面的呈现和综合的评价。

最后，关于书稿的写作，因为是以人物为纲，所以对于人物的生平与著作，均在有关章节开首予以简要介绍，且较多关注其抗战时期的行实。论述的内容，绝大部分取自原始资料，其中不乏首次进入研究视野的人物和材料。论述的方式，则以考述为主。所谓"考"，是指充分掌握第一手材料，通过年谱、传记、日记等，上下求索，多方考证，在辨误的基础上，修正与事实乖违的诸多说法。所谓"述"，是指鉴于一般读者对这些材料不易获致，在行文时，对其相关信息，颇多详尽地引述，以期准确、全面、完整地呈现文献的事实与内容。引文据原文，如系错字，则用圆括号补正；文中勉强辨认所得的文字，或据语意补入的文字，以方括号示之；至于实在无从辨识的文字，如墨团、脱落等，则阙字存疑，以方框提示。另有原始文献不详之处，如出版时间，若系研究推断所得，则置于六角括号内。

第一章
抗战大后方古典文学学者的杜甫研究

抗战大后方的杜甫研究，其主体为中国古典文学的研究者和爱好者，且以学院中人居多。本章主要选择邵祖平、江絜生、罗庸、闻一多、易君左、朱偰和程千帆加以考述。其中，邵祖平、江絜生论杜，较多采用诗话形式，传统色彩相对浓厚；程千帆的研究，侧重文献方面的整理与考证；罗庸、闻一多、朱偰的研究，则不同程度地采用西方文艺理论的形式与方法，对杜诗的意蕴进行阐发，间或穿插中外文学的比较；至于易君左的评论，基本上是一种政治化的解读，通篇散发着强烈的意识形态气息。最后附吴鼎南有关杜甫草堂的考证。

第一节　邵祖平论杜

邵祖平（1898—1969），江西南昌人。字潭秋，别号中陵老隐、培风老人（皆用于题赠），室名无尽藏斋、培风楼。早年肄业于江西高等学堂，受业于王闿运，后从陈三立、章太炎游学。1922年，受聘为《学衡》杂志编辑，曾任浙江大学文理学院副教授，兼之江文理学院讲师。1933年，章太炎在苏州举办国学讲习会，聘其为讲席。次年，任铁道部次长曾养甫秘书。京沪沦陷，携家逃往粤、桂、黔、川等地，后在成都任朝阳法学院、四川大学、金陵女子大学、华西大学、西北大学、西南美术专科学校教授。1947年，任教重庆大学、四川教育学院。1953年，院系调整，返四川大学任教。1956年，奉调中国人民大学。1958年，调青海民族学院。退休后，寓居杭州，卒葬杭州老东岳法华寺侧。所著《中国观人论》（开明书店，1933年），章太炎序中誉为"神骏之姿"。作诗涵茹古今，诗风洗练秀逸，沉挚奇崛，自成一家，被先辈陈三立、黄季刚、胡先骕等交口称赞。著有《培风楼诗存》《续存》（商务印书馆1932年版、1946年再版，成都1938年木刻版），《文字学概说》（商务印书馆，1929年初版，1933年再版），《七绝诗论诗话合编》（中国文化服务社四川分社，1943年），《国学导读》（商务印书馆，1947年），《词心笺评》（重庆郁明社，1948年），《乐府诗选》（商务印书馆，1948年）。①

对于杜甫及杜诗，邵祖平有精到的见解。其相关论述，可见诸下述篇目。

第一类，关于唐诗的通论。

（1）《唐诗通论》，发表于《学衡》第12期"述学"一栏，1922年12月出版。全文包括序论、唐诗拓展之由来及其境遇、唐诗分类法之得失、唐诗分自然工力两大派、唐诗作者师法渊源之概测、唐诗情景事理之各面观、唐诗优绌之观察、唐诗之开宋派、初唐诗论、盛唐诗论、中唐诗论、晚唐诗论、结论。共13节。

（2）《全唐诗说》，发表于《东方杂志》第43卷第17

---

① 参见陈玉堂编著《中国近现代人物名号大辞典》（全编增订本），浙江古籍出版社，2005，第733页；《江西省人物志》编纂委员会编《江西省人物志》，方志出版社，2007，第439页。

号，1947 年 11 月出版。此文系《唐诗通论》前半部分，主要包括叙言、唐诗拓展之由来、唐诗分类法之得失、唐诗风格之区分、唐人诗法渊源之推测、唐诗情景理趣之面面观、唐诗优绌两方之观察。共 7 节。

（3）《全唐诗评》，发表于《东方杂志》第 44 卷第 2 号，1948 年 2 月出版。此文亦是取自《唐诗通论》，主要包括初唐诗评、盛唐诗评、中唐诗评、晚唐诗评。共 4 节。

第二类，关于杜甫的诗话、札记。

其一，《无尽藏斋诗话》，发表于《学衡》的"杂缀"一栏，目前可查考者计 6 篇。

《无尽藏斋诗话》，《学衡》第 2 期，1922 年 2 月出版。收 21 则。其中 4 则涉杜：一是老杜七言歌行；二是"诗史"与"诗圣"；三是杜诗之绝似《史记》；四是杜诗之"微险"者。

《无尽藏斋诗话》（续第 2 期），《学衡》第 6 期，1922 年 6 月出版。收 9 则。其中 4 则涉杜：一是李杜优劣论；二是杜诗五七言古诗；三是东坡论杜诗；四是杜甫对前人诗句的化用。

《无尽藏斋诗话》（续），《学衡》第 9 期，1922 年 9 月出版。此处的"续"是指"续第六期"。收 6 则。

《无尽藏斋诗话》（续第 9 期），《学衡》第 13 期，1923 年 1 月出版。收 10 则。

《无尽藏斋诗话》（续第 13 期），《学衡》第 21 期，1923 年 9 月出版。收 9 则。其中 2 则涉杜，一是谈杜诗之"奇"；二是叙杜诗流衍，即古今诗人之学杜者。

《无尽藏斋诗话》（续第 21 期），《学衡》第 23 期，1923 年 11 月出版。收 5 则，其中 2 则涉杜，一是关于"杜诗'晚节渐于诗律细'"之"律"；二是有关杜诗中的"论诗之诗"。

其二，《杜诗研究谈》。关于此文的撰作，作者开门见山说明："诸家论杜诗者，仇沧柱缉附《杜诗详注》后凡数十百条，富矣备矣；予不揣陋昧，曩年为《学衡》杂志撰《无尽藏斋诗话》，亦成读杜数十则，未尽印布于世，今以课余约成十九条，颜曰'杜诗研究谈'，庶与天下学杜者商榷，交获其益，若杜公之本传、世系、年谱、史迹，则有仇书在，非本文所欲及也！"① 由此可知，《杜诗研究谈》是自《无尽藏斋诗话》中抽绎而出、提炼而成，共 19 条，其刊发，则分作 5 次。

《杜诗研究谈》（未完），发表于《国立浙江大学校刊》第 113 期，1932 年 11 月 26 日出版。此一部分，主要包括 4 条：（1）"杜甫生平及其性情"；（2）"杜诗品目及其自状"；（3）"杜诗出入风雅"；（4）"杜诗学选体与摹拟古人"。

《杜诗研究谈》（一续），发表于《国立浙江大学校刊》第 114 期，1932 年 12 月 3 日出版。此一部分，亦有 4 条：（5）"读杜诗话之发明"；（6）"杜甫五言诗声律一斑"；（7）"杜甫七言诗声律一斑"；（8）"杜诗七言歌行之拙厚处"。

《杜诗研究谈》（二续），发表于《国立浙江大学校刊》第 115 期，1932 年 12 月 10 日出版。此一部分，亦有 4 条：（9）"杜诗掩盖唐代各家"；（10）"杜诗开宋派"；（11）"杜诗之好奇"；（12）"杜诗七律特长处"。

《杜诗研究谈》（续），发表于《国立浙江大学校刊》第 116 期，1932 年 12 月 17 日出版。此一部分，亦有 4 条：（13）"杜诗绝句评"；（14）"杜诗五七古起结法"；（15）"杜诗阴阳之美"；（16）"杜句标例"。

---

① 邵祖平：《杜诗研究谈》（未完），《国立浙江大学校刊》第 113 期，1932 年 11 月 26 日，总第 1123 页。

《杜诗研究谈》（完），发表于《国立浙江大学校刊》第117期，1932年12月24日出版。此一部分，包括3条：（17）"学杜者之成就"；（18）"学杜者之蔽"；（19）"读杜随感"。前两条从正反两面谈杜诗的影响，后一条则是对杜甫的身世之感。

上五期，第一期署名"邵祖平"，余四期则署名"邵潭秋"。

其三，《读杜札记》，发表于《学艺》第12卷第2号，1933年3月15日出版。

据作者开篇所作说明，本文同样源自《无尽藏斋诗话》，与《杜诗研究谈》并无大异，不过是"约成二十条"而已。末署"壬申立冬日，南昌邵祖平识"，则其完成时间，为1932年11月7日。

《读杜札记》的20条，均无小标题。其中所增者，系在《杜诗研究谈》的（14）"杜诗五七古起结法"与（15）"杜诗阴阳之美"之间，插入一条，是为《读杜札记》之"十五"，主要举例说明杜诗对前人诗句的化用。

第三类，关于杜甫诗法的论述。

其一，《杜甫诗法十讲》，发表于《文史杂志》第5卷第1、2期合刊，1945年1月出版。

文章开头有段说明，兹引录："三十年秋，都讲中央大学师范学院国文系，课程有专家诗一门，先开杜诗班，与同学诸子共为钞杜，读杜，以杜解杜诸讨究，用力可谓勤矣！更刺取杜诗笺，注，评，话各家之长，断以己意，补苴发皇；勒为审体裁，明兴寄，探义蕴，究声律，参事实，讨警策，辨沿依，寻派衍，较同异，论善学十端，颜曰'杜甫诗法十讲'，以为学者考览含泳之助；所以称诗法者，一仍秉之杜诗；杜诗：'法自儒家有！''佳句法如何？'皆标揭诗法，而自儒家〔得〕有之法，远系温柔敦厚之诗教，佳句如何之法，实关兴象工力之诗诣，杜甫已悉发其微矣！是讲取材未宏，凭臆多谬，解蔽通庋，是所望于读者！"①

其二，《杜诗精义》，发表于《东方杂志》第41卷第1号②，1945年1月15日出版。其中仅有述抱负、明兴寄、探义蕴、究声律、参事实、讨警策六目。

通过对以上文章内容的比较，不难看出，邵祖平论杜，主要集中于《唐诗通论》《读杜札记》《杜甫诗法十讲》。现就其核心内容，重新疏列排比于后。

第一，杜甫其人。"颂其诗，必先知其人。欲读杜诗，必先明杜甫"，这是"开宗明义第一事"。《读杜札记》将此列为头条。

事君、交友二端，实杜甫一生的大节。在邵祖平看来，杜甫为人尚有二端足可称述。一是"情真"。"情真"者，"诚爱充盈，遇物固着"，故于其君，于其国，于其友，于其弟，于其妻，于其子，无不"一往情深"。二是"气豪"。"气豪"者，"天姿英迈，不屑软贴，睨傲狎荡，遇事便发"。③《杜诗精义》之"述抱负"，针对两《唐书》的讥病，认为杜甫实有大抱负，不过"所如不偶"而已。④ "札记"二十进而指出，杜甫"初有用世之志，许身稷契，兴忧黎元，是其本色。然自《三大礼赋》一动人主之后，即遇乱

---

① 邵祖平：《杜甫诗法十讲》，《文史杂志》第5卷第1、2期合刊，1945年1月，第7页。
② 社长：王云五；编辑者：苏继顷；发行者：东方杂志社（重庆白象街）。
③ 邵祖平：《读杜札记》，《学艺》第12卷第2期，1933年3月15日，总第247页。
④ 邵祖平：《杜诗精义》，《东方杂志》第41卷第1号，1945年1月15日，第63页。

离，遭播徙，辛苦拜左拾遗，而终以救房琯之故，不蒙肃宗省录，自是即无阶进之望，前后依严武，得表为节度参谋检校工部员外郎，武卒，欲往依高适，适又亡"。于是"始为飘泊之人而竟客死于耒阳"。杜甫的遭遇，只能指证肃、代二王的刻薄寡恩。[1]

第二，"诗史"与"诗圣"。对"诗史"一说，邵祖平颇不以为然。《全唐诗评》的"盛唐诗评"指出，人以杜甫善叙时事，律切精深，至千言不少衰，号为"诗史"，实则晚唐文宗时，始有"诗史"之目。《新唐书》掎摭细说，尊杜为"诗史"，却不知"诗史"距"诗圣"尊号甚远。诗唯称圣，"温柔敦厚，兴观群怨，始有意义与其价值"。若只"纪事纪言"，又何足言贵。至于杨万里《江西宗派图》"序"尊杜甫为有诗以来第一"大诗阀"，则更为可笑。[2]

在《杜诗精义》和《杜甫诗法十讲》的"参事实"一项中，邵祖平明确指出，杜甫部分诗篇，确有史诗意味，但有主观判断与文学想象，所以今日尊杜甫，当尊其为"诗圣"，不当尊其为"诗史"。不过，其诗中所叙述的时事，即诗之本事，也可以事实目之。[3] 正是在此意义上，《杜甫诗法十讲》之"较同异"强调说：《杜工部诗集》不但为唐玄、肃、代三朝的诗史，也是杜甫一生的"起居生活史"。[4]

---

[1] 邵祖平：《读杜札记》，《学艺》第 12 卷第 2 期，1933 年 3 月 15 日，总第 256 页。

[2] 邵祖平：《全唐诗评》，《东方杂志》第 44 卷第 2 号，1948 年 2 月，第 41 页。

[3] 邵祖平：《杜诗精义》，《东方杂志》第 41 卷第 1 号，1945 年 1 月 15 日，第 67 页。亦见于邵祖平《杜甫诗法十讲》，《文史杂志》第 5 卷第 1、2 期合刊，1945 年 1 月，第 16 页。

[4] 邵祖平：《杜甫诗法十讲》，《文史杂志》第 5 卷第 1、2 期合刊，1945 年 1 月，第 25 页。

虽不赞同"诗史"这一名号，但邵祖平仍认为"杜诗绝似《史记》"。《唐诗通论》引叶梦得之语，谓魏晋以前，诗无过十韵，初不以叙事倾尽为工，至老杜《北征》《述怀》诸篇，穷极笔力，乃如太史公纪传者。①《读杜札记》十一对此多有分剖。"《北征》《奉先》诸诗似《高祖、项羽本纪》；《八哀》《诸将》诗似《萧曹世家》《淮阴黥布列传》；《丽人行》《哀江头》诸诗，似《外戚世家》；《马》《鹰》《义鹘》诸诗似《刺客列传》及《游侠列传》；《堕马》《赠友》诸俳谐体，似《滑稽列传》。"其他尚多相类，不能一一比合。而老杜的好"奇"，尤与史公相似。其诗喜用"苍兕角鹰""骐骥凤麟""赤霄玄圃""死树鬼妾"等，亦如史公好述"白昼杀人""刎首谢客""悲歌慷慨""箕踞骂坐"诸事。②

第三，李杜优劣论。严羽论诗，认为诗有"九品"，即高、古、深、远、长、雄浑、飘逸、悲壮、凄婉。其"大致"有二，即"优游不迫"与"沉着痛快"；"极致"有一，即"入神"，唯李杜得之。对此，邵祖平提出异议，认为严羽虽知之，却言之不详，且以李白对举，易惹起文学中的李杜优劣论，故不足取。

但邵祖平论杜，自身并未逃出这一窠臼。《唐诗通论》秉承旧说，认为唐诗分自然、工力两大派。至李杜，天才学力，两臻绝境。李白为"自然派之神而圣者"，杜甫则是"工力派神而圣者"。③"盛唐诗评"即展开二者之间的比较，其间自有高下显见。（1）五古。杜甫不似射洪（陈子昂）、

① 邵祖平：《唐诗通论》，《学衡》第12期，1922年12月，第11页。
② 邵祖平：《读杜札记》，《学艺》第12卷第2期，1933年3月15日，总第252页。
③ 邵祖平：《唐诗通论》，《学衡》第12期，1922年12月，第6页。

曲江（张九龄），仅有"冲劲清夷"之致，而是更加恢宏广丽，其"抉情指事、顿挫拗宕"处，读者"莫不得尽其情"，虽李白不能望其藩篱。此体自杜甫"始开唐调"，而李白仍停留在摹古的层面，未能自开生面。（2）歌行。杜甫多以古文笔法为之，故其"气骨苍劲，造语横绝"，同时除太白外，无敢近之者。（3）五七言律诗。此为杜甫绝技，"悲壮雄浑，千古一人"。即论其绝句，戛戛独造，"他人则悉多平调"。惜"其源不从乐府出"，故略逊太白一筹。①

《杜甫诗法十讲》之九，则有更详尽的分析。不过此番比较，更着眼于异同而非优劣。太白与杜公有相同处者。（1）太白"抗心希古，志在述作，以垂辉千春自任"；杜公"气劘屈贾，目短曹刘，以垂名万年自居"。（2）两公"俱怀壮志，欲扶社稷"。杜以稷契自任，李以太公望、管仲、诸葛亮自比；好谈兵，《唐书》并称其"高而不切"。（3）两公"胸次宏阔，洒落不群"，俱欲"突破天网，思出宇宙"。（4）李杜"挺起开元间"，七言歌行一以古文笔法出之，"格势高老，雄跨百代"。②

太白与杜公有相异处者。（1）太白诗从国风、离骚、汉魏乐府、鲍谢诸人出，"多得于风人之旨"。子美诗从二雅、苏武、李陵、十九首、曹氏父子、陶渊明诸人出，"多合于诗家之轨"。李云"借问此何时？春风语流莺"，杜云"为人性僻耽佳句，语不惊人死不休"，足见其"趣致"不同。（2）太白"旷代仙才，人中奇逸，作诗不耐拘束，豪而见率"，故其七言、五言律诗均极少。唯五绝、七绝，"极合其

---

① 邵祖平：《全唐诗评》，《东方杂志》第 44 卷第 2 号，1948 年 2 月，第 41 页。

② 邵祖平：《杜甫诗法十讲》，《文史杂志》第 5 卷第 1、2 期合刊，1945 年 1 月，第 24 页。

纵恣之性"。子美则"受才雄博,侈情铺陈,精言律理",除五言、七言绝句"自开一派、不为当行"外,他体"殆无不雄浑,无不精绝",而五言排体、七言律诗,"超轶绝伦,非太白所可望"。(3)太白"长于学",为人颇近纵横家,又"稍有道家神仙黄白之意",故其诗随处可见"乘云翔凤、飘风骤雨"之致。"谈笑却秦,指麾楚汉",是其心志所在,故于安史"犯阙之际",反欲"事逆王以取功名"。① 其弊在于"学未沉着,识未稳定",不及子美"麻鞋万里,远趋行在,嫉恶如仇,事主尽年"那般可敬。这并非因为杜甫之才优胜李白,而是子美"好义心切,法自儒家得来",诗的修养远过太白。(4)子美诗格所得者,"古重高老,拙大雄浑";太白诗格所得者,"飘逸高旷,清新秀伟"。②

第四,杜诗源流。其一,所谓"源",或言"渊源"与"沿依"。《唐诗通论》之五,即"唐诗作者师法渊源之概测",曾引秦观的说法:杜子美于诗,"实积众流之长,适当其时而已"。认为子美"穷高妙之格,极豪逸之气,包冲淡之趋,兼峻洁之姿,备藻丽之态"。因其博采众长,故能"独至于斯"。③

《杜甫诗法十讲》之七"辨沿依",称赞秦观"灼见杜诗之集大成","最为通识"。④ 至于胡应麟所言,邵祖平虽甚赞同,但惜无诗例证明,故在《读杜札记》之九,剔取杜诗中

---

① "事",《杜甫诗法十讲》作"是",径改。
② 邵祖平:《杜甫诗法十讲》,《文史杂志》第5卷第1、2期合刊,1945年1月,第24—25页。
③ 邵祖平:《唐诗通论》,《学衡》第12期,1922年12月,第7页。
④ 邵祖平:《杜甫诗法十讲》,《文史杂志》第5卷第1、2期合刊,1945年1月,第20页。

足可"掩盖诸家"者，疏列其后。① 至于方回《瀛奎律髓》于沈佺期诗评云："学古诗必本苏武、李陵，学律诗必本陈子昂、杜审言、宋之问、沈佺期。此数人者，老杜诗所自出也。"对于此说，邵祖平则觉"其见稍僻"。②

吴沆《环溪诗话》云："杜甫诗中有风有雅。"此论与山谷称杜诗表里风雅颂者相同。溯源探本，以杜诗分列风雅颂，深得古人意。陈柱撰《十万卷楼说诗文丛》，认为自《三百篇》至唐，诗体不外乎风雅颂三类，而以杜甫入于雅。对此，邵祖平则有所质疑。《读杜札记》之三认为，杜诗初看似雅，及"虚心讽咏"，则觉"雅者其外，风者其内"。③ 杜诗除风雅颂外，犹有骚之一体。诗骚以外，次则当求汉魏乐府六朝诸家诗。再则是《文选》。唐人重《文选》，杜诗中即有"续儿诵《文选》""熟精《文选》理"语。《读杜札记》之四对此有所寻绎，并举数例以证，即如"《同谷七歌》脱胎于张衡《四愁》，《八哀》祖述于沈约《怀旧》，亦不稍爽"。④ 合观上述各例，足知杜诗"渊源有自，波澜不二"。

但杜诗颇多创造性的转化。《读杜札记》十五举七例以证，进而指出：其间虽有"工拙不同"，而一经"点化"，便是杜甫自己的作品。⑤

---

① 邵祖平：《读杜札记》，《学艺》第 12 卷第 2 期，1933 年 3 月 15 日，总第 251 页。
② 邵祖平：《杜甫诗法十讲》，《文史杂志》第 5 卷第 1、2 期合刊，1945 年 1 月，第 20 页。
③ 邵祖平：《读杜札记》，《学艺》第 12 卷第 2 期，1933 年 3 月 15 日，总第 248 页。
④ 邵祖平：《读杜札记》，《学艺》第 12 卷第 2 期，1933 年 3 月 15 日，总第 249 页。
⑤ 邵祖平：《读杜札记》，《学艺》第 12 卷第 2 期，1933 年 3 月 15 日，总第 253—254 页。

其二，所谓"流"，或言"派衍"。杜诗开派论，初见于孙仅《赠杜工部诗集》"序"，以为杜甫之诗，支而为六家，"孟郊得其气焰，张籍得其简丽，姚合得其清雅，贾岛得其奇僻，杜牧、薛能得其豪健，陆龟蒙得其赡博"。《唐诗通论》之五已略有论列。[1] 但邵祖平认为，晚唐诗家学杜者，尚有李商隐其人，孙仅略而未言，故在《杜甫诗法十讲》之八"寻派衍"中加以补叙，指出义山摹杜，"气貌逼真"。

唐诗开启宋派者，多为白体、昆体、晚唐体，而最著者则是杜甫。其生涩瘦硬，即为宋贤所师。西昆体是杜诗的支裔流派。江西诗派也是。方回有"一祖三宗"之说。一祖者，杜甫；三宗者，黄庭坚、陈师道、陈与义。其间"山谷得杜之高妙，后山得杜之精炼，简斋得杜之宏放"。盖杜诗"如长江大河，澄之不清，挠之不浊"。一变而为郊、岛，再变而为义山、西昆，三变而为江西。[2]《读杜札记》之十，更有细绎。

杜诗"残膏剩馥，沾溉百代"，学者"敝精殚神，心摹手追"，不乏其人。然如东坡句云："天下几人学杜甫，谁得其皮与其骨?"学之不善者，多"袭其皮毛，遗其神髓"。因此，《杜甫诗法十讲》又别列"论善学"一节。[3] 其得失，则见诸《读杜札记》十九。邵祖平认为，"学杜者，得其雄浑固难，得其简丽亦不易；得其拙厚固难，得其新秀亦不

---

[1] 邵祖平:《唐诗通论》,《学衡》第12期,1922年12月,第8页。"孟郊",原引文作"孟效"。

[2] 邵祖平:《杜甫诗法十讲》,《文史杂志》第5卷第1、2期合刊,1945年1月,第23页。

[3] 邵祖平:《杜甫诗法十讲》,《文史杂志》第5卷第1、2期合刊,1945年1月,第27—28页。

易"。而世俗之学杜者，往往求其"悲天悯人，忧叹内热"者，而不知老杜"逸情野趣，深自媚悦"者，固亦有在。近世学杜如吴陋轩①者，则"寒窘逼仄，满纸酸鼻"，不仅有"草野气"，更兼"酸馅气"。推究起来，境遇的不同是其一，更主要的还是胸襟学问的差别。②

正因为如此，古今诗人学杜甫者虽多，而"卓然可自成一家"者，邵祖平以为仅李义山、黄山谷、元遗山三人而已。其他如张籍之"古淡"，姚合之"海（剞）切"，贾岛之"僻涩"，均不过"啜啜之德"。③

第五，杜诗体裁。"诗经立诗教之本，楚骚为词赋之祖，垂为体裁。"至后世所谓古今诗，依时期演变，可视为三体，即汉魏体、唐体、宋体。其中唐体为诗中"脊干"。杜甫承其家学渊源，在"不创"之中，通过"矫变"与"恢廓"，多创"新体"和"变体"，如五言古诗，"穷极笔力，扩张境界"，自十韵展为五十韵之《自京赴奉先咏怀》，又展为七十韵之《北征》。五言排律，更务"铺陈终始，排比声韵"，故《秋日夔府咏怀》已展至一百韵。④

---

① 吴陋轩，即吴嘉纪（1618—1684），明末清初诗人。字宾贤，号野人。江苏东台人。年轻时烧过盐，家境清贫，虽丰年亦常断炊，但不以为苦，甘守清贫。喜读书作诗，好学不倦，天资聪颖，曾应府试，中第一名秀才，但因见明朝覆灭，百姓惨遭清兵屠杀，遂绝意仕途，隐居家乡，以布衣终身。其作诗，工为严冷危苦之调。著有《陋轩诗》，收诗 1265 首。沈德潜谓其诗以性情胜，不需典实而胸无渣滓，语语真朴而益见空灵。其妻王睿为王艮后人，善词，著有《陋轩词》。一诗一词，珠联璧合，为时人所重。
② 邵祖平：《读杜札记》，《学艺》第 12 卷第 2 期，1933 年 3 月 15 日，总第 255—256 页。
③ 邵祖平：《读杜札记》，《学艺》第 12 卷第 2 期，1933 年 3 月 15 日，总第 255 页。
④ 邵祖平：《杜甫诗法十讲》，《文史杂志》第 5 卷第 1、2 期合刊，1945 年 1 月，第 7 页。

　　七言歌行方面，《读杜札记》之八认为，其"雄悍处"不可及，其"拙厚处"亦不可及，如其换韵，常在"紧前一联，惯用对语，以厚其势"。邵祖平进而指出，宋人学老杜七古者，"固不乏人"，但只学得"声势流转，峭拔廉悍"，于此则未窥见。①

　　五言律诗方面，杜甫有扇对格、四句一气格、八句一气格。七言律诗，则变体尤多，有"自第三句起失粘落平仄格"，有"自第五句起失粘落平仄之折腰体"，有"颈联腹联均失粘落平仄格"，有"第五句起不粘第七句后复不粘之落平仄格"，有拗体，有吴体。②

　　七言律诗方面，《读杜札记》十二认为，"杜诗七律泼辣悲壮，字字威棱逼人"，然"考其谋篇之法，惟在得势"。盖因一篇重心，尤在颔联。若"颔联得势"，则后半幅乃有"腾坡走阪之致"。如《有客》《野望》《登楼》《秋兴》等各律颔联，而为一篇警策。③

　　七言绝句方面，有"律体之绝句格"，有"拗体之绝句格"，有"第三句呼应第一句、第四句呼应第二句之口号体"。④ 杨仲弘《诗法家数》云："绝句之法，要婉曲回环，删芜就简，句绝而意不绝，多以第三句为主，而第四句发之。"若以此说"绳少陵绝句"，则其所作，"几全无主句"，不过是对列二联而已。如"两个黄鹂鸣翠柳，一行白鹭上青

---

① 邵祖平：《读杜札记》，《学艺》第 12 卷第 2 期，1933 年 3 月 15 日，总第 250—251 页。
② 邵祖平：《杜甫诗法十讲》，《文史杂志》第 5 卷第 1、2 期合刊，1945 年 1 月，第 8 页。
③ 邵祖平：《读杜札记》，《学艺》第 12 卷第 2 期，1933 年 3 月 15 日，总第 252—253 页。
④ 邵祖平：《杜甫诗法十讲》，《文史杂志》第 5 卷第 1、2 期合刊，1945 年 1 月，第 8—9 页。

天"，与"窗含西岭千秋雪，门泊东吴万里船"究竟有何关涉？邵祖平认为，此杜甫"于绝句本无所解"之证（胡应麟语），故人以"半律"讥之。那么，《工部集》中难道就没有绝句可诵？曰：五绝得《归雁》，七绝得《赠花卿》。

乐府方面，杜甫"不袭旧制，大创有唐新乐府"，如"三吏"、"三别"、《哀江头》、《哀王孙》、《兵车行》、《洗兵马》；更有《曲江》学《诗经》格，《桃竹杖引》学骚体格，《杜鹃》学乐府诗江南曲格；另有"写琐事、纪风土"的俳谐体。①

第六，杜诗声律。邵祖平认为，杜诗声调，可以"悲壮沉浑"四字概括，却又不能"尽赅其能事"，也有"奇创险急"之作，如七绝，就曾自创一种拗体，"崒崪不平，错落排奡，最为特殊，不容他人仿效"。②

对其五古，邵祖平最喜《大云寺赞公房四首》第三首，觉其"清幽激越"。考其声律，则此诗"凡双句第三字悉用平声"。③又杜诗七古中"最工丽而善焉喜情"者，当推《洗兵马》第一，其音节亦极"谐美"。此外七古如《同谷七歌》，"飒沓飘忽，悲凄哀诉，音节几疑神化"。《哀王孙》《哀江头》音"悲而肃"，《晚晴》音"颓而放"，《角鹰》音"峭而急"。又七律诗之拗体者，则首推《白帝城最高楼》，"音节奇姿""不可捉摸"。④

---

① 邵祖平：《杜甫诗法十讲》，《文史杂志》第 5 卷第 1、2 期合刊，1945 年 1 月，第 9 页。
② 邵祖平：《杜诗精义》，《东方杂志》第 41 卷第 1 号，1945 年 1 月 15 日，第 65—66 页。
③ 邵祖平：《读杜札记》，《学艺》第 12 卷第 2 期，1933 年 3 月 15 日，总第 249 页。
④ 邵祖平：《读杜札记》，《学艺》第 12 卷第 2 期，1933 年 3 月 15 日，总第 250 页。

第七，"神来说"。杜甫有"文章通神"之论，尝自状其诗，如"毫发无遗憾，波澜独老成"，即"自喻其成就之到"；"精微穿溟涬，飞动摧霹雳"，即"自誉其思力之至"；"倒悬瑶池影，屈注沧江流"，即"自绳其气势之浮"；"律比昆仑竹，音知燥湿弦"，即"自譬其格律之细"。

然"成就""思力""气势""格律"之外，尤有一"必具之物"，为何？邵祖平认为是"神来"，故《读杜札记》之二复补以数语："诗兴不无神""下笔如有神""诗应有神助""诗成觉有神""文章有神交有道"。①

《杜诗精义》和《杜甫诗法十讲》有"探义蕴"一条，指出："神"正是诗道的"极诣"，而神即理，理即义蕴。杜诗的"义蕴"，从其《写怀》诗，可略见一斑。杜甫"取精用宏"，以儒家哲理，建立民胞物与的兼善思想；同时出入印度哲学和老庄之学，破除妄执，齐同得丧，从而"铸成其思想与义理"。正是在"积学富理"的基础上，诗方有神，"神完而义蕴自足"。此三家思想之外，杜甫又有一种"不夷不惠、非周非礼、亦儒亦侠"的诗人思想，"超然独存于天地之间"。这种思想或精神，"慈祥恺悌，通于人物，洒落飞腾，绝无凝滞"。②

第八，杜诗抉微。自宋人"巩溪""岁寒堂"以来，杜诗诗话甚多，唯皆"包论大体，鲜及纤细"。邵祖平则从小处着眼，发现杜诗精绝处有二。

其一，《李峤峒集》曾云"叠景者意必二，阔大者半必

---

① 邵祖平：《读杜札记》，《学艺》第 12 卷第 2 期，1933 年 3 月 15 日，总第 248 页。

② 邵祖平：《杜诗精义》，《东方杂志》第 41 卷第 1 号，1945 年 1 月 15 日，第 65 页。亦见于邵祖平《杜甫诗法十讲》，《文史杂志》第 5 卷第 1、2 期合刊，1945 年 1 月，第 11—12 页。

细"，邵祖平认为此说最得"律诗三昧"①；进而指出：古往今来，诗人虽众，然未有及杜子美者，以"工致者少悲壮，排纂者寡妥帖"。其中奥秘，在于杜诗"阴阳之美""毕具而极胜"。如《北征》，就整篇来看，"浑雄庄阔"；而"学母无不为，晓妆随手抹，移时施朱铅，狼藉画眉阔"诸句，则又"细熨妥帖，香泽动人"。一篇如是，"况与他篇相互"？此杜诗之所以"独绝"。②

其二，少陵"各篇起结必争，皆有奇采起句"，如《天育骠骑歌》《同诸公登慈恩寺塔》《奉先刘少府新画山水障歌》《简薛华醉歌》《病后过王倚饮赠歌》《短歌行》《王兵马使二角鹰》等篇，"捉笔直写，奇横无匹"。结句如《奉赠韦左丞丈》《北征》《洗兵马》《忆昔》诸篇，"足握全篇之奇"。他篇则悉用"开拓法"，尤喜用"何"字，如"自古有羁旅，我何苦哀伤?"（《成都府》）；"人生无家别，何以为蒸藜?"（《无家别》）；等等。反观宋之问"不愁明月尽，自有夜珠来"，王维"回看射雕处，千里暮云平"，司空图"味外味"，姜夔"有余不尽"，则难及此老"后路宽宏"。③

对邵祖平的《唐诗通论》，杜晓勤曾认为，此文是20世纪对唐诗较早进行的系统研究，虽未能够完全跳出明清以来唐诗研究界"天分""学力"之争的框架，但对唐诗艺术特质的把握和唐诗优缺点的评述，深刻而中肯。其精彩新警的剖析，对改变当时文坛重宋轻唐的风气，引导学界重视研究

① 邵祖平：《读杜札记》，《学艺》第12卷第2期，1933年3月15日，总第249页。

② 邵祖平：《读杜札记》，《学艺》第12卷第2期，1933年3月15日，总第254页。

③ 邵祖平：《读杜札记》，《学艺》第12卷第2期，1933年3月15日，总第253页。

唐诗，有不可忽视的积极作用。① 这是对《唐诗通论》的总体评价。其实，若单就其中论杜部分，又何尝不是如此！

综上以观，邵祖平论杜，显然仍未蜕去传统的点评形式，其遣词造句，也多采用古代文论话语，但所论对象与内容，如其所言，已无关乎杜甫本传、世系、年谱和史迹。就其系统性而言，则初具现代学术品格。不过深以为憾的是，这些论述和批评，迄今为止，并未得到足够的重视和充分的研究。

第二节　江絜生论杜

江絜生（1903—1983），本名伦琳，字仲篯，号絜生，又号意云、絜道人。或称"瀛边词人"。安徽合肥人。祖父为光绪进士，历官翰林院编修、知府，有诗文集刊行于世。父兄均擅诗。家学之外，且得新江西诗派领袖陈三立诗教，并推介与朱祖谋，故其精于诗词。曾任职于于右任所主南京政府监察院，颇得其指授，与汪东、乔大壮、沈尹默、卢前、王陆一等交好。② 时张大千为中央大学美术教授，二人于1933年初识，常谈词画，终成莫逆。后入《民族诗坛》作者阵营，张抗战诗歌大纛，砥砺人心。迁台后，长期主编《大华晚报》副刊《瀛海同声》；又在台北峨嵋街夜巴黎酒家之茶肆，开设沙龙，讲论词法。晚年出版诗词选集《瀛边片羽》，载词119阕、诗55首。所选词作，有60余种词牌。李猷敬赞其词作"皆精金美玉，上接唐宋，以启来兹"，并誉

---

① 杜晓勤：《20 世纪唐代文学研究历程回顾》，《北京大学学报》（哲学社会科学版）2002 年第 1 期。

② 马大勇：《"寂寞故国山中月，荡漾天风海上波"——论近百年台湾词坛》，载马兴荣、朱惠国主编《词学》第 38 辑，华东师范大学出版社，2017，第 272 页。

其为"岿然领袖,三十年来,造就词家无数,厥功至伟","诗笔词品,两皆道上,求诸并世,殆乏其俦"。① 马大勇亦称其"诚是台岛近百年不可忽视之重镇"。②

江絜生论杜,多见诸《吟边扎记》。因学界对江絜生关注甚少,特摘录其论杜三则。

1.《吟边扎记》之一

发表于《民族诗坛》第 4 辑③,1938 年 8 月出版。"吟边",指诗人吟诵之地的旁边,语出南宋刘仙伦《题岳阳楼》:"大舶驾风来岛外,孤云衔日落吟边。"或谓"诗中、词中",如南宋王沂孙《高阳台》(残萼梅酸):"朝朝准拟清明近,料燕翎、须寄银笺。又争知、一字相思,不到吟边。"④ 扎记,是指读书时摘记的要点、心得或随笔记事。⑤

> 诗词之本身为美术,故必以"唯美"为依归。除争胜立意外,格调不必过于新奇,用字亦不必过于生涩。盖诗以陈义,辞则达意而已。即以杜诗全集,达千数百首,而其中常为人所讽咏者如古体之前后《出塞》、《兵车行》、《北征》、《羌村》、《无家别》、《石壕吏》、《赠

---

① 许日章:《江絜生与张大千的诗画交往》,《江淮文史》1995 年第 3 期。
② 马大勇:《"寂寥故国山中月,荡漾天风海上波"——论近百年台湾词坛》,载马兴荣、朱惠国主编《词学》第 38 辑,华东师范大学出版社,2017,第 274 页。
③ 主编人:卢冀野;发行人:项学儒;发行者:独立出版社;总经售处:正中书局(汉口花楼街十六号);通信处:(一)汉口天津街四号,(二)汉口升平左巷二十号。
④ 马兴荣、吴熊和、曹济平主编《中国词学大辞典》,浙江教育出版社,1996,第 644 页。
⑤ 罗竹风主编,汉语大词典编辑委员会、汉语大词典编纂处编纂《汉语大词典》第六册,汉语大词典出版社,1990,第 306 页。

卫八处士》，近体之《秋兴》《诸将》《咏怀古迹》等篇，率皆辞意明显，音节谐和，用字平凡，取材切近。绝少劳苦艰难之态，亦无聱①牙诘屈之声。故能易于上口，便于成诵，见之悦目，咏之怡神。信乎佳文不在求奇，虽诗圣亦莫能改也。

凡诗必有时代性，此即"诗史"之说也。然创造之初，每遭横议。且开新合故，尤易召旧人鸣鼓之攻。故非心志坚贞，魄力雄伟者，辄不能成此大业。少陵之诗，允推此类。酸泪苦心，忠魂义骨。写百年之万事，鸣四海之同声。如《北征》、《丽人行》、《兵车行》、《羌村》、《哀江头》、《哀王孙》、《诸将》、"三别"、"三吏"等作，皆自命新题，一空旧迹，有功政教、君民。故论者与其推少陵为前代之诗宗，无宁尊之为革命之文学。非如李白之自伤无命，一意为神仙缥缈之词，赌醉消愁，无关实际，适自成其为诗中之谪仙而已。然亦正以此故，颇疑少陵于当时，或被目为新文学之流，其声誉或不逮李白。证之以昌黎句"李杜文章在，光芒万丈长"，则置李杜上，至少亦与杜相埒，此积习之误人，而同情于创造者之难得其偶也。逮夫唐谢宋兴，后之人读其诗，悉其人，知其世。开元景象，如在目前。观其感时抚事，爱国忠君，沉灃风尘，遭逢离乱。言人之所不能言，而又为人人心中之言。七情皆到，万古常新。文章至此，尚何践迹之足云。然则诗人生乎今世者，幸勿以一味媚古为能事也。

该文又以《漫谈旧诗》为题，发表于《决胜》周刊第

---

① 原文作"聱（声）"，有误，径改。

13 期①，1938 年 11 月 17 日出版。文字略有小异。

2. 《吟边扎记》之二

发表于《民族诗坛》第 6 辑②，1938 年 10 月出版。

> 旧腊抵汉，从事数月，类多文字之役。适冀野初辑《民族诗坛》，时时从庚由③及余乞稿，选声琢意，重理吟哦。闲得右任先生指示杜诗之精义：尝语以后人所以称工部每饭不忘君国者，非每饭思君之谓，正因其有一贯尊君之理论与政策在也。理论为何？即近代所谓之"中央集权"是已。工部于渔阳事变之前，诸藩割据，早抱隐忧，而尤致憾于禄山声势之日盛。故其《后出塞》诗，一则曰"主将位益崇，气骄凌上都"，再则曰"将骄益愁思，身贵不足论"！而于朝廷之措置失宜，决不忍道出一字。盖以为君臣之义，无可置辞。明主一日万几，何能无千虑之一失？正赖诸将之念主酬知，安民卫国，以补衮职之阙。故凡拥兵自利者，皆迹近于乱臣贼子，而不容稍赦者也。况朝廷之本意，信倚诸藩，始多恩遇。朝廷有罪，罪在诸藩也！工部孤怀苦志，老而弥贞！入蜀后流离失所，为一生最艰苦之际，犹感赋《诸将》五章，重揭此旨。观其第四首，"沧海未全归禹贡，蓟门何处尽尧封；朝廷衮职虽多预，天下军储不自供"两联，痛斥蜀中将帅及大臣之出将者，当安危重

---

① 主编：范翰芬；社址：丽水白塔头二十六号。
② 总经售：正中书局杂志推广所（重庆石门坎十八号）。
③ 即张庚由，陕西泾阳人。上海大学中文系肄业。后留学苏联，与蒋经国同窗。精诗文，性阔达。曾任国民政府监察院秘书、监察院参事，陕西省党部委员兼书记长。1948 年病逝于西安。其妻王秀清（上海大学社会系肄业，亦曾留学莫斯科中山大学），为国民党中委王陆一之妹。

任，不思所以归职贡，复封疆，良已愧对朝廷，何反害及农时，滥支国库耶？秉笔直书，辞严义正，此老盖真能笃抱中央集权之信念而始终不渝者！惟其有此不易之理论与政策，一发之于诗，故能形成其"每饭不忘君"之大节，尊为"诗圣"，非偶然也。一语兴邦，千秋有当。值此蛮旗压境，世难如山，民族复兴，尤赖气节。诗人今日，亟宜继承工部之伟业，统一身心，宣扬忠义。凡处士浮言，疑云绮语，无病呻吟者流，固为时〔代〕所摈弃。更如理论不纯，讽嘲闲作，有害于世道人心，及不利于抗战之前途者，皆应一本工部之家法，而付之笔墨征诛也。

3.《吟边扎记》之三

发表于《青年向导》周刊第 15 期①，1938 年 10 月 15 日出版。

随园论诗，每多肤解。尤陋者，至谓工部《秋兴》之"听猿实下三声泪，奉使虚随八月槎"一联中，所用"虚""实"二字，竟有欠通费解之处。盖其意以为听猿自有泪，何必曰"实下"？奉使每无成，亦无庸重揭"虚随"之旨。不知上句乃工部引用《水经注》中之渔歌："巴东三峡巫峡长，猿啼三声泪沾裳。"盖谓昔谚如此，向未经心，今来巫峡，亲听猿啼，方知实能下"三声之泪"也。下句则为甫随严武入蜀，本多奢望，乃事与愿违，坐荒岁月，既不能因武成事，武又不为之荐于朝廷。故曰"虚随"，写身世之

① 编辑兼出版者：青年向导社（重庆武库街七十八号）；发行者：重庆七七书局（重庆武库街七十八号）；印刷者：重庆西南日报社。

痛也。工部入蜀后切身之痛，尽此一联，而此一联之用意，则因此"虚""实"二字而益显。杜诗浑朴，亦在此处。宁若随园之一任天机，提倡客慧①，于诗之义法，尚未能尽知，奚暇妄诋前贤耶？

由上观之，江絜生论杜颇受于右任影响，尤主时代性，以为"诗史"一说张目。具体而言，一是针对藩镇割据，主张中央集权。易君左《杜甫今论》（四）在论述杜甫的"大一统主义"即"反分裂主义"时，即曾引用于右任、江絜生的观点，证明杜甫"极力主张中央集权"。二是强调理解杜诗，应联系其身世经历。若回到抗战语境中去考察，此论更多是出自论者的现实关怀，而非就诗论杜。

第三节　程千帆的杜甫研究

程千帆（1913—2000），原名逢会，改名会昌，字伯昊，40岁以后，别号闲堂。湖南宁乡人。1932年8月，入金陵大学中文系。1936年夏毕业，即在金陵中学任教。1937年9月1日，在安徽屯溪与沈祖棻结婚，后任教于屯溪安徽中学。同年冬，避难至长沙与沈祖棻会合。1938年2月11日，在长沙拜访闻一多。春，任教益阳龙洲师范学校月余，至西康建设厅汉口办事处工作。秋，流寓重庆。后至西康，任西康建设厅科员。1940年2月，任乐山中央技艺专科学校国文讲师。

① 客慧，语出苏轼《子由新修汝州龙兴寺吴画壁》："始知真放本精微，不比狂花生客慧。"狂花：花不以时开，如桃李在冬天开花，叫作"狂花"。客慧：指小聪明。全句意谓：方才领悟真正的放逸原本出于精微之中，根本不是那种随兴而发的狂花或一时一地的小聪明。参见颜中其《苏轼论文艺》，北京出版社，1985，第224页。

1941 年 8 月，就聘乐山武汉大学中文系讲师。1942 年秋，应聘成都金陵大学副教授，与沈祖棻在学生中提倡诗词创作，并组织成立正声诗词社。1943 年 8 月，应聘四川大学副教授兼金陵大学副教授。1944 年秋，因反对学校当局贪污教师口粮，被金陵大学解聘，在四川大学与成都中学任教。1945 年 8 月，应聘武汉大学副教授。1946 年 11 月上旬后，继续在武汉大学任教。1947 年 8 月，升任教授，不久兼任中文系主任。1978 年 8 月，被聘为南京大学中文系教授。2000 年 6 月 3 日，因病逝世。其代表著作有《校雠广义》《史通笺记》《文论十笺》《程氏汉语文学通史》《两宋文学史》《唐代进士行卷与文学》《闲堂文薮》《古诗考索》《被开拓的诗世界》等。①

此一时期，程千帆论杜，主要见诸以下四文（书）。

1.《少陵先生文心论》

该文作于 1936 年 5 月，是程千帆"第一篇文学论文"②，由时任金陵大学中文系主任刘继宣③指导完成。④ 据《民国时期总书目》，《少陵先生文心论》："程会昌著，著者刊，

---

① 徐有富：《程千帆先生学术年表》，载程千帆《唐代进士行卷与文学古诗考索》，商务印书馆，2014，第 558—561 页。

② 徐有富：《程千帆先生学术年表》，载程千帆《唐代进士行卷与文学古诗考索》，商务印书馆，2014，第 558 页。

③ 刘继宣（1895—1958），湖南衡阳人。1919 年毕业于金陵大学。后留学日本。曾任金陵大学、中央政治大学、中央军校、安徽政治学院、南京大学等校教授。著有《战国时代之经济生活》（金陵学报社 1932 年印本）、《中华民族拓殖南洋史》（与束世澂合著，国立编译馆 1934 年出版）、《中华民族发展史》（中央陆军军官学校 1935 年印本）、《国学源流等函授讲义九种》（中华书局函授学校印本）、《各国考核制度概要》（中央政校 1942 年印本）、《国民守则释证》（上海正中书局 1945 年出版）。参见寻霖、龚笃清编著《湘人著述表》（一），岳麓书社，2010，第 255—256 页。刘继宣首次任金陵大学中国文学系主任的时间为 1931 年至 1940 年春。

④ 赵睿才：《百年杜甫研究之平议与反思》，人民出版社，2014，第 71 页。

〔1937 年〕版，14 页 16 开"，"杜甫作品研究"。① 后发表于
《金陵大学文学院季刊》第 2 卷第 2 期，每文独立编页，计
13 页。该期未署出版时间，据"晚清民国期刊全文数据库"
的介绍，其所收录《金陵大学文学院季刊》的出版年份为
1931 年 6 月至 1937 年 4 月，而第 2 卷第 2 期为最后一期，故
可推断其出版时间为 1937 年 4 月。

该文后又刊于《文史杂志》第 5 卷第 1、2 期合刊②，
1945 年 1 月出版。末署"二十五年旧作，三十一年春改订"。

既曰"改订"，则两者或多或少有所不同。全文分五节，
《金陵大学文学院季刊》版每节均有小标题，分别是："一
文章千古事，得失寸心知"；"二　文章一小技，于道未为
尊"；"三　美名人不及，佳句法如何"；"四　诗人以来，未
有如子美者"；"五　残膏剩馥，沾丐后人多矣"。《文史杂
志》版则全部删略。注释方面，《金陵大学文学院季刊》版
用夹注，《文史杂志》版则全部改作尾注。至于内文的不同，
也多可见。此处的撮述，以《文史杂志》版为依据，个别模
糊处，则参照《金陵大学文学院季刊》版而来。

程千帆首先阐明撰写此文的目的。其内容自六方面展开。
一是诗论的兴起与演变。在他看来，品诗之作，常后于诗。
"品诗之文"，又在"品诗之诗"之后。"论文之业，导源于

---

① 北京图书馆编《民国时期总书目（1911—1949）：文学理论·世界文学·中
国文学》上，书目文献出版社，1992，第 163 页。书名题签：高文。今
"民国图书数据库"所录版本，有题赠："北平图书馆惠存作者丁丑三月。"
丁丑三月，即在 1937 年 4、5 月间。

② 该期编辑者：文史杂志社（北碚黑龙江路五十二号）；社长：叶楚伧；主编
者：顾颉刚；发行者：中华书局（重庆民权路）；代表人：姚载梅；印刷
者：中华书局印刷厂（重庆李子坝）。徐有富著《程千帆沈祖棻年谱长编》
（南京大学出版社，2013）第 49 页云：《少陵先生文心论》"载《文史杂
志》1944 年第 3 卷第 11—12 期，1945 年第 4 卷第 1—2 期"。有误。

《诗序》,扬波于《典论》。"至钟嵘《诗品》、刘勰《文心雕龙》,达于极盛。"至唐而得老杜,《偶题》《戏为六绝句》诸篇,希声往哲。"自兹以后,此体遂开,其中最著者,有金元好问《论诗》三十首、清王士禛《戏仿元遗山论诗绝句》三十五首。

二是杜甫评论的发展历程。杜甫天纵之圣,在当世已领袖群流。自宋以下,尤极推崇。颂扬既备,研讨亦多。"编纂则樊晃开其端,笺注托王洙居其首。年谱之作,昉自汲公吕大防。诗话之兴,始于莆田方深道。"诗话杂丛,"多逞臆说,无益后生",莫逾元稹《墓志》;然元文"格于体例",失之简略,未暇缕陈。有感于此,程千帆拟"就杜公之诗,探其文心所在",其目的,则在于"以杜还杜"。

三是探讨杜甫的思想倾向。杜甫蓄积,"元自儒家",故其语于生事及文章,均在"儒家界内"。先观"生事"。儒家者流,"用世是务"。观《奉赠韦左丞丈》《自京赴奉先咏怀》等,足以"悲其志"。杜甫自许稷契一念,自来论者纷纭。其"不之许者",如葛立方、周必大;其"许之者",如黄澈、苏轼。程千帆认为,"平章四子之言,坡公为达。盖儒者所存,固应如此。至其能逮与否,又当别论也"。如洪亮吉谓"杜工部之救房琯,则生平许身稷契之一念误之","足以解纷息喙"。再观儒家文论,历代视之为小道。故杜甫所谓"文章一小技,于道未为尊","辞赋工何益",诚有所本。

四是关于杜诗真义。杜甫作诗,或为"动中形言之说",或抒"贤人失志之感",或申"缘情体物之义",不少诗句,已"曲达放言遣辞之两境"。杜之为杜,自别有真,主要有三点。其一,"识足以会通变"。杜甫于此,最具特识。其大旨,见于《偶题》及《戏为六绝句》诸篇。《金陵大学文学院季刊》版对此还有小结，认为《偶题》数句，说明文学因时代而变迁的大势；《戏为六绝句》的二、三首，以卢照邻、王勃为例，"证成历代清规之说"，其五、六首，则论及"创作时对时代应有之认识"。其二，"才足以严律令"。辞条文律，杜之所重，故于诗则曰"诗律群公问"，于文则曰"文律早周旋"。只要事义以精纯，则"音韵从而流美"。其三，"学足以达标准"。其标准所在，可以"神秀清新"四者概之。杜甫品诗衡文，"揭橥神字最夥"。然"神秀清新"何以至之？其途径有三："有后先之观念，则不致徒事模拟"；"以苦吟为律令，则可以自致英奇"；"所谓警策"，"亦致神秀亲①新之道"。此三者，皆杜甫"诗法之可稽者"。

五是关于杜甫的"堆积之说"。所谓"堆积"，即"集大成"。元稹"墓志"，秦观进论，已道出杜诗渊源。若会取二子之言，以参杜诗，则若合符节，但亦有未及之处，如其追踪西汉，致美建安，绳武太康，汲流六代。而其"惜卢王于国初"，诗中可四见；溯祖家法，亦有两篇。杜诗含咀众妙，转益多师，故能"托响清新，摛（谋）篇神秀，高标灵采，独具匠心"，这已远非"着盐水中"可以比拟。

六是论杜诗的影响。司马温公、六一居士之后，诗话渐多，但论后贤学杜，多寻行数墨之谈。不过亦有朗列之言，如孙仅言唐人之学杜，王士禛杂举历代之言，王世贞论明人学杜，若取以为例，则杜诗流衍，可以概见。此外，杜甫的自负，虽权舆其祖，但亦必传人。

---

① "亲"，原文失校，当作"清"。

2. 《杜诗伪书考》

该文作于 1936 年 8 月。[①] 据《民国时期总书目》，《杜诗伪书考》："程会昌著，著者刊，〔1937 年〕版，14 页 16 开"，"考证各种伪托之杜甫诗集。封面题有著者将此印刷品送给北平图书馆的时间'丁丑三月'"。[②] 后收入《目录学丛考》。其"叙目"末署"民国二十六年，岁次丁丑，清明节，宁乡程会昌谨识于玄览斋"，由此可知，该书编定于 1937 年 4 月 5 日。据《金陵文摘：民国三十年起至三十一年止（1941—1942）》[③] 之"人文科学·目录学"，《目录学丛考》："程会昌 28 年 2 月中华书局稿 110 面"，"包含目录学论文六篇，以讨论类例者为主"。[④] "六篇"依次为：《别录七略汉志源流异同考》《杂家名实辨证》《汉志诗赋略首三种分类遗意考》《汉志杂赋义例说臆》《杜诗伪书考》《清孙冯翼四库全书辑永乐大典本书目钞本跋》。有"萧序"，"丁丑六月，垫江萧印唐序"。

《杜集书目提要》亦有条目：《杜诗伪书考》，程会昌著，"一九四九年上海中华书局出版。铅印本，一册。是书经作者程千帆修订，收入其《古诗考索》一书中，一九八四年由

---

① 徐有富：《程千帆先生学术年表》，载程千帆《唐代进士行卷与文学古诗考索》，商务印书馆，2014，第 558 页。

② 北京图书馆编《民国时期总书目（1911—1949）：文学理论·世界文学·中国文学》上，书目文献出版社，1992，第 163 页。

③ 该刊是为纪念金陵大学（The University of Nanking）建校 55 周年而编纂，"金陵大学民国三十二年印于成都"。据封底的英文翻译，具体出版时间为 1943 年 4 月。

④ 《金陵文摘：民国三十年起至三十一年止（1941—1942）》，金陵大学，1943 年 4 月，第 1 页。

上海古籍出版社出版"。①

现据《目录学丛考》，述其大要。

《杜诗伪书考》所考伪书，计有以下五种。

一是王洙《杜工部集注》。王洙（979—1057），字原叔（一作元叔），应天宋城（今河南省商丘市）人。举进士，为府学教授，擢史馆检讨，历天章阁侍讲，累迁翰林学士。著有《易传》十卷及杂文千余篇。

《新唐书·艺文志》载："杜甫集六十卷、小集六卷。"此60卷杜集，经唐末五代之乱，至北宋已不可复见。时虽有杜集数种，皆散佚之余，且多藏于私家。幸得王洙广为搜集、整理，编纂成册，合20卷。王洙所编杜集，曾否付梓，已无从得知。后20年，姑苏郡守王琪取王洙本重新编定并镂板刊行。此即《宋本杜工部集》。杜甫集经王洙、王琪整理，裴煜补遗，基本竣事，成为后世所有杜集的祖本。②

《王内翰注杜工部集三十六卷》，一作《注杜工部集》，简称"洙注"。原书无见，其注散见各集注本。

今传王洙记，言编纂之事甚详，但独无一语及注。此记成于宝元二年十月。至嘉祐四年四月，王琪复刻，撰为后记。其中言复刊之事亦甚详，但同样无一语及注。程千帆据此推断，《杜工部集注》应是伪书。

伪书之出，约在南渡之初。其时王洙自编无注本与后出伪注即已并行于世。不过伪注既出，而后人又不善读王洙、王琪二记，遂多以为王洙真注杜诗。

---

① 郑庆笃、焦裕银、张忠纲、冯建国编著《杜集书目提要》，齐鲁书社，1986，第283页。
② 郑庆笃、焦裕银、张忠纲、冯建国编著《杜集书目提要》，齐鲁书社，1986，第1—3页。

　　"洙注"之真伪，为历来纷争未决的公案。程千帆首列此注为"伪书"。[①]《湖南通志》据吴激之说，径以宋邓忠臣为《注杜诗三十六卷》注者，周采泉认为孤证似不足信。[②]

　　二是苏轼《老杜事实》。苏轼（1036—1101），字子瞻，号东坡居士。四川眉山人。翰林学士。其论杜诗，散见《东坡志林》《仇池笔记》及题跋中，实未尝注杜。《东坡杜诗故事》，或称《东坡杜诗事实》，简称《老杜事实》，亦作《东坡事实》。伪苏注，或谓出于郑昂（卬），或谓出于李歜，或谓王铚托李歜之名。[③]

　　宋人假借东坡之名注杜，其初意本在"两美必合"，但在识者看来，实类"两贤相厄"。其书久无单刻，但"散见诸宋注中"，不过"妄谬在在，可以覆按"。程千帆所"疏通旧说"者，主要有四：《苕溪渔隐丛话》前集卷一一、《晦庵题跋》卷三、《容斋随笔》卷一、《宾退录》卷一。至于前辈"辜摧（摧）之语，散见尤多"，所举有四事。宋、元以来，伪注即早已不齿于世，但"嗜痂者流，世所多有"。

　　此书宋人已斥其伪。《杜集书目提要》将其置于"著录存目（已佚或存佚不明者）"之属，并说明其为伪书。周采泉则指出："今人注杜者，尚辗转引用，则因'分门类'及'集百家注'本之重印，以致死灰复燃。"[④] 此种现象，值得警惕。

　　三是黄庭坚《杜诗笺》。黄庭坚（1045—1105），字鲁直，号山谷道人，分宁（今江西省修水县）人。治平四年（1067）进士。累官秘书省校书郎、国史编修官，后贬涪州

---

① 周采泉：《杜集书录》上，上海古籍出版社，1986，第 23 页。
② 周采泉：《杜集书录》下，上海古籍出版社，1986，第 638 页。
③ 周采泉：《杜集书录》下，上海古籍出版社，1986，第 641—642 页。
④ 周采泉：《杜集书录》下，上海古籍出版社，1986，第 645 页。

别驾。徽宗时,曾起复,继因蔡京诬以"幸灾谤国"罪名,除名羁管宣州,卒于宣州。有《山谷内集》《外集》《别集》。

《杜诗笺》,或作《杜诗集笺》。明以前无所闻。陶宗仪《说郛》始刻。日人近藤元粹刊"萤雪斋丛书",再次收录,且作评订。共60则,均是截取杜诗一二句,然后说明其出处故实。不过,据魏庆之《诗人玉屑》卷一四所引黄庭坚之言,其论杜诗虽精,但亦可见其未尝作笺。程千帆于前10则中,拈取6例,即彰显该书伪迹,最终得出结论:"此盖不学之徒,杂取诸书,贪缘《大雅堂记》之言,求售其技。"

程千帆之前,元好问《杜诗学引》即谓山谷无意于注杜诗,显见此书系伪托。《杜集书目提要》则认为:"此论仅可备一说。或《杜诗笺》作于《大雅堂记》之后;或后人据山谷笺语,编纂成书,亦有可能。故以存疑为慎。"[①]《杜集书录》也认为今存之笺,"每则少者不十字,多者亦不盈百,有极精核处,语简意赅,出于黄氏当可信",故"此笺容有纰缪,究与伪苏伪王有别,不能斥为伪书"。[②]

四是虞集《杜律注》。虞集(1272—1348),字伯生,号道园。其先武州宁远(今山西省五寨县北)人,随父居临川崇仁(今江西省崇仁县)。从吴澄游,大德初荐授大都路儒学教授。文宗时,累迁奎章阁侍书学士,纂修经世大典,卒谥文靖,世称邵庵先生。著有《道园学古录》《道园遗稿》等。

《杜律注》,或题《杜工部七言律诗注》,或题《虞邵庵

---

① 郑庆笃、焦裕银、张忠纲、冯建国编著《杜集书目提要》,齐鲁书社,1986,第350页。
② 周采泉:《杜集书录》上,上海古籍出版社,1986,第447—448页。

分类杜诗注》，或题《杜律邵庵注》，又作《杜律训解》，异称不一，简称"虞注"。其刊本甚多，且版式、体例各异，以卷数计，有一卷本、二卷本、四卷本，不分卷本；以体例计，有分类本、编年本。此外尚有与赵汸《杜工部五言律注》合刊本。

是书分类诸本，其门类与张性《杜律演义》相较，大同小异；编年体诸本，所收诗篇与分类本大多相同，其注释亦相近。首有杨士奇序。此序大为伪书张目，明时甚盛行。然"辜揨之语，亦不胜其多。胡震亨、胡应麟、王夫之、姚际恒，片言折狱，服人为难"。杨慎《闲书杜律》"首从本书纠其违失"。又《四库提要》卷一七四别集类存目，"援引旧说，辨证綦详"，允称"信美"。但程千帆怀疑虞集、张性二注"或相剿袭，未必雷同"，"徐以道、王士禛（禛）虽见张注，或未尝取校世传虞本"，因此，《四库提要》决断，自有可商之处。

《杜集虞注》自姚际恒《古今伪书考》之后，再经余嘉锡、程千帆等考定，其伪已昭然若揭。周采泉认为，"《伪书考》为程氏早年作品，未见《演义》之黎近"序"，故尚据旧说，而未知张性初无托名虞集之意。其所以嫁名于虞集者，实出于朱熊之手，经杨士奇等巨公品题以后，率奉为圭臬"。①

此书虽伪，但亦有可取之处，如《杜集书目提要》之说："宋以来注杜之作如林，而仅取杜甫七律加以注释者，则自此书始，其首创之功不可没，且后之注杜者多有称许，

---

① 周采泉：《杜集书录》下，上海古籍出版社，1986，第666页。

故能一刊再刊，大行不衰。"①

五是杜举《杜陵诗律》。杜举，工部九世孙。杨载有序。此书假托杨载得之于杜甫后人，收杜甫律诗43首，分为51格，孟惟诚参校增注，又附录杨载律诗5首。杨载（1271—1323），字仲弘（一作"仲宏"），杭州人。能文工诗，与虞集、范梈、揭傒斯齐名，为元代四大诗人之一。有《杨仲宏集》八卷。②

关于此书，见记于仇兆鳌《杜律重宝辨》、王渔洋《带经堂诗话》卷一八。考诸明人著录，祁承爜《澹生堂书目》卷一四、高儒《百川书志》卷一八、黄虞稷《千顷堂书目》卷三二，皆可稽。至清人书目，则不复有其书。

分格说杜，始于宋人。《四库提要》卷一九七《诗文评类存目》云："《少陵诗格》一卷，宋林越撰。是编发明杜诗篇法，穿凿殊甚"，"每首皆标立格名，种种杜撰"，"真强作解事"。程千帆认为，此应即《杜陵诗律》所本。推原究因，"疑元时妄人，获此书籍，伪造新序，用骇世俗"，遗憾的是，因两无传本，不能取证。此外，当日杨仲弘亦喜佗谈诗法，"造序托名于彼"，亦非偶然。

总而言之，"此本伪书，言又俗薄，而解诗分格，托序于杨，皆有自来"，"虽小道"，但"必有可观者"。

3.《杜诗书目考证》

据《金陵文摘：民国三十年起至三十一年止（1941—1942）》，《杜诗书目考证》："程会昌30年10月稿400面"，

---

① 郑庆笃、焦裕银、张忠纲、冯建国编著《杜集书目提要》，齐鲁书社，1986，第61—62页。
② 郑庆笃、焦裕银、张忠纲、冯建国编著《杜集书目提要》，齐鲁书社，1986，第371—372页。

该书"仿朱谢两考之例，上起李唐，下迄胜清，举凡研杜之书，悉加著录"。① 以此观之，似有两种推断：一是《杜诗书目考证》曾经付印，出版时间为 1941 年 10 月；二是《杜诗书目考证》至 1941 年 10 月，已积稿 400 面。"稿"字说明，此书仍停留于手稿样态，并未付样。

该书于《少陵先生文心论》一文有所记载。《金陵大学文学院季刊》版云："余别有《杜诗篇目考》，属稿未完。"② 意谓该书至 1936 年 5 月时，还未完稿；《文史杂志》版则云："余别有杜诗书目考证之作，属稿未定。"③ 意谓该书至 1942 年春，已经写完，但尚未最终定稿。从"《杜诗篇目考》"到"杜诗书目考证之作"，似乎连书名都还未定。

《杜诗伪书考》中亦可见之。"余年来辑杜诗目录，迈阻既多，杀青无期。然缘以得知伪书数种。"④ 由此可见，《杜诗伪书考》应是其杜诗书目考证的阶段性成果。

又据《天风阁学词日记》，1951 年 6 月 19 日，"王西彦转来程千帆函，谓尝辑论诗骈枝十万言，付开明书店，无法印出。杜诗书目考证，积稿数十万言，更不易理董"。⑤ 可见，《杜诗书目考证》至此时仍出版无望。

此书，《杜集书目提要》《杜集书录》《杜集叙录》均未收录。《民国时期总书目（1911—1949）》亦不见收。

---

① 《金陵文摘：民国三十年起至三十一年止（1941—1942）》，金陵大学，1943 年 4 月，第 1 页。
② 《少陵先生文心论》，《金陵大学文学院季刊》第 2 卷第 2 期，1937 年 4 月，第 11 页。
③ 《少陵先生文心论》，《文史杂志》第 5 卷第 1、2 期合刊，1945 年 1 月，第 35 页。
④ 程会昌：《目录学丛考》，中华书局，1939，第 67 页。
⑤ 《夏承焘集》第七册，浙江古籍出版社、浙江教育出版社，1997，第 176 页。

4.《杜诗王原叔注辨伪》

该文发表于《斯文》半月刊第 2 卷第 4 期[1]，1941 年 12 月 1 日出版。[2] 究其内容与文字，实即《杜诗伪书考》之"王洙：杜工部集注"，故不再缕述。

第四节　罗庸论杜

罗庸（1900—1950），字膺中，号习坎，笔名有耘人、佗陵、修梅等。"两峰山人"罗聘（清初"扬州八怪"之一）的后裔。原籍江苏江都，生于北京大兴。北大研究所国学门毕业后，曾供职于教育部，与鲁迅同事。1937 年秋，南下至长沙，执教于国立长沙临时大学。次年春，学校迁昆明，罗庸取道香港等地入滇，于西南联大任教九年。其间又在云南大学、五华学院兼课。1939 年秋，恢复北大文科研究所，任导师。1942 年 12 月，任西南联大中国文学系教授、中法大学文史系主任。1944 年 11 月，出任西南联大中文系主任。1946 年，留滇任昆明师范学院国文系主任。1949 年 5 月，至重庆北碚勉仁文学院讲学并养病。次年 6 月 25 日，病逝于北碚医院。[3] 曾填写《满江红》一阕，是为西南联大校歌，与冯友兰所撰《西南联大纪念碑文》并称双璧。

---

[1]　编辑者：金陵大学文学院；发行者：金陵大学文学院（成都华西坝）；印刷者：蓉新印刷工业合作社（社址：外南国学巷）；经销处：（成都祠堂街）正中书局、东方书店，（重庆磁器口）中国文化服务社。

[2]　徐有富著《程千帆沈祖棻年谱长编》（南京大学出版社，2013）第 95 页云：1941 年"11 月 16 日，程千帆《杜诗王原叔注辨伪》发表（载《斯文》2 卷 4 期）"。其出版时间有误。

[3]　杜志勇：《罗庸先生其人其书》，载罗庸著、杜志勇辑校《中国文学史导论》，北京出版社，2015，第 3—4 页。

全面抗战时期，是罗庸讲杜、论杜相对集中的时期，主要体现在课程讲义、《鸭池十讲》之内，并散见于其他篇章。现缕述如下。

1. 学程讲稿

全面抗战时期，罗庸曾在西南联大开设"中国文学史分期研究"①，立专节讲述"李白和杜甫"。罗庸讲杜诗，公孙季云，"极受欢迎，听讲的挤不上座位，窗上和窗外树杈上，都满坐了学生，盛况可知"。② 1988 年，汪曾祺回忆说："还有一堂'叫座'的课是罗庸（膺中）先生讲杜诗。罗先生上课，不带片纸。不但杜诗能背写在黑板上，连仇注都背出来。"③ 郑临川所记录的讲稿，后经徐希平整理，曾与闻一多的授课记录稿，合编为《箫吹弦诵传薪录——闻一多、罗庸论中国古典文学》，由上海古籍出版社 2002 年 12 月出版。2014 年 9 月，罗庸讲稿部分更名为《罗庸西南联大授课录》，收入"西南联大讲堂"，由北京出版社出版。

讲稿论杜诗，划分为五个时期。一是长安十余年，努力作五律，其"题材之多，方面之广，语言变化，全唐诗人无与伦比"。40 岁迄天宝之乱，试作七言诗，"全盘失败"，然绝不作乐府调。二是安史之乱后，"见民生疾苦甚多"，"乃模仿汉乐府以命题"，诗境"得一开展"。三是到外移居，暂

① 据《国立西南联合大学各院系必修选修学程表（1939 年至 1940 年度）》，罗庸的"中国文学史分期研究（三）"，是为文学院中国文学系"文 3"开设。参见李宗刚编《炮声与弦歌——国统区校园文学文献史料辑》，人民出版社，2014，第 4 页。
② 公孙季：《一枝楼随笔：罗膺中讲学盛况》，《一四七画报》第 17 卷第 2 期，1947 年，第 10 页。
③ 汪曾祺：《西南联大中文系》，载汪曾祺《昆明的雨》，云南人民出版社，2011，第 106—107 页。

定成都浣花溪。此间生活极苦，"乃极力练习五古，至成都而大功告成"，创造出独特风格。四是居蜀六年，完成七律及五绝，"迨夔府而臻成熟"。每首各有文法，"又故意避熟就生"，遂"登峰造极"。五是此后，"为强弩之末，无甚可观"。晚年病肺，流浪湖南一带，"为打秋风计而多写排律"。①

对此一节，徐希平有过点评，认为其"言简意赅"，将杜甫"诗歌体裁、技艺、风格发展演变"分为五个阶段，"对每一个阶段文体变化及其原因均有透彻之分析，强调杜诗以三、四期作品为佳，切实可信"。"最后补论杜甫晚年多排律之因"，"将其文体改变与生活紧密联系，亦不为无见"。②

讲稿隐含李、杜二人之比较。具体而言，首先，李白籍贯为胡为汉，未有定论，人多目之为西域人，故其生活行止，与当代诸家多不同；而杜甫则是"纯粹中原文化之产儿"。其次，杜甫"终其身为衣食奔走，不若太白之悠游闲放，豪情奔注"。再次，杜甫早年沿袭初唐，晚年仍教儿熟读《文选》，"为传统文化所范围"，"与太白行迹自由者绝异"；杜甫的思想怀抱以儒家为宗，故"念念不忘君国"，诗之内容，亦与时代紧密结合。李白则"近道而不近儒"，故"诗中多神仙思想，眼中毫无民间疾苦"，其"诗之内容与民众及时代脱节，成为盛唐之尾声，能承先而不能启后"。最后，杜甫不同于李白者，尚有二端："少陵不作当时流行之古题乐

---

① 郑临川记录，徐希平整理《罗庸西南联大授课录》，北京出版社，2014，第164页。

② 徐希平：《罗庸先生唐代文学史研究述略》，载郑临川记录、徐希平整理《罗庸西南联大授课录》，北京出版社，2014，第7页。

府，而太白专作此类"；"太白善音律，故长绝句，少陵则适相反"。①

2.《鸭池十讲》

《鸭池十讲》，1943 年 9 月，由桂林开明书店出版。马浮（即马一浮）题签。共收入讲演稿 10 篇，包括《我与〈论语〉》《儒家的根本精神》《论为己之学》《感与思》《国文教学与人格陶冶》《诗人》《思无邪》《诗的境界》《少陵诗论》《欣遇》，大半是罗庸旅居昆明所讲。滇池在元代本名鸭池，"以记地故，因题此名"。② 有《前记》，"三十二年五月四日，罗庸记于昆明大绿水河畔之习坎斋"。

一为《少陵诗论》，该文主要探讨杜甫诗歌创作理论。最初发表于《新苗》第二册，1936 年 5 月 16 日刊行。题下署"本院文史学系讲稿"。所谓"本院"，即国立北平大学女子文理学院。又载于《经世季刊》③ 第 1 卷第 2、3 期合刊，1940 年 12 月 30 日出版。其"编辑后记"云："西南联大教授罗庸先生的《少陵诗论》和编者的《两汉的辞赋论》，是两篇文学理论文字。杜少陵是诗圣，罗先生是研究诗圣的专家，在北大及西南联大讲授杜诗多年。此文系编者要来自己拜读的，竟未得同意，在本刊发表。"④ 后收入《鸭池十讲》，"前记"中云：《少陵诗论》是"为北平大学女子文理学院

---

① 郑临川记录，徐希平整理《罗庸西南联大授课录》，北京出版社，2014，第 162—164 页。

② 罗庸：《鸭池十讲》，开明书店，1943，"前记"第 1 页。

③ 社长：萧一山；主编：罗根泽、高亨；编辑委员会委员：王捷三、王文山、李圣三、金毓黻、章芋沧、张维华、黎锦熙、萧一山、顾颉刚；发行者：经世社（重庆北碚庐山路二号）；总经售：中国文化服务社（重庆磁器街）；印刷者：国立四川造纸印刷职业学校工厂（重庆沙坪坝对岸庙溪嘴）。

④ "编辑后记"末署"（泽）"，应是该刊主编罗根泽。文中所谓"编者的《两汉的辞赋论》"之"编者"，亦即罗根泽。

《新苗》月刊写的，后来发表于《经世季刊》。"① 文章从杜甫论诗的材料中，钩稽出"神""兴""飞腾""清新"等概念，结合杜甫的创作实践，探讨了杜甫对于诗歌创作过程、艺术追求、创作态度、批评方法等方面的独特看法，具有一定的深度。

罗庸认为，如要"亲切地认识一位作家和他的创作历程"，研究其文艺理论，是一条"最直捷的路"。在现存"杜诗"中，论诗和涉及诗的地方，共有 180 多条，其中包括自述、泛说以及对古人和并世作家的评说。现将该文主要的观点，撮述如下。

"有神"，是杜甫最喜欢的一个"玄谈"。罗宗强认为，文艺领域中，音乐最早引入"神"的概念，东晋顾恺之又将其引入绘画理论，刘勰在文论中也曾引入此一概念，但将"神"首次引入诗歌的，则是杜甫。② 神是一种心理状态，要待有"感"才无"遁心"，此即"感兴"。"神"靠"兴"才动，"兴"待"感"而发，杜甫称之为"发兴"或"动兴"。"感物造端而借诗遣兴，是使'与物游'的'神'有个着落，有个寄托；还有'关键将塞'而'有遁心'的'神'，更须借诗为'枢机'而使之'通'，使之畅发。"如有诗"发兴"，有酒"为徒"，就可使人天机畅发。"诗酒"双管齐下，"神"也就"如有""若有"地奔赴于笔端。

"神"的质素是"性情"，陶冶的工夫在"虚静"。一方面，"情在强诗篇"（《哭韦大夫之晋》）；另一方面，"静者心多妙"（《寄张十二彪三十韵》）。要做诗人，须要有"水流心不竞，云在意俱迟"的澹定，以及"三夜频梦君，情亲

---

① 罗庸：《鸭池十讲》，开明书店，1943，"前记"第1—2页。
② 罗宗强：《隋唐五代文学思想史》，中华书局，2003，第82页。

见君意"的缠绵。

发兴所得是"动趣",陶冶所得是"静趣",动趣见于诗者是"飞腾",静趣见于诗者是"清新"。先看"动趣"。罗庸认为,杜甫在中年以前"专在求动趣",且"到老不衰"。动趣见于文字者,便是"有风骨,有波澜",因此,杜甫爱曹子建,爱黄初诗。飞动的意趣宜于"放歌",于是成就了杜诗"飞腾"的一路。再看"静趣"。求动趣必于建安,求静趣当于晋宋以后,此即"清新"。而"清"则必"新","清"则必"省"。清新就是极近自然,是文学上最高之境,杜甫称之为"近道要",或是"见道"。飞腾是意气,清新是理趣,越见道也就越清新,因此杜甫常用"新诗"二字。诗之清由于立意新,意新便有佳句。

佳句或称秀句,同样需要法度,所以杜甫对于诗文的"法"和"律",讨论不厌其详。苦心成就的文章,虽"未尝无嘤鸣求友之意",但倘无"知者",就宁可不传,决不希冀俗誉,因而真正成为"为己之学"。杜甫流传至今的诗作,因其"有情",都是"缠绵辛苦的遗痕"。

二为《诗人》,该文发表于《国文月刊》第 18 期①,1942 年 12 月 16 日出版。末署"三十一年四月十五日昆明";"又记"云:"右稿系应本校某学术团体之约为一次公开讲演而作。嗣讲演未举行,而稿已草就,因以付《国文月刊》。"全文分前言、本文、余论三部分,收入《鸭池十讲》时,则无此划分。

罗庸认为,诗之用即史之用,诗人也即"秉笔的史官"。

---

① 该期编辑委员:余冠英(主编)、罗常培、朱自清、罗庸、王力、彭仲铎、萧涤非、张清常;出版者:国立西南联合大学师范学院国文月刊社;代负发行责者:陆联棠;发行所:开明书店。

多识前言往行，以蓄其德，便是"博文约礼的工夫"。"诗人必须好学下问，虚己受人"，集义择善，鉴往知来，"迨其深造自得，由博反约，自然卓尔有立，笃实光辉"，此乃诗人的"大本大源"。

何以才能成为诗人？罗庸从情怀和技巧两方面，举出如下数端。

其一，诗人必须"纯是一片民胞物与之怀"。《离骚》"长太息以掩涕兮，哀民生之多艰"，杜子美"穷年忧黎元，叹息肠内热"，均颇得诗人之旨。

其二，诗人必须是"事烛几先的知者"。屈原最能不疑于所行。此后如杜子美的《自京赴奉先咏怀》《悲陈陶》《悲青坂》《留花门》，都有"见微知著的意思"，去风雅未远。

其三，诗人必须能"以天下为己任"，但须能知能仁，才不是欺人之谈，否则徒作大言而已。杜子美的"许身一何愚，窃比稷与契""致君尧舜上，再使风俗淳"，大概还有几分把握；像李太白"我志在删述，垂辉映千春。希圣如有立，绝笔于获麟"，恐怕便是"无验之谈"。

仁者何能不忧？"直是自强不息，与天合德，才得超凡入圣。"而古今诗人，只有陶渊明一人到此境界。视之杜甫，"自断此生休问天，杜曲幸有桑麻田""问法看诗妄，观身向酒慵"，则有霄壤之别。

上三者所言为"情怀"。通过杜甫与屈原、李白、陶渊明的比较，显见诗人的情怀之别。下言技巧。

其四，诗人对所使用的语言文字，必须"技术精熟，得心应手"。能仁便能与物同体，杜甫的"黄莺并坐交愁湿，白鹭群飞太剧干"，便是此境。此心能虚静，则能体物入微。"仰蜂黏落絮，行蚁上枯梨""细雨鱼儿出，微风燕子斜"，其与"纤巧小家"不同之处，即在于"能静观自得，非刻意

求之"。能写静态者，必能写动态。《茅屋为秋风所破歌》
"茅飞渡江洒江郊，高者挂罥长林梢，下者飘转沉塘坳"，三
句用了八个动词，他人罕能有此，实是静观得来。能写物态
者，必能写事态。《新安吏》《石壕吏》《兵车行》，也都是
"写茅屋秋风的一副眼光"。能写事境者，必能写情境。《无
家别》、《垂老别》和《梦李白》比较，"无亲疏彼我之分"，
因其"爱人如己"。能写情境者，必能写理境。"水流心不
竞，云在意俱迟"与"三夜频梦君，情亲见君意"，即不相
上下。

3. 其余散篇

其一，《文学史与中学国文教学》。该文是罗庸 1939 年 8
月在云南省立中等学校教职员暑期讲习会的一次演讲[①]，由
许秉乾[②]记录。题下署"廿八年十二月十四日"，应是稿成之
日。后发表于《国文月刊》第 1 卷第 1 期[③]，1940 年 6 月 16
日出版。

演讲提到在中国文学史上成功的大家，不外三派。一是
"不范畴于传统之文学系统下而全凭自己的才气成功的"，如
李太白、苏曼殊。二是"能复古的"，如韩退之。三是"集
大成的"，"在中国文化上有孔子，诗中有杜甫"。孔子"能
将前人所有的长处，变为自己的长处；而自己的长处，又超
出乎别人的长处之上"。杜甫则"凭自己的力量，将古人的
作品融会贯通，而另外自成一家"。考其原因，一在于"取

---

① 罗庸著，杜志勇辑校《中国文学史导论》，北京出版社，2015，第 140 页注
  释①。
② 许秉乾，云南弥渡人。西南联大中教普修班毕业。1947 年 6 月至 1949 年 6
  月，任弥渡县立初级中学校长。其父许海峰，为弥渡名医，有《海峰验方
  集》传世。
③ 该期编辑委员：浦江清（主编）、朱自清、罗庸、魏建功、余冠英、郑骞。

材丰富", 二在于"用功深厚"。"时代的因缘", 足以铸成"作品的形与质", 只有"方整不移", 而不是随便"圆滑流动", 方可造就"不朽"。正因为如此, 孔子才成为"圣之时者", 而杜诗才是"诗史"。后来, 程千帆、莫砺锋进一步指出:"杜甫之'集大成'与孔子之'集大成'一样, 最重要的意义不在于承前而在于启后。"①

对于杜甫的"集大成", 罗庸后来还有相关的论说。他认为:"继承古代文学遗产而集大成的, 不是韩退之, 而是杜工部。工部的诗, 篇篇创造, 有新的意境, 因为他能以旧的体裁, 写新的现实。"杜甫能"融会古代文学的菁英, 集其大成"。一般人认为"韩柳复古, 工部开创", 实则是"韩柳开创新的传志文学, 工部集诗歌的大成"。②

其二,《论学诗》, 该文发表于《读书通讯》③ 第 13 期, 1940 年 12 月 1 日出版。署名"罗膺中", 为回复中国文化服务社读书会会员张鹤林有关学诗的疑问而作。

罗庸认为, "学诗以多读多作为根本方法"。其中, 读诗的方法, 主要有两项。第一, 为了"艺术的培养", 应该用"纯欣赏的态度"来读。第二, 为了"技巧的训练", 应该用"纯研究的态度"来读。如杜甫"晚节渐于诗律细""新诗改罢自长吟", 一字都不放过, "使诗的篇法、章法、句法、字法, 在自己的眼中目无全牛"。如此, 不但对各种诗法"了然于胸", 对于各家的"工拙浅深", 也可据此判定。等到自己动笔, 便自有途径可循。

---

① 程千帆、莫砺锋:《杜诗集大成说》,《文学评论》1986 年第 6 期。
② 罗膺中讲《中国文学史导论》(四), 周均记,《五华月刊》第 6 期, 1947 年 6 月, 总第 91 页。该刊编辑者: 五华月刊编辑委员会(昆明市龙翔街五华学院内); 发行人: 于乃义。
③ 该刊编辑兼发行: 中国文化服务社读书会(重庆磁器街四十七号)。

至于作诗，其中对自己作品的修改，也是很重要的工夫。杜甫为此提供了借鉴。"毫发无遗感①，波澜独老成"，便是文艺家"最忠实的态度"，也即所谓"能自得诗"。

其三，《答唐钧焘论诗书》，该文发表于《读书通讯》第27期，1941年5月16日出版。旁注："本期脱期，十一月十六日印出。"署名"罗膺中"。唐钧焘的来函末署"二月四日"，罗庸的回函末署"四月十三日"，两函的年份应在1941年。

唐钧焘在信中，有杜甫与陆游的比较。他说，"暮投石壕村，有吏夜捉人"之杜甫，与"王师北定中原日，家祭无忘告乃翁"之陆游，扩而大之，心在邦国，所感正同。而"归客千里至，妻孥怪我在""却看妻子愁何在"之杜甫，"坏壁醉题尘漠漠，断云幽梦事茫茫""城南小陌又逢春，只见梅花不见人"之陆游，杜老情怀，陆游韵事，两无轩轾。罗庸则在回复时指出，"宇宙人事，万变不居，中情所感，自属因人而异"。只要"不由矫饰，直披胸衿"，则大至"家国兴废"，小至"朋友离合"，均无可轩轾。国势民风，可见于诗。但倘"于国破家亡之日，为唐大无验之语；或于四海困穷之秋，为流连光景之语"，虽"实心无伪"，必为"识者所讥"。这不关立言诚伪，而在于学养浅深与心量广狭。

其四，《读杜举隅》，该文发表于《国文月刊》第1卷第9期，1941年7月16日出版。末署"三十年二月二十一日，昆明市北四公里岗头村疏散寄居"。《读杜举隅》专论杜诗中的艺术技巧和手法，见解独到。

一是杜甫《诸将》五首。旧注引顾宸曰："首章忧吐蕃，

---

① "遗感"，多作"遗憾"，或作"遗恨"。

责诸将之防边者。次章愤回纥，责诸将用胡者。三章责大臣之出将者。四章刺中官之出将者。末章则身在蜀中而婉刺镇蜀之将，故其命题总曰诸将。"罗庸认为，准之以《秋兴》八首，《咏怀古迹》五首，其说未尝不可通；唯第四首起句之"回首扶桑"四字，旧注云"特指南海"，则不得其解。

在罗庸看来，杜诗之合若干首成一总题者，见诸二例。一者每首独立为篇，如《秦州杂诗》《咏怀古迹》等；二者各首相次，前后自成篇法，如《喜达行在所》、《羌村》三首等。前者其法出于阮籍《咏怀》、曹植《杂诗》；后者其法出自曹植《送白马王彪》、陶潜《归园田居》五首。《诸将》五首属于后一例。

杜甫"精熟《文选》理"，而杜诗亦多用《文选》。罗庸进而指出，《诸将》五首用赋体，"前人似未注意"，并详加说明：此五首制作地点在夔州，依登高能赋之例，五首次第为自北而东而南而西，为一寰区之周览。第一首北望长安，独标泾渭。第二首极目三城，特点潼关。第三首东望洛阳，兼及海蓟。第四首专言南海。第五首专言蜀中，而以锦江春色、巫峡清秋，指明作者所在之地。其用《招魂》《国策》一系的赋体，彰彰明甚。独于正东一面，无事可陈，不得不以"扶桑"实之，而又加以"回首"。旧注解云："前三首皆北望发叹，此方及南中，故用回首字。"犹一间未达。

二是《同诸公登慈恩寺塔》。慈恩寺塔七级四隅，此谓"仰穿龙蛇窟，始出枝撑幽"，盖已登至最高一级。次云"七星在北户"，则首眺北面。下云"河汉声西流；羲和鞭白日，少昊行清秋"，则次眺西面。再云"秦山忽破碎，泾渭不可求"，则由南面眺至东面。太宗昭陵在九嵕山麓，其方向在长安西北隅，方其分别泾渭，俯视皇州，忽惊苍梧而叫虞舜，非"回首"不可得。该诗用赋体，与《诸将》五首同。

赵瑞蕻曾听罗庸讲授此诗。"他声音洪亮，常讲得引人入胜，又富于风趣。""罗先生一开始就读原诗。""先生来回走着放声念，好听得很。""罗先生自己仿佛就是杜甫，把诗人在长安慈恩寺塔上所见所闻所感深沉地一一传达出来；用声音，用眼神，用手势，把在高塔向东南西北四方外望所见的远近景物仔细重新描绘出来。他先站在讲台上讲，忽然走下来靠近木格子的窗口，用右手遮着眉毛作外眺状，凝神，一会儿说：'你们看，那远处就是长安，就是终南山……'好像一千三百多年前的大唐帝国京城就在窗外下边，同学们都被吸引住了。"罗庸还将此诗与岑参的《与高适薛据登慈恩寺浮图》做了比较，认为杜诗"精彩多了"，"因为杜甫思想境界高，忧国忧民之心炽热，看得远，想得深"。从杜甫这首诗里，"已清楚看到唐王朝所谓'开元盛世'中埋伏着的种种危机，大树梢头已感到强劲的风声"。而《春望》一诗便是最好的见证。进而联系到当下，"敌骑深入，平津沦陷"，大家都避难到南岳山中。于是，"先生低声叹息，课堂鸦雀无声，窗外刮着阵阵秋风"。①

三是《登楼》。历来解说此诗，大都赞其结句奇突，罗庸认为，"似皆未得确解"。"登楼"一题，出自王粲赋，此首章法，全出于"挟清漳之通浦兮"一段。杜甫所登之楼，即"东望少城花满烟，百花高楼更可怜"的锦城散花楼。"锦江春色"，东望所得；"玉垒浮云"，西瞻所见；"北极朝廷""西山寇盗"，则北眺所思；而昭烈庙、武侯祠适在城

---

① 赵瑞蕻：《离乱弦歌忆旧游——纪念西南联大》，《新文学史料》2000年第2期。

南；登楼而为《梁甫吟》者，则正在百花楼上。章法如此，故其结局并非奇突而已。

罗庸此处所选三诗，并非杂乱拼凑，而是有内在脉络一以贯之。由《诸将》的"回首"，谈到《同诸公登慈恩寺塔》，进而谈到《登楼》。三者均采赋体，章法严密，浑然成体。最后，罗庸指出："是故选诗者，于他家之诗，或可以摘取佳章，而于杜诗则首当观其组织，未可以卤莽割裂"，如坊间所出中学国文教本，有节选《前出塞》九首的第三、五首，乃是因为选者不知杜诗连章，有时不可截取，不可颠倒次第。

关于《前出塞》，亦可参见其《杜甫〈前出塞〉本事说》。谈到治文学史"展拓与发明的四基件"即新材料、新工具、新问题、新见地时，罗庸也曾以此为例。"比如旧说杜诗韩文，无一字无来历，尤其杜甫的乐府，没有一篇不是写实的。但'前后出塞'就是一个很大的问题。《后出塞》五首写安禄山征奚、契丹事，字字不空，但《前出塞》九首就仿佛是泛写征戍之苦。假使果是泛写，那么'杜诗乐府是写实的'，这句话就有了例外"，于是"抛弃旧注，从历史上找证据。结果发现这诗完全是咏天宝六载高仙芝征小勃律的事，而且是根据岑参从征归来口述的见闻，其字字不空，和《后出塞》一样"。"一个老材料"，"有了新的解决"。[1]

---

[1] 罗膺中：《中国文学史上的几个新问题与新见地》，《云南教育通讯》第 2 卷第 7 期，1939 年 9 月 11 日，第 9 页。《云南教育通讯》编辑者、发行者：云南教育厅秘书室。也可参见严学宭《竟委穷源——罗膺中师说述闻之一》，《光明日报》1961 年 5 月 1 日。

第五节　闻一多的杜甫研究

闻一多（1899—1946），本名闻家骅，字友三，一作友山，或言友山其号。湖北浠水人。1937 年，卢沟桥事变爆发，乘津浦车南下，先回浠水老家，后住武昌磨石街。国立长沙临时大学组建后，文学院设南岳圣经学校，闻一多受聘于此任课。1938 年 2 月，加入临大学生湘黔滇旅行团，随同步行入滇。4 月 28 日，到达昆明。5 月 4 日，长沙临大奉命改为国立西南联合大学，文学院设于蒙自，住歌胪士洋行楼教员宿舍。8 月，迁回昆明，住小西门福寿巷姚宅。1939 年暑假后，移家晋宁。1940 年 7、8 月间，搬回昆明，住小东门节孝巷十三号周宅。同时兼任清华大学中国文学系主任。10 月，移家昆明北郊陈家营。1941 年暑假后，讲授唐诗和《楚辞》。清华大学文科研究院成立，主持中国文学部工作。10 月，移家司家营文科研究所。1943 年暑假后，在联大讲授唐诗和《诗经》。同时在昆明北门街中法大学兼课。1944 年 5 月初，迁居昆明西城昆华中学，兼任昆华中学国文教员。1945 年 1 月，搬回西仓坡联大教职员宿舍。2 月，参加路南旅行团。9 月，出任民主同盟中央执委及民主同盟云南省支部宣传委员，兼民主周刊社社长。1946 年 7 月 15 日，遇刺牺牲。[1]

对杜甫，闻一多素多仰慕，曾称誉杜甫为"中国有史以来第一个大诗人，四千年文化中最庄严、最瑰丽、最永久的一道光彩"。[2] 朱自清也曾说："他在过去的诗人中最敬爱杜

---

① 季镇淮编著《闻朱年谱》，清华大学出版社，1986，第 32—62 页。
② 闻一多：《杜甫》，《新月》第 1 卷第 6 期，1928 年 8 月 10 日，第 5 页。

甫，就因为杜诗的政治性和社会性最浓厚。"① 抗战以前，其有关论述，主要集中见于下述篇章。

其一，《杜甫》，发表于《新月》第 1 卷第 6 期，1928 年 8 月 10 日出版。目录中注明为"传记"，但未写完。② 季镇淮评价说：《杜甫》是闻一多"爱国主义在研究中国古代文学中的表现，也是他研究中国古代文学最初的一个尝试。它不是论文，而是试图给伟大诗人杜甫画像的传记散文"。③ 林继中也曾予以言简意赅的评价："虽是杜甫传的片段，但既有旧学坚实的依托，又有新眼光、新方法，且具有新文艺的感染力。"④

其二，《少陵先生年谱会笺》，连载于国立武汉大学《文哲季刊》。第一部分，刊第 1 卷第 1 期，1930 年 4 月出版；第二部分，刊第 1 卷第 2 期，1930 年 7 月出版；第三部分，刊第 1 卷第 3 期，1930 年 10 月出版；第四部分，刊第 1 卷第 4 期，1931 年 1 月出版。《闻一多全集》收录此文时，将其发表时间笼而统之称为"一九三〇年"⑤，是未详

---

① 朱自清：《中国学术的大损失——悼闻一多先生》，《文艺复兴》第 2 卷第 1 期，1946 年 8 月 1 日，第 4 页。

② 郑临川认为，绘画空间艺术技法的运用，"反映历史背景的画面设计"，同"唐诗研究中文学语言的运用"，可说是闻一多的"双绝"。而"文中最动人的语言，莫过于给诗圣杜甫青少年时期画像的那篇文章，是先生对他最敬爱的诗人高度礼赞，从心潮沸涌中喷射出来的滚烫的语言，活现了风华正茂年轻的诗圣风貌"。"先生以富于诗趣的文学语言发表研究唐诗的成果，可说是珠联璧合。"参见郑临川《闻一多先生与唐诗研究》，载郑临川记录、徐希平整理《闻一多西南联大授课录》，北京出版社，2014，第 240—242 页。

③ 季镇淮：《闻一多先生事略》，载季镇淮编著《闻朱年谱》，清华大学出版社，1986，第 73 页。

④ 林继中：《百年杜甫研究回眸》，《河北大学学报》（哲学社会科学版）1999 年第 2 期。

⑤ 《闻一多全集 6：唐诗编上》，湖北人民出版社，1993，第 187 页。本卷整理者：徐少舟。

检之故。傅璇琮将其视为闻一多"一系列唐诗研究中所作出的最早的业绩",虽是"一篇较侧重于资料编排的文章",但可以从中"看出其眼光的非同一般",即能够"把眼光注射于当时的多种文化形态",譬如"注意辑入音乐、绘画、文献典籍等资料"。这种"提挈全局、突出文化背景的作法",是"年谱学的一种创新,也为历史人物研究作出了新的开拓"。①

总的来看,"从杜甫的研究,经过《杜少陵年谱会笺》《杜诗新注》,归结为写杜甫的传记,可见他的考证工作,只是研究的开始,从而逐步深入,达到更高的理想的研究"。②

另有手稿两份。一是《少陵先生交游考略》,写作时间不详,生前未公开发表。作者手稿藏北京图书馆(今国家图书馆)。后收入《闻一多全集6:唐诗编上》。二是《说杜丛钞》,写作时间不详,生前未公开发表。作者手稿藏北京图书馆。后收入《闻一多全集7:唐诗编中》,徐少舟整理。其余论述,则散见于不同篇章,此处不再一一列举。③

---

① 傅璇琮:《〈唐诗杂论〉导读》,载闻一多《唐诗杂论》,上海古籍出版社,2011,第10页。
② 季镇淮:《闻一多先生的学术途径及其基本精神》,载季镇淮编著《闻朱年谱》,清华大学出版社,1986,第98页。
③ 1933—1934年,万鸿开在清华大学,曾选修闻一多的"杜诗"课。其听课笔记"一共三四十页,记录了闻先生讲杜甫诗四五十首的情况。大部分是诗句文义典故的讲解,小部分是闻先生对杜诗的即兴式评论"。抗战时期,万鸿开将笔记本赠送同在厦门大学任职的施蛰存。后经其整理,计11则:"《高都护骢马行》""《月夜》""《喜达行在所》""《佳人》""《秦州杂诗》""诗与文""论唐人七古""诗用典""生活经验""《倦夜》""艺术",以《闻一多讲杜诗》为题,作为附录收入《文艺百话》(华东师范大学出版社,1994,第433—439页)。题下有施蛰存于1991年8月4日所作按语。

1. 学程讲稿

联大期间，郑临川曾聆其唐诗讲课[1]，所记录的讲稿，曾收入《闻一多论古典文学》，由重庆出版社1984年11月出版。后经徐希平整理，与罗庸的授课记录稿，合编为《笳吹弦诵传薪录——闻一多、罗庸论中国古典文学》，于2002年12月，由上海古籍出版社出版。2014年9月，闻一多讲稿部分更名为《闻一多西南联大授课录》，收入"西南联大讲堂"，由北京出版社出版。其中关于杜甫的讲述，主要见诸第三编"诗的唐朝与唐朝的诗"。相关内容，有如下方面。

首先是从文学史的分期来看待杜甫及杜诗所代表的新的诗风。对中国文学史的分期问题，闻一多曾提出将建安作为文学史古代和近代的分水岭。曹魏时代，政治上有九品中正制的建立，到了东晋，便发展为严格的门阀制度。大小谢（谢灵运、谢朓）是这一时期诗人的具体代表。发展至盛唐，此派风格完全成熟，殷璠所编《河岳英灵集》，集其大成，作品"十足反映""贵族的华贵生活"。天宝大乱以后，门阀贵族几乎消灭干净，于是杜甫所代表的"另一时代的新诗风"从此开始。宋人杨亿曾讥笑杜甫是"村夫子"，指的便是其士人身份。同时代的元结所编选的《箧中集》，作品也"全带乡村味"。其后就是孟郊、韩愈、白居易、元稹等人的继起，以"刻画清楚"为主，不同于前人标举的"玄妙"风格。诗人的成分由贵族变为士人，所以也颇能"从自己的生活遭遇联想到整个民生疾苦"。由此可以解释杜甫的"三吏"

---

[1] 关于郑临川的听课时间，其后来的回忆，或云"1940年秋"（《闻一多西南联大授课录》，第224页），或云"1941—1942年"（《闻一多西南联大授课录》，第209页），参照《闻朱年谱》关于闻一多开讲"唐诗"及郑临川在联大的求学时间（1938—1942年），应是"1941年秋"。

"三别"诸诗，为什么近似于汉乐府而表现出一种"清新质朴的健康风格"。①

盛唐诗又可分为三个复古阶段：一为齐梁陈时期，二为晋宋齐时期，三为汉魏晋时期。闻一多此处所谓"复古"，是指盛唐诗"从摆脱齐梁诗的影响逐步回升到汉魏健康风格的发展过程"。② 杜甫是汉魏风格的集大成者。闻一多总结说："两汉时期文人有良心而没有文学，魏晋六朝时期则有文学而没有良心，盛唐时期则文学与良心二者兼备，杜甫便是代表，他的伟大就在这里。"③

汉魏一派，又可细分为三小派。一是郭元振、薛奇童等，专写自然，但"态度严肃"。二是张九龄、苏涣等，专写天道，"趋向于悲天"。如苏涣的《变律》，即大为杜甫赞赏。三是以《箧中集》的编者和作者为代表，专写人事，"完全进入悯人"，"爱作愁苦之言"。其中的于邈、沈千运，"首先调整了文学与人生的关系，认定了诗人的责任"，这种精神，在中国诗坛，堪称"空前绝后"。而孟云卿、王季友、张彪诸人，则是杜甫的朋友。杜甫的诗风可能受过他们的影响。④

诗之有社会意识，在内容方面"开新天地者"，当推杜甫。孟郊在继承杜甫的"写实"精神之外，还加上了"敢骂"特色，不仅显示了"时代的阴影"，更加强了"写实艺术的批判力量"。所以闻一多认为，从中国诗的整个发展过

---

① 郑临川记录，徐希平整理《闻一多西南联大授课录》，北京出版社，2014，第 117—119 页。

② 郑临川记录，徐希平整理《闻一多西南联大授课录》，北京出版社，2014，第 153 页。

③ 郑临川记录，徐希平整理《闻一多西南联大授课录》，北京出版社，2014，第 161 页。

④ 郑临川记录，徐希平整理《闻一多西南联大授课录》，北京出版社，2014，第 162 页。

程来看，"最能结合自己生活实践继承发扬杜甫写实精神"，为"写实诗歌"的发展"开出一条新路"者，"应该是终生苦吟的孟东野，而不是知足保和的白乐天"。①

其次是从家学考察杜甫所受影响。杜甫祖父杜审言，当时诗名极盛，"造诣已达盛唐境界"，同时也"极端自负"，"隐然有领袖群伦之概"。杜甫后来能够雄踞盛唐诗坛，其"诗风和个性"，有着极其深厚的家庭渊源。《曲江》"传语风光共流转，暂时相赏莫相违"，应即化自杜审言《春日京中有怀》的尾联"寄语洛城风日道，明年春色倍还人"，而两联并传，同为佳句。杜甫早年作品多属此类，与其晚年的"巧思刻画"大有分别，正是因为家学的影响。此外，杜审言对于崔融最为倾服。崔之五古《关山月》，尤见浑厚，而杜甫《同诸公登慈恩寺塔》亦具此风格。②

最后是将杜甫与多位诗人加以比较，从不同侧面展现其优劣之所在。如元结和杜甫同为新乐府的前驱，区别在于元结是"有意的创作"，发于理智而不是发自感情，带有"政治宣传"的性质；杜甫的作品却是"出于自然感情的流露"，并非按"计划"所作。③

讲到王昌龄时，也涉及杜甫的比较。闻一多认为，从文学技巧说，王昌龄和孟浩然可以对举；但在思想内容上，陈子昂和杜甫则可并提。④法国有画家曾发明用点作画，利用

---

① 郑临川记录，徐希平整理《闻一多西南联大授课录》，北京出版社，2014，第204—205页。
② 郑临川记录，徐希平整理《闻一多西南联大授课录》，北京出版社，2014，第130—133页。
③ 郑临川记录，徐希平整理《闻一多西南联大授课录》，北京出版社，2014，第163页。
④ 郑临川记录，徐希平整理《闻一多西南联大授课录》，北京出版社，2014，第175页。

"远看的眼光"连点成线，产生颤动的感觉。王昌龄的诗，"有点而又能颤动"；杜诗亦偶有此种做法，"然而效果到底差些"。① 唐代为求"纯诗味的保存"，"特别重视形式精简而音乐性强的绝句体"。就艺术而言，唐诗造诣最高的作品，当推王昌龄、王之涣、李白诸人的七绝，"杜甫远不能及"，但"他的伟大处本不在此"。②

对于李白、杜甫、王维三家，旧来论诗，或称"仙圣佛"，或称"魏蜀吴"，或称"天地人"，或称"真善美"。闻一多认为，作家的遭遇与其诗文的风格大有关系，故主张以三人最重要的生活年代进行比较，来评价其诗歌特点。三位诗人同时经历了安史之乱，其处乱的态度，正足以代表各人的诗境。杜诗如"麻鞋见天子，衣袖露两肘"（《述怀》），"影静千官里，心苏七校前"（《喜达行在所》之三），表现出"爱君的热忱"，"如回家孩子见了娘，有说不出的委屈和高兴"。李白的行动，"却有做汉奸的嫌疑，或者说比汉奸行为更坏"。王维则像息夫人，乱中做了俘虏，"尽管心怀旧恩，却又求死不得，仅能抱着矛盾悲苦的心情苟活下来"。杜甫的思想，"存在于儒家所提出的对社会的义务关系之中"，而此种义务关系，是"安定社会的基本因素"。李白却不承认这种关系，"只重自我权利之享受，尽量发展个性"，如同"不受管束的野孩子"。王维则取中和态度，"不知生活而享受生活"，只求在"平淡闲适"中"安

---

① 郑临川记录，徐希平整理《闻一多西南联大授课录》，北京出版社，2014，第176页。
② 郑临川记录，徐希平整理《闻一多西南联大授课录》，北京出版社，2014，第179页。

然度此一生"。①

闻一多在课堂上说:"唐代的两位大诗人李太白、杜工部,我不敢讲,不配讲。不能自己没有踏实研究,跟着别人瞎说!"但这"少量有限的讲述","确乎是独到之见,精彩过人",只是因其"下过彻底工夫","体现了言必有据的科学态度"。② 所以汪曾祺也说,闻一多讲唐诗,"不蹈袭前人一语"。③ 上引其论杜部分,新见迭出,即可见之。

综上所述,闻一多讲杜甫,是将其放置在天宝前后唐诗所呈现的两种不同的风格面目中加以论述,抓住"作者的身份和生活有了很大的改变"这一关键,"通过对诗人诗风特点及其形成原因的论述,凸显了唐时新文化背景的特征:从贵族文化的延续与消亡,到外来胡文化作为新兴力量跃上历史舞台,再到平民文化的开启和发展",而且在对李白、杜甫、王维的对比评判中,"剖析了唐诗三大风范的深刻内涵",实是对"唐王朝三百年文化史"的一次"巡礼"。④ 至于"文学与良心兼备"的理论总结,更是具有普遍的指导意义。

2. 其余散论

其一,《家族主义与民族主义》。该文发表于昆明《中央日报》1944 年 3 月 1 日第 2 版"周中专论"栏。

---

① 郑临川记录,徐希平整理《闻一多西南联大授课录》,北京出版社,2014,第 180—182 页。

② 郑临川:《闻一多先生与唐诗研究》,载郑临川记录、徐希平整理《闻一多西南联大授课录》,北京出版社,2014,第 237 页。

③ 汪曾祺:《西南联大中文系》,载汪曾祺《昆明的雨》,云南人民出版社,2011,第 106 页。

④ 李凤玲、赵睿才:《治杜的结果:真了解——闻一多先生的杜甫研究(二)》,《杜甫研究学刊》2004 年第 4 期。

闻一多认为，中国三千年来的文化，是以家族主义为中心。与家族主义立于相反地位的文化势力，便是民族主义，但在中国，则"比较晚起"，直至最近，"因国际形势的刺激，才有显著的持续的进步"。

汉朝以孝行为选举人才的标准，"渐渐造成汉末魏晋以来的门阀之风"，于是家族主义更为发达。而五胡入华，不但没有刺激民族主义，反而加深了家族主义。结果到了天宝之乱，几乎整个朝廷的文武百官，"为了保全身家性命"，大都"投降附逆"。这大概是中国历史上民族意识最消沉的一个时期。在此背景下，"麻鞋见天子，衣袖露两肘"（《述怀》）的杜甫，便"算作了不得的忠臣"。这也由此凸显出杜甫孤忠的难能可贵。

其二，《诗与批评》。该文发表于《诗：大地的歌》，此系"火之源文艺丛刊"① 第 2、3 辑合刊，1944 年 9 月 1 日出版。后又刊于《诗与批评》第 1 期②，1946 年 5 月出版。同年 8 月 20 日，为《书报精华》第 20 期转载，题下有编者按："闻一多先生为西南联大教授，文学造诣极高，已于七月十五日在昆明被狙身死。"

闻一多认为，封建时代，只有社会，没有个人，《诗经》即其证明。《诗经》的时代过去之后，"个人从社会里边站出来"，《古诗十九首》《楚辞》为其代表。进入个人主义社会之后，只有个人，没有社会，故陶渊明"为自己写下""闲逸的诗篇"，谢灵运则"为自己的愉悦而玩弄文字"。个人主义发展到极端，即宣布其"崩溃"与"灭亡"，于是杜甫应

---

① 编辑者：火之源社；发行人：李时杰；发行所：火之源社（重庆中一路中武村二号）。

② 社址：遵义浙江大学；发行人：杨絮；主编：王田；编委：李一痕、刘纫兰、胡笳、子殷、水草、袁箴华。

时而出，"他的笔触到广大的社会与人群"，"同其欢乐，同其悲苦"，"为社会与人群而振呼"。杜甫之后有白居易，不单"把笔濡染着社会"，而且为"当前的事物"提出主张与见解。诗人从小我走向大我，从而造就了"个人社会"（Individual Society）。

诗人自有等级之分。闻一多认为，杜甫应是一等，因为他的诗"博、大"。陶渊明的诗是"美的"，其"诗里的资源是类乎珍宝一样的东西，美丽而不有用"，"是则陶渊明应在杜甫之下"。

闻一多的古典文学研究，从目的到方法，不乏新猷。对此，前人亦多有论述。

洪遒指出，闻一多治学，并不是关在书斋，"自我陶醉做啃古书的蠹鱼"，而是如自己所说，充当的是"杀虫的芸香"。闻一多和屈原、杜甫"交游"，是把两人"放在各自的整个时代整个社会复活起来"，从而发挥出"芸香"的作用。[①]

朱自清则有另一角度的总结。闻一多最初用力在唐诗，"注重诗人的年代和诗的年代"。在闻一多看来，关于唐诗许多"错误的解释与错误的批评"，都是由于"错误的年代"，因此利用"考据的本领"，将诗人的生卒年代制成一目了然的图表，成为考据方面"值得发展"的"新技术"。其《唐诗杂论》虽然只有五篇，但都是"精彩逼人之作"，"将欣赏和考据融化得恰到好处"，同时创造了一种"诗样精粹的风

---

① 洪遒：《爱国诗人闻一多》，《光明报》新 22 号，1947 年 7 月 19 日，第 14 页。

格", 读来"句句耐人寻味"。①

正因为如此, 闻一多论杜, 较之罗庸, 更能在纵横交错的比较中, 凸显出杜甫及杜诗的特色与地位。一方面, 是"深入古代历史环境, 理清作家创作的上下关联和时代网络", 透视其"成就高下得失的关键所在"。② 另一方面, "中国用比较文学的方法讲唐诗", 闻一多"当为第一人"。③ 如前所述, 他将唐诗与后期印象派的画联系起来, 特别讲到"点画派"。而罗庸的论述, 更多则是杜诗的一种内部研究。

第六节 朱偰的《杜少陵评传》及其他

朱偰 (1907—1968), 字伯商, 浙江海盐人。财经专家、文物保护家。幼承家学, 1925 年入北京大学本科, 攻读政治学。1929 年, 留学德国柏林大学, 专治财政, 兼修历史、哲学。1932 年, 获经济学博士学位, 7 月归国后, 任中央大学经济系专任教授。次年, 即膺经济系主任。抗战时期, 曾兼任国立编译馆编审。1939 年 10 月至 1944 年 6 月, 被国民政府财政部聘为简任秘书。后历任财政部关务署副署长、署长。1955 年初, 任江苏省文化局副局长。1957 年, 被划为"右派"。1961 年, 分到南京图书馆工作。

---

① 朱自清:《闻一多先生与中国文学》,《国文月刊》第 46 期, 1946 年 8 月 20 日, 第 1 页。该文同时刊于《生活与学习月刊》第 1 卷第 5、6 期合刊 (第 26 页), 1946 年 10 月 1 日出版。

② 郑临川:《前言》, 载郑临川记录、徐希平整理《笳吹弦诵传薪录——闻一多、罗庸论中国古典文学》, 上海古籍出版社, 2002, 第 1 页。

③ 汪曾祺:《西南联大中文系》, 载汪曾祺《昆明的雨》, 云南人民出版社, 2011, 第 106 页。

1968 年 7 月 15 日，被迫害致死。1978 年 11 月，得到平反昭雪。① 其人其事，学界已渐有掘发，但多关注其为保护文物而以身抗命的一面。

朱偰学识宏深，对杜甫尤有研究，曾作《杜少陵评传》。

《杜少陵评传》，青年书店 1941 年 6 月初版。② 《杜集书目提要》收录该书，提要中云："一九四七年重庆青年书店出版。铅印本，一册。"③ 《杜集叙录》沿袭此说，认为该书是"由重庆青年书店 1947 年出版"④，两说的初版时间均有误。《杜集书录》亦收，但言其"板本"则曰"一九三九年重庆青年书店排印本"，并说明"未见"。⑤ 其初版时间同样有误。

该书有三序。其一，《杜少陵评传叙》，末署"中华民国二十九年二月二十四日朱希祖书于重庆中央大学"。其二，

---

① 赵玉麟：《一代宗师朱偰教授》，载海盐县政协文教卫体与文史委员会编《孤云汗漫——朱偰纪念文集》，学林出版社，2007，第 17—23 页。关于其任职国民政府财政部一事，此文亦有述。1938 年 12 月 4 日，以马寅初为首的中国经济学社年会在重庆召开，朱偰到会发表演说，力主维持法币，稳定汇价，以安定金融，加强抗战力量。时任财政部长孔祥熙亦参会，颇留意其主张，会后即派财政部直接税署署长高秉坊往访，拟聘其为简任秘书。朱偰认为其所学目的在经世济民，况值战时，更当尽其所能，经再三考虑，遂决定应聘（第 19 页）。1941 年 5 月 27 日，受聘为国民政府经济会议专门委员（第 543 页注释①）。1942 年 7 月 1 日，调任财政部专卖事业司司长（第 475 页注释②）。朱偰留有日记和回忆录，但尚未整理出版。

② 发行人：雷嗣尚；发行者：青年书店（总管理处：重庆小龙坎梅园新村；重庆门市部：民生路、小龙坎、沙坪坝）；印刷者：青年书店印刷所（重庆磁器口李家湾）；代售处：中国文化服务社及各大书店。

③ 郑庆笃、焦裕银、张忠纲、冯建国编著《杜集书目提要》，齐鲁书社，1986，第 281—282 页。

④ 张忠纲、赵睿才、綦维、孙微编著《杜集叙录》，齐鲁书社，2008，第 514 页。

⑤ 周采泉：《杜集书录》下，上海古籍出版社，1986，第 815 页。

《杜少陵评传》"序","中华民国二十八年十月十日长沙欧阳翥①序于重庆沙坪坝中央大学"。其三,"自序","中华民国二十八年九月十八日,少陵先生殁后千一百六十九年,朱偰序于重庆嘉陵江上"。②

关于该书的写作动机,作者在"自序"中一一道来。动机之一,杜甫为"一代诗圣,千古文宗",然千余年来,有关其"生平、事迹、交游、思想、个性",以及其诗的"渊源流变、地位特色",竟无"系统的叙述",即欲求一完备的传记,亦不可得。学者心力,"竭于校讹注解",虽治事甚勤,用力也专,却"支离破碎,不能通揽全局"。该书旨在对其生平思想,"融会贯通,从大处着眼",加以系统论述。③动机之二,杜甫是中国的民族诗人。"所谓民族诗人者,其诗歌足以表现民族共同之理想,共同之愿望,共同之想像,共同之情感,共同之生活。"杜诗之大,无所不包,数千年

---

① 欧阳翥(1898—1954),字铁翘,号天骄。生物学家,神经解剖学家,古典诗人,书法家。1934年秋,离开柏林威廉皇家神经学研究所回国,任中央大学生物系教授。全面抗战时期,随校迁渝,自1938年起,长期担任系主任,并曾担任理学院代理院长、师范学院博物系主任。后因与新政治新社会不合,投井自杀。撰有《退思盦诗抄》13卷、《退思盦杂缀》36卷。参见许康、许峥编著《湖南历代科学家传略》,湖南大学出版社,2012,第648—650页。朱偰《天风海涛楼札记》卷九《人海沧桑》收其回忆文章《欧阳翥》,忆及二人的交游:"归国以后,余任中央大学经济系主任,铁翘则任生物系主任,常相过从。然所谈皆非所学本行,而多论文艺诗词,每谈汉魏六朝以迄唐宋诗家流派,若合符节。抗战入蜀,过从更密,余撰《杜少陵评传》,铁翘为作序;每论时局,则激昂慷慨,热泪盈眶。家陷长沙,犹有老父依闾;伉俪不谐,居常离群索处。然对人接物,则极为热忱;尤喜孩童。孩童亦乐追随之。"(海盐县政协文教卫体与文史委员会编《孤云汗漫——朱偰纪念文集》,学林出版社,2007,第240—241页。)
② 1980年4月,台北东升出版事业有限公司曾将其作为"东升要籍选刊①"再版。卷首无序,卷末附《少陵先生年谱会笺》。
③ 朱偰:《杜少陵评传》,青年书店,1941,"自序"第1—2页。

诗人中，能代表民族者，"无出其右"。而世界文化民族，每
多以其最伟大的诗人，作为民族精神的寄托。唯中国对于民
族诗人，"政府不加宣扬，学者不加表彰，寥寂荒凉，一至
于斯"。① 动机之三，自卢沟桥事变发生，作者随学校西迁，
"飘泊江关"。颠沛流离中，对少陵的身世和诗歌，"油然兴
感"；"尤以所处在蜀，于少陵当年踪迹，倍觉亲切"。②

　　至于该书的写作过程，也略可探知。一方面，书末署
"二十八年九月十七日，全书脱稿于重庆佛图关下"。③ 另一
方面，其父朱希祖日记，也有所记载。1939 年 7 月 11 日，
"上午十时大儿及大媳来省亲。午后与大儿谈杜诗源流。因
大儿将撰《杜诗评论》也，五时半去，借去仇兆鳌注杜诗十
册及余所撰《中国文学史概要》一册"。④ 10 月 20 日，"大
儿来取回五古诗并呈新撰《杜少陵评传》"。⑤ 10 月 25 日，
"夜阅大儿所撰《杜工部评传》"。⑥ 10 月 27 日，"阅大儿
《杜工部评传》毕"。⑦ 1940 年 2 月 22 日，"重撰《杜少陵评
传叙》。夜始成"。⑧ 2 月 24 日，"夜誊《杜少陵年谱
序》"。⑨ 此处的《杜少陵年谱》应即《杜少陵评传》，其误
或出于日记作者，或出自日记整理者。

　　该书正论共五章，第一章八节，第二章六节，第三章三

① 朱偰：《杜少陵评传》，青年书店，1941，"自序"第 2—3 页。
② 朱偰：《杜少陵评传》，青年书店，1941，"自序"第 3 页。
③ 朱偰：《杜少陵评传》，青年书店，1941，第 169 页。
④ 朱元曙、朱乐川整理《朱希祖日记》下册，中华书局，2012，第 1065 页。
　　其所撰《中国文学史概要》当有杜甫论评，但惜乎不得一见。
⑤ 朱元曙、朱乐川整理《朱希祖日记》下册，中华书局，2012，第 1107 页。
⑥ 朱元曙、朱乐川整理《朱希祖日记》下册，中华书局，2012，第 1109 页。
⑦ 朱元曙、朱乐川整理《朱希祖日记》下册，中华书局，2012，第 1109 页。
⑧ 朱元曙、朱乐川整理《朱希祖日记》下册，中华书局，2012，第 1155 页。
⑨ 朱元曙、朱乐川整理《朱希祖日记》下册，中华书局，2012，第 1156 页。

节，第四章三节，第五章两节。现就其主要内容，略述大概，兼及其相关作品。

其一，"杜甫之生平及其事迹"。朱偰认为，"自来才人诞生"，既有"先天遗传"，也有"后天环境"，故第一章"家世"一节，主要研究杜少陵的先天遗传；"幼年游学情况"及"中年之壮游"两节，以及第二章"交游"各节，主要研究其后天环境。其中颇可提说者，是关于"剑南之漂泊"。

杜甫大约在乾元二年（759）底或上元元年（760）岁首，到达成都。以"行程之辽远及当时交通之艰难"而论，杜甫到达成都，"是否在乾元二年除夕以前，殊成疑问"。①至唐代宗大历三年（768）春，杜甫放舟白帝城，出峡入楚，离开四川。前后在蜀，凡八年有余。其间辗转播迁，对杜甫影响至深。

杜甫在蜀八年，而在夔独留三年（大历元年至三年）；其平生作诗凡 1439 首，在夔者 361 首，大多"文章炳焕，流传千古，而沉郁苍凉，尤其特色"，此诚其文艺上的"黄金时代"。所谓"古今名句，每从漂泊中来"，并非偶然。②

1944 年 2 月 27 日，朱偰"时入蜀"也"已将七载"，感由心生，又作文考叙"杜少陵在蜀之流寓"③，同时将少陵在巴蜀的行踪进行总结，略如表 1。

---

① 朱偰：《杜少陵评传》，青年书店，1941，第 42 页。
② 朱偰：《杜少陵评传》，青年书店，1941，第 57 页。
③ 朱偰：《杜少陵在蜀之流寓》，《东方杂志》第 40 卷第 8 号，1944 年 4 月 30 日，第 36 页。该文分八节：一、前言；二、由秦入蜀；三、成都草堂；四、蜀州，青城，新津；五、东川之漂泊；六、重返成都；七、戎州，渝州，忠州，云安；八、夔州西阁，赤甲，瀼西，东屯。

表1 杜甫流寓巴蜀行踪

时间	行程
肃宗乾元二年（759）	十二月一日发自同谷，入蜀赴成都
上元元年（760）	公在成都，卜居浣花溪草堂
上元二年（761）	公在成都，间至蜀州（青城）、新津
宝应元年（762）	公在成都。七月送严武还朝到绵州。未几西川兵马使徐知道反，遂自绵至梓州，依章彝。秋晚迎家至梓，十一月至射洪县，又南之通泉
代宗广德元年（763）	公在梓州。春间往汉州谒房琯。九月，由梓州至阆州。冬复回梓州
广德二年（764）	春复自梓州往阆州，有下峡意。严武再镇蜀，暮春遂归成都
永泰元年（765）	严武卒，公无所依，乃离蜀南下，泛江自戎州至渝州，六月至忠州。秋至云安居之
大历元年（766）	春末自云安至夔州居之，初寓西阁
大历二年（767）	公在夔州，春迁居赤甲。三月迁瀼西草堂。秋以瀼西草堂借居吴郎，迁东屯，未几复自东屯归瀼西
大历三年（768）	正月去夔出峡，三月至江陵

资料来源：朱偰《杜少陵在蜀之流寓》，《东方杂志》第40卷第8号，1944年4月30日，第28—29页。

此文发表之后，杜呈祥誉为"洋洋鸿文，对少陵在蜀流寓之经过及其迁徙之原因与时日，详加考述，实为近年研究杜甫生平诸作中之翘楚"，"洵为欲洞知杜甫生平者极所乐睹之文"，然惜其"考证未精"，遂在"三十三年七月廿日于渝"撰文[1]与之商榷，其要点有四。

一是关于"杜甫自秦入蜀的年月"。杜甫何时到达成都，或言乾元二年底，或言上元元年初。针对朱偰的犹疑未定，

---

[1] 杜呈祥：《关于〈杜甫在蜀流寓〉一文商榷》，《读书通讯》第96期，1944年8月。关于其人及其研究，详第三章第三节，此仅叙其与朱偰之商榷。

杜呈祥从《成都府》中，检出"季冬树木苍"一句，认为当指"初到成都时所见，而非泛论成都府之气候或追述之词"；同时又从"初月出不高，众星尚争光"之句，推断杜甫在十二月上旬或中旬，就已到达成都。杜甫另有《初月》一诗云："光细弦欲上，影斜轮未安"，杜呈祥据此判定，杜甫到达成都的日期，是在"乾元二年十二月二十日之前"。

二是杜甫在蜀，曾由成都至蜀州，并游青城、新津，且登丈人山。但朱偰所列少陵在蜀行踪表，与其后正文"所纪由成都至蜀州的时间"，"前后矛盾，显有讹误"，"尤其所称高适于上元元年三月已由彭州改刺蜀州与少陵往依一节，均未可信"。杜呈祥通过引证，说明杜甫游新津时，蜀州刺史为王侍郎，故杜甫由蜀州去成都，"绝不是往依高适"。至于杜甫"究于上元元年或二年至蜀州青城"，诸家杜谱各执一是。在杜呈祥看来，成都去蜀州颇近，杜甫或两年均去过，朱偰一文前后矛盾，"显因错互参阅诸谱而未加考证"。

三是杜甫在蜀流寓时，曾避汉州。朱偰认为，少陵游汉，是在代宗广德元年（763）春间；往游原因，是为"谒房琯"。杜呈祥则断定杜甫是在"广德元年春由阆州经盐亭，汉州而返成都时之路游，与房琯完全无关"。

四是严武迁拜出镇的年月，"旧书缺记"，但据钱牧斋考证，"武之由绵州刺史迁东川节度使，在乾元元年、二年之间；二次镇蜀，即自东川除西川，敕令两川都节制，在上元二年十月；三次镇蜀，在广德二年"，此说"至为精当"，故朱文所谓"唐肃宗宝应元年（七六二），严武自东川调西川，权令两川都节制"，或有失据之嫌。

其二，"杜甫之交游"。"自来文人相与，感召极深，才气激发，相得益彰"，如建安七子，又如盛唐王维、孟浩然、高适、岑参、李白、杜甫诸家，其"相邂逅叙晤"，遂"造成中国文学史上之黄金时代"。朱偰认为，"欲研究一代诗人，首当明其时代背景，次当知其交游人物"。杜甫交游虽广，但既能"当交游之名"，又能"交互影响思想学问"者，凡得七人：一曰李白，二曰高适，三曰岑参，四曰王维，五曰孟浩然，六曰严武，七曰郑虔。①

一是"杜甫与李白"。少陵与太白的会晤，是中国文学史上的"主要事实"，论者比之为歌德与席勒的会晤。杜诗佳处在"博大"，李诗佳处在"高旷"；杜诗"沉郁悲壮"，李诗"俊逸流畅"。朱偰认为，少陵虽"兼得唐调，而独不能兼李"，正因为杜不能兼李，故李杜并称。二人个性不同，太白"才高"，少陵"体大"，其诗本"未可定甲乙"。②

二是"杜甫与高适"。高适与杜甫为"贫贱之交"。盛唐诗人，擅边塞诗歌者，"无过高适岑参"；而"激壮之音"，亦"以二子为擅场"。究其原因，"适尝从哥舒翰西征，而参则从封常清屯兵轮台"，故多豪放之气。而杜诗中之所以有"激壮似高岑"者，未始不是受到二人的影响。③

三是"杜甫与岑参"。杜甫与岑参相识，或在天宝十载（751）奏三大赋之后，与高适、薛据、储光羲、岑参同登慈恩寺塔，各有题咏。薛据诗已失传。其余四诗，朱偰认为，"少陵诗感慨家国，寓意遥深，自推独步"，而"三家结语，未免拘束，致鲜后劲；少陵末幅，另开眼界，独辟思［境］，力量百倍于人"。④岑参之诗，"少年多激壮之音，晚年悟清净之理"。盛唐诗人，"李杜而外，高岑并驾"，由此"方以

---

① 朱偰：《杜少陵评传》，青年书店，1941，第81页。
② 朱偰：《杜少陵评传》，青年书店，1941，第82—83页。
③ 朱偰：《杜少陵评传》，青年书店，1941，第96页。
④ 朱偰：《杜少陵评传》，青年书店，1941，第99页。

类聚"。①

四是"杜甫与王维孟浩然"。王（维）、孟（浩然）、韦（应物）、柳（宗元），"宗法渊明"，为唐诗三大流派之一，与少陵诗"本不同调"，但少陵《解闷》绝句，有论摩诘诗者，言"右丞虽残，而秀句犹传，况有相国诗名，则风流真可不坠"，足见其对王维的推重。②

孟浩然诗"从静悟得之"，故"语淡而终不薄"，然比之右丞的"浑厚"，"尚非伯仲"。杜甫与之"本无深交"，但"心向往之"；与此同时，孟浩然之穷，正与杜甫相似，故杜之"怜孟"，多为"自怜"。③

五是"杜甫与严武"。严武与少陵，"同出房琯门下"。严武对于少陵，"世交甚厚"。杜甫之所以能"安居草堂，不愁生计"者，多赖严武之力。再看少陵集中诗，与严武酬酢者，几30篇。而严武诗品，亦颇"峻高"，"豪健无匹"，杜甫曾有《奉和严郑公军城早秋》一诗，朱偰即认为"尚不敌严武"。④

六是"杜甫与郑虔"。考少陵初识郑虔，当在"天宝十二载（七五三）前后"。⑤ 杜甫与郑虔，"最称莫逆"，而"所以能致此"者，全在郑之道德文章，故两人之交，实为"学术之交"、"文章之交"与"贫贱之交"。郑虔为"一代大儒，造诣最深"，而"少陵之博雅"，"或不无受其影响"。⑥

① 朱偰：《杜少陵评传》，青年书店，1941，第102页。
② 朱偰：《杜少陵评传》，青年书店，1941，第104页。
③ 朱偰：《杜少陵评传》，青年书店，1941，第104—105页。
④ 朱偰：《杜少陵评传》，青年书店，1941，第106—107页。
⑤ 朱偰：《杜少陵评传》，青年书店，1941，第109页。
⑥ 朱偰：《杜少陵评传》，青年书店，1941，第111页。

其三，"杜甫之思想及其个性"。一是"杜甫之政治思想"。子美生于"诗书之家，营营禄仕之途"，故其政治思想，"不脱儒家范围"；而"忠君爱国之诚，溢乎辞表"。其理想，仍为儒家所祖述的"尧舜之世"："崇尚俭德，以礼乐为治"；"不事征伐，而风俗自淳"。①

杜甫亦知"世易事变，不可拘执一端"，故其政治手段，计有多端：一曰"复封建，以强干地②而制重镇"③；二曰"息战伐，以苏民困而复元气"；三曰"寓兵于农，以减赋税而省军储"。④

二是"杜甫之社会思想"。杜甫的社会思想，"本无一贯体系"，然"天性忠厚，忧济黎元"，每以平民的福利为念，而有"平均财富"的思想。⑤ 其"襟抱自阔"，"不以一己之利为利"，而"以大众之利为利"，此其"所以与众不同"。⑥

三是"杜甫之个性"。关于杜甫的个性，《旧唐书·文苑传》言其"性褊躁，无器度"，朱偰认为，若以其诗观之，"褊躁间或有之"；但少陵诗"哀而不伤，怨而不乱，深得国风之旨"，所谓"无器度"，似难成立。朱偰进而据其一生"行事思想，言论诗词"，推定杜甫性格当有四端：一曰忠厚，二曰质直，三曰沉郁，四曰真挚。⑦

---

① 朱偰：《杜少陵评传》，青年书店，1941，第 113 页。
② 语出杜甫《有感》五首之四："由来强干地，未有不臣朝。"强干，强干弱枝之意。石间居士："以上四句反覆譬喻，以见建立宗藩，始为此时强干弱枝之要图。"参见萧涤非主编《杜甫全集校注》六，人民文学出版社，2014，第 3068 页。
③ 朱偰：《杜少陵评传》，青年书店，1941，第 114 页。
④ 朱偰：《杜少陵评传》，青年书店，1941，第 115 页。
⑤ 朱偰：《杜少陵评传》，青年书店，1941，第 116 页。
⑥ 朱偰：《杜少陵评传》，青年书店，1941，第 118 页。
⑦ 朱偰：《杜少陵评传》，青年书店，1941，第 118—119 页。

其四，"少陵诗学之渊源及其流变"。首言"少陵之论诗"。少陵之诗，"深宏博大"。欲论少陵之诗，当先明其诗学。少陵论诗，凡有《戏为六绝句》、《解闷十二首》、《偶题》1首。其主要内容有六。(1)"总论诗之流变，独重风骚，兼推汉魏；而代有传人，亦不抹杀一切。"(2)"论古人，宗法苏李，推许庾信。"(3)"论近人，推服王杨卢骆。"(4)"论当代，于自许之外，独重太白；而于孟山人王右丞，虽与少陵诗不同调，亦有公论。"(5)"论为诗，当上攀屈宋，直追汉魏，清词丽句，必与为邻，新诗吟成，不厌推敲；而'转益多师是汝师'，乃所以成其大。"(6)论诗之外，少陵于宋玉、庾信二子文章，"尤为私淑"。[1]

次言"少陵诗之渊源"与"少陵诗之流变"。值得注意的是，朱偰论"少陵诗之渊源"，即附"少陵所服膺之诗人表"；又综合杜诗的"渊源流变"，作图加以表示，从中可"见其体系"，"得其脉络"。[2]《杜少陵评传》在文字论述之外，常参以图表，洵为该书一大特色。此与作者的财经专业背景，当不无关联。

其五，"少陵诗在诗史上之地位"。就杜诗的特色而论，朱偰认为，"欲道其特色，必先观其一生诗学之过程，造诣之深浅，所继承于以往者为何，所开创于将来者为何"，"然后方可以言其特色"。[3]

杜甫一生诗学，经过两个阶段。首为"复古"时代。入蜀以前，其所作"古风多而近体少"，且"上承风骚，刻意汉魏"。此为杜诗第一阶段。入蜀以后，所著诗篇，"近体多

---

① 朱偰：《杜少陵评传》，青年书店，1941，第123—127页。
② 朱偰：《杜少陵评传》，青年书店，1941，第143页。
③ 朱偰：《杜少陵评传》，青年书店，1941，第158页。

于古风"。夔府时代，为律诗的黄金时期。至于五古，则晚年别有一种"累滞寒涩"的笔调。此为第二阶段，即"开创"时代。①

杜诗的特色，笼统言之。第一，"中国文人多忧乱伤离，少陵虽多乱离之作，但并不悲观消极"，即英人所谓"悲而不弱"（sadness but not weakness）。第二，"中国文人多颓废，六朝文人尤甚，少陵则始终积极"，不特对国事政治，常怀更新的希望，"即以其致力于诗而论，兀兀穷年，死而后已"。第三，"中国文学多带山林主义，如竹林七贤，以及傅玄何晏之流，常抱遁世之见，而多苟且偷安之思"。少陵虽爱自然，然秉入世的人生观，即便颠沛流离，也"未尝忘怀国家大事"。第四，"中国文人多抱个人主义"，故多数作品，"仅注重陶冶个人性灵，极少发扬团体观念"。即或有之，"仅至家族为止"；"家族以外，即为天下"。民族与国家观念，"未尝显著"。唯刘琨始有深刻的"民族意识"，唯少陵始有明白的"国家观念"。②

以上泛论少陵的精神，亦即杜诗的"一般特色"。如以诗论诗，则有下列数点。第一，"体势大而风格善变"。第二，"其五言古诗，宪章汉魏，祖述六朝。材力标举，篇幅恢张，纵横驰骋，无施不可，集开元之大成"。第三，其七言古诗、五言律诗、七言律诗，胡应麟均有至论。第四，其五言排律，高棅尝有推崇。第五，其七言排律，集中唯《题郑十八著作丈故居》等一二首而已。此体"自来未能成功"，因其"束缚性灵太深"，而"过于雕凿"。第六，其七言绝

---

① 朱偰：《杜少陵评传》，青年书店，1941，第 158 页。
② 朱偰：《杜少陵评传》，青年书店，1941，第 162—164 页。

句，虽少"叹唱之音"，却有"沉着大方"之处。[1]

就杜诗在文学史上的地位而言，历来评少陵诗者，莫不推崇备至，列为大家。朱偰亦断言，杜甫在中国文学史上的地位，堪称"中流砥柱，千古不移"。[2] 杜甫于中国文学史，可谓"继往开来"，堪称"民族诗人""千古诗宗"。朱偰最后引胡应麟《诗薮》之说，予以总结："大概杜甫三难：极盛难继，首创难工，遭衰难挽。子建以至太白，诗家能事都尽，杜后起集其大成，一也；排律近体，前人未备，伐山道源，为百世模，二也；开元既往，大历系兴，砥柱其间，唐以复振，三也。"[3]

《杜少陵评传》较早采用"评传"这一崭新形式来叙述杜甫生平，功不可没。再则是引入西方文学作为参照。朱偰以为，少陵诗虽"独创一格"，但其中"前无古人，后少来者"的，厥为"长篇纪事诗"。按中国诗歌，"抒情者多，叙事者少"，求其长篇史诗（Epic, Poetry, Heldengedicht），如希腊的《奥迭赛》[4]（*Odyssey*）及《伊拉特》（*Iliad*），则"不多觏"。求其民族英雄史歌，如日耳曼的《尼倍龙根》（*Nibelungen*），亦不多见。中国"既少民族史歌，故民族精神，不易焕发"；而民族诗人，求其如法国的拉马丁（Dé Lamartine），英国的摆伦（Byron），德国的哥德（Goethe）、许勒（Schiller）者，几不可得。中国古诗之中，多个人抒情诗，少民族叙事诗。仅《孔雀东南飞》一首，略近叙事诗，然并非民族诗歌。自少陵出，以其高华的才气，博大的体势，

---

① 朱偰：《杜少陵评传》，青年书店，1941，第164—168页。
② 朱偰：《杜少陵评传》，青年书店，1941，第145—157页。
③ 朱偰：《杜少陵评传》，青年书店，1941，第169页。
④ 译名依原文，下同。

"创为长篇纪事",其中尤著者,有《自京赴奉先咏怀》《北征》《喜闻官军已临贼境二十韵》《洗兵马》《草堂》《夔府书怀四十韵》《往在》《秋日夔府咏怀一百韵》《寄刘峡州伯华使君四十韵》《大历三年春白帝城放船出瞿塘峡久居夔府将适江陵漂泊有诗凡四十韵》《秋日荆南述怀三十韵》《秋日荆南送石首薛明府辞满告别奉寄薛尚书颂德叙怀斐然之作三十韵》《送重表侄王砅评事使南海》《入衡州》《风疾舟中伏枕书怀三十六韵奉呈湖南亲友》》。①

对于此传,朱希祖认为,"传则考证尚佳,评则尚无独到之见"。② 特点在其"论世颇详"。在他看来,"知人之术,首观其志,次观其学,次观其艺",此书"虽皆道及之,而志与学二端,为艺所掩,不能豁人心目"。③

欧阳翥认为,《杜少陵评传》一书,"对工部平生行事,及其所为诗歌时代之先后,莫不详加订正,揭前人之所未发。而于杜诗之渊源,及其抱负与身世之感,尤三致意焉"。其"正前人之失误,为后学之津梁",实有裨于"文学批评与学诗"。④

梁实秋亦有《关于李杜的两本新书》加以评骘。所谓"两本",《杜少陵评传》之外,另一本为李长之著《道教徒的诗人李白及其痛苦》。其相关评论,后文将有述。梁实秋首先赞同朱希祖在"叙"中有关李杜的比较,同时对朱偰的部分观点提出批评。一是朱著将杜甫尊为"民族诗人",抗战时期,不少人亦将屈原奉为民族诗人,此一荣誉如何归属,论者虽不愿论列,但问题值得进一步深究。二是朱偰认为,

---

① 朱偰:《杜少陵评传》,青年书店,1941,第159—160页。
② 朱元曙、朱乐川整理《朱希祖日记》下册,中华书局,2012,第1109页。
③ 朱偰:《杜少陵评传》,青年书店,1941,朱希祖"叙"第1页。
④ 朱偰:《杜少陵评传》,青年书店,1941,欧阳翥"序"第1—4页。

中国古诗"多个人之抒情诗，少民族之叙事诗"，"自少陵出，以其高华之才气，博大之体势，创为长篇记事诗"；梁实秋则认为，中国过去诗人，鲜少"以创作为终身事业"，并且于一篇作品，"亦往往不用全部精力去应付"。杜诗虽有长篇记事之作，但最长者不过千字，余则三四百字，"以视西洋伟大之诗篇，几不能相提并论"。三是朱偰将杜甫比"如法国之拉马丁，英之摆伦，德之哥德许勒"，梁实秋认为，这种"强勉"的比较，"似属不必要"，而且拉马丁、摆伦尚不足称为"民族诗人"。进而指出，杜诗早有定评，"诗圣""诗史"均非过誉，"民族诗人"之"洋式徽号亦可不加"。四是朱著内容虽较丰富，但其"编制排列"类似"手册"式的教科书，"不甚符合评传之体裁"。①

此外，抗战时期，朱偰自编诗稿《天风海涛楼诗钞》，收其诗 300 余首，分为 5 卷，即《感遇集》《览古集》《汗漫集》《沧桑集》《锦瑟集》；并有"自序"，末署"民国二十九年三月二十四日浙西朱偰序于巴县嘉陵江石门"，其中多有涉杜者。诗稿当时未能付印，至 2006 年，方经其子女朱元春、朱元昌、朱元智、朱元晒整理，朱元智作注，收入《孤云汗漫——朱偰纪念文集》，于 2007 年 2 月正式出版。现将其有关论点，摘述于后。

朱偰认为，"诗以言志，亦以抒情"，所以诗应该是"自然之声"，而"音节格律，尤其余事"，然"今之为诗者，未就蛮笺，先言格律"，却因"门户之见既深，格律之限愈严"，致使"真性情掩没而不露，旧形式束缚而为累"。其具体表现，有如下两端。

---

① 梁实秋：《关于李杜的两本新书》，《星期评论》第 36 期，1941 年 10 月 30 日，第 14 页。

一是就五七言律诗而言，"明季以降，篇中不许有复字"，但在唐人律诗中，则"未尝有此限"。如杜甫《秋兴》八首之二有句云"听猿实下三声泪，奉使虚随八月槎"，结则又云"请看石上藤萝月，已映洲前芦荻花"，无伤复字；又如《吹笛》云"吹笛秋山风月清，谁家巧作断肠声。风飘律吕相和切，月傍关山几处明？胡骑中宵堪北走，武陵一曲想南征。故园杨柳今摇落，何得愁中曲尽生"，其重复不止一字，且"一字改不得"。

二是就对仗而言，应是"对仗为客，立意为主"，"二者得兼，固为上乘"，若"二者不可得兼者，则古人宁取立意而舍对仗也"，但近人却"专重对仗，不重立意"。

先看第一类，即"立意对仗，两臻佳胜，尽人而知其工"。此为"活对"，"往往于无意中得之"。其下又分三种。第一，"二者兼善，神韵盘旋，一气呵成者"，见诸杜诗，则如"谁怜一片影，相失万里云"（《孤雁》）。第二，"对仗极工，上下转折，相克相生者"，如"纵被浮云掩，终能永夜清"（《天河》）；"世人皆欲杀，吾意独怜才"（《不见》）。第三，"对仗极工，虽成二排，但一意贯注，相辅相成者"，更是比比皆是，如"所向无空阔，真堪托死生"（《房兵曹胡马诗》）；"生还今日事，间道暂时人"（《喜达行在所》三首其二）等。

再看第二类，即"专重立意，不事对仗"，然"亦不失为名作者"，如"遥怜小儿女，未解忆长安"（《月夜》）；"吾人淹老病，旅食岂才名"（《入宅三首》其三）。

由上可见，伟大的天才，绝不受格律的拘束，"格律愈严，拘束愈谨，适足以表现其才气之高超"，如"李供奉之鞭策海岳，驱走风霆，杜少陵之沉雄激壮，奔放险幻"，均是通过格律而得以表现。借助上引范例，朱偰再次强调自己的主张："诗以性情为本，格律为辅，既不可以辞害意，亦不可专重形式而掩灭性情。"只有"发乎情，根乎性，再能出之以格律"，方可成就最佳诗作。①

第七节　易君左的《杜甫今论》及其他

　　易君左（1899—1972），原名家钺，字君左，号意园、敬斋，笔名右君、花蹊等。湖南汉寿人。1916 年，毕业于北京公立第四中学；同年秋，留学日本早稻田大学。1918 年夏，与李大钊、王光祈等在北京发起少年中国学会。1919 年，加入社会主义研究会、马克思主义研究会。1921 年 1 月，加入文学研究会。全面抗战爆发后，任湖南《国民日报》主笔、湖南省政府顾问。1938 年秋，赴重庆任国民党中央宣传部专员、中央文化运动委员会委员。翌年春，任四川省政府编辑室主任、四川《国民日报》社社长。1941 年初，任军事委员会总政治部设计委员、编审室副主任；4 月，任中央图书杂志审查委员会审查专员。1945 年兼《时事与政治》月刊社社长。抗战胜利后，任《和平日报》上海分社副社长兼《海天》副刊主编。1947 年，任兰州《和平日报》社长、西北大学师范学院教授。1949 年底去台湾，嗣后辗转香港、台湾，在大学任教，兼任中华诗社社长，历经世变。②其诗文书画俱臻上乘，堪称大家。在现代文坛上，围绕易君左，引起过几场笔讼风波。其特殊的人生经历和艺术实践，使许多研究者望而却步。但时人笔下的易君左，具有"与人

---

①　海盐县政协文教卫体与文史委员会编《孤云汗漫——朱偰纪念文集》，学林出版社，2007，第 444—447 页。

②　江苏省档案馆编《韩国钧朋僚函札名人墨迹》，东南大学出版社，2006，第 279 页。

不同的一种潇洒的风趣和出言吐语的诗意"。① 葛贤宁认为，其诗作"显示了庄严，雄俊的自然神姿，与人间公理与正义的呼声"，"足以打破人间生活的窒闷，恢复民族的麻痹"，"复活""国民垂死的精神"，且"又颇沾染老杜气息，家，国，民众，同为歌吟主体"。②

对于杜甫，易君左充满怀慕和景仰，曾称誉杜甫"在世界诗坛是一颗大星，在中国诗坛是众星环拱的北斗"。③ 1939年，他在长歌《谒杜工部草堂》（又名《谒杜子美草堂》）中说："平生心折唯杜陵，其余纷纷无足称。有如汪洋大海破浪长风乘，又如摩空嵯峨巨岳谁能登？""先生万古一完人，先生九天一尊神，但有丹心照日月，长留浩气领群伦。"④ 同时，自述"来渝二三月，成书十万言：一写少陵先生居蜀之梗概，再写少陵先生思想之根原"。⑤ 前者主要见诸四文：《杜甫居蜀》《草堂总检阅》《杜甫居蜀第三年》《在阆中》。后者则见于《杜甫今论》和《杜甫的时代精神》，阐明杜诗的精义在于："国家民族高一切，岂止忠君肝胆热？能以万众之声为其声，能以举国之辙为其辙。反抗割据尊中央，抵抗侵略制胡羌。战斗意志最坚强，垂死宗邦永不忘！"⑥ 两者的写作，就其发表时间来看，部分内容似是交错

---

① 马治奎：《我所知的易君左》，《西北风》第 6 期，1936 年 7 月 16 日，第 20 页。
② 葛贤宁：《诗人易君左》，《西北风》第 4 期，1936 年 6 月 16 日，第 36 页。
③ 易君左编著《中国文学史》，香港：自由出版社，1959，第 174 页。
④ 易君左：《入蜀三歌·谒杜工部草堂》，《新四川月刊》第 1 卷第 1 期，1939 年 5 月 31 日，第 127 页。
⑤ 易君左：《入蜀三歌·谒杜工部草堂》，《新四川月刊》第 1 卷第 1 期，1939 年 5 月 31 日，第 127 页。
⑥ 易君左：《入蜀三歌·谒杜工部草堂》，《新四川月刊》第 1 卷第 1 期，1939 年 5 月 31 日，第 127 页。

进行。《中兴集》第二部"青城集"收《述杜》一诗，从中可见易君左当时的写作情形："远处犹闻有吠厖，雨余深夜剔寒缸。孤心述杜穷探讨，倦吐烟圈卧小窗。"[1]

1. 杜甫居蜀

易君左叙写杜甫"居蜀之梗概"，若以内容的先后为序，即如前述，应是《杜甫居蜀》《草堂总检阅》《杜甫居蜀第三年》《在阆中》，但从发表的时间来看，则稍显错落，现据此逐一分说。（1）《杜甫居蜀》，题下有注："序幕——入蜀"。发表于《文艺月刊》第 3 卷第 1、2 期合刊[2]，1939 年 3 月 16 日出版。（2）《草堂总检阅》，题下有注："杜甫居蜀第一年上元元年成都。"发表于《文艺月刊》第 3 卷第 3、4 期合刊，1939 年 4 月 16 日出版。（3）《在阆中》，题下有注："杜甫居蜀第五年，时为广德二年。其居处先在阆州，后移

---

[1] 易君左：《中兴集》，个人刊，〔1945 年 8 月〕，第 58 页。关于《中兴集》的印行时间，版权页未具署，《民国时期总书目（1911—1949）：文学理论·世界文学·中国文学》上（书目文献出版社，1992）初步判断为 1944 年 8 月（第 354 页）。但从全书来看，除"渝郊集"的时间下限为"三十四年春"外，其他如梁寒操之序、《续自序》、《最后一页》的写作，都晚于此一时间。因此，"1944 年 8 月"一说，有悖常理，显然不足采信。该书在提要中将《中兴集》所收诗歌的写作时限，确定为"1938 年秋至 1946 年春"，同样有误。芮少麟《重吻大地：我的父亲芮麟》（上海远东出版社，2011）的记载为"该书 1945 年 8 月初于重庆面世，数量有限。一时洛阳纸贵。父亲 8 月 8 日闻讯，专程赴渝，于重庆正中书局挤购得一本，不久告罄"（第 265 页）。据此可推断，《中兴集》的问世，至少早于 1945 年 8 月 8 日；且以此统观全书，则无抵牾。此书上市之前，曾在《军事与政治》第 8 卷第 1 期（1945 年 4 月 29 日）发布书讯云："本集为易君左先生抗战以来之诗歌总集，才气纵横，作风新颖，实为大时代之号角，为研究诗歌者所不可不读。重庆民生路青年书店，中一路正中书局，及各大书店均有出售。"（第 66 页）

[2] 编辑者兼出版者：中国文艺社（重庆售珠市三十六号）；分销处：上海杂志公司、七七书局、生活书店、新生书店。

成都。"发表于《欧亚文化》第 3 卷第 3 期，1940 年 10 月 30 日出版。① 该文失校处颇多。(4)《杜甫居蜀第三年》，题下有注："飞腾的故人·成都·绵州·梓州。"发表于《精神动员》第 2 卷第 1 期②，1941 年 4 月 1 日出版。文中所提示的观点，多阐发于《杜甫今论》。

四文所述杜甫生平，起自天宝十四载（755），中经天宝十五载、至德二载（757）、乾元元年（758）、乾元二年、上元元年（760）、上元二年、宝应元年（762）、广德元年（763），止于广德二年。其行文风格，亦颇类于传记。

2.《杜甫今论》

《杜甫今论》一名《杜甫及其诗》。《绪论》是纲领，具体的论述，则分四期连载于《民族诗坛》。后汇辑成书，由重庆独立出版社出版，列入"民族诗坛丛刊"。

《杜甫今论·绪论》，发表于《民族诗坛》第 2 卷第 6 辑③，1939 年 4 月出版。

阐明文章主旨是：甲、通过透视"时代背景、国家环境、社会动态、个性及遗传经验，与其文艺上的成就"，"了解杜甫的全部及整个的杜诗"，进而"估定其真价"，坚定对杜甫的信念；乙、认识"当前的大时代，需要一种什么精

---

① 编辑者：欧亚文化月刊社（重庆临江顺城街二十四号）；发行者：中法比瑞文化协会（重庆临江顺城街二十四号）。该刊前身为《中国留法比瑞同学会会刊》。《欧亚文化》第 3 卷第 3 期的出版时间，封面作"三十日"，版权页作"二十日"。

② 该刊为季刊。编辑者兼发行者：国民精神总动员会秘书处（重庆九道门七号）；印刷者：鸿福印书馆（重庆牛角沱对岸江北新村侧）；总经售：中国文化服务社（重庆磁器街四十七号）。

③ 主编人：卢冀野；发行人：项学儒；印行者：独立出版社；总经售：正中书局服务部（重庆中一路二八〇号），中国文化服务社（重庆磁器街二十三号），拔提书店（重庆武库街八十三号）。

神,一种什么力量",才能"抗战必胜",明确"发扬光大杜甫思想"的必要性。

研究分三部分:一是杜甫的人生观,二是杜甫的政治观,三是杜甫的社会观。每一部分,分别从消极与积极两方面立论。易君左认为,据此框架和路径去研究,"可以得到对于杜甫及杜诗的全部认识"。

《杜甫今论》其一,题下有"一革命主义的人生观",发表于《民族诗坛》第 3 卷第 2 辑,1939 年 6 月出版。其二,发表于《民族诗坛》第 3 卷第 3 辑,1939 年 7 月出版。其三,发表于《民族诗坛》第 3 卷第 4 辑,1939 年 8 月出版。其四,发表于《民族诗坛》第 3 卷第 5 辑,1939 年 9 月出版。

全文分三部展开。

"甲"部:以"国家至上主义"奠定生命的基石。自来研究杜甫,因为缺乏对其"人格"的认识,故多"轻率的批评"。此种"成见",主要有两类。第一类,认为杜甫是政治失败者,即其"求仕之心"虽切,但"官运太不亨通"。第二类,认为杜甫是机会主义者。杜甫并无"一定的主义"和"一贯的思想",但为求"显达"而"不择手段"。

易君左针对这两类说法展开反驳。他认为,杜甫是"真实的革命者""彻头彻尾的革命主义者"。这在杜甫不同的人生阶段,都有所表现。究其原因,"十分二三是由于遗传,十分七八是由于时代及环境"。时代是"大动乱的时代",包括"政治不良、军阀割据、赋税繁重、人心颓丧等";环境是"极穷困的环境",包括"饥荒、疾病、乱离、流亡、死亡等"。

杜甫"革命的人生观"的根据是"国家至上主义"。如要"透视"这一根据,则需"证实"两点:一是杜甫的一切

"政治活动"都是为国家,二是杜甫一切"人事上的批评"也都是为国家。循此理路,易君左分别展开探究,说明其每饭不忘之"君",并非"以个人为单位",而是"与万人共休戚"的"国",所以杜甫的思想不是"天子至高",而是"国家至上"。

"乙"部:以"国家至上主义"树立创造的信仰。关于杜甫的思想信仰,一般多认定其为"真正的儒教信徒"①。其理由,主要有两点:一是杜甫有"儒教家世的遗传";二是"儒教"最重要的精神,如"排斥自我主义、注重现实、忠恕、同情、尊王攘夷"诸点,均可在杜诗中寻出。其《自京赴奉先咏怀》的首段,可称为"杜甫人生观的总自白""总宣言"。

针对这一观点,易君左提出三个问题。第一,杜甫是不是真正的"儒教"信徒?第二,对于宗教,杜甫究竟是何种态度?第三,杜甫到底有没有最高信仰?如其有,是什么?然后,易君左又基于"杜甫是一个真实的革命主义者"的立场,一一做出解答。

对于第一个问题,易君左的回答是"杜甫不是一个真正的儒教信徒",并从四个方面加以说明。第一,杜甫虽不是"儒教"信徒,但确实受到"儒教"的不少影响。第二,杜甫虽受到"儒教"不少影响,但从来没有受到"儒教"束缚。第三,杜甫不但没有受到"儒教"束缚,还能冲破"儒教"腐朽的藩篱。第四,杜甫既能冲破"儒教"藩篱,故能发扬光大"儒教"的真正精神。

对于第二个问题,易君左的回答是:"杜甫对各宗教都没有信仰,有各宗教的最高精神而无各宗教的世俗的渣滓。"杜甫一生,"躬逢其盛"地卷入"各种各派宗教思想""激荡

---

① "儒教"为时人的一种说法。

飞扬"的旋涡，但精神却超拔其上。同时，杜甫虽无任何宗
教的色彩，却受到部分宗教思想的影响。首先是道教。其所
受影响，即"老庄的革命主义"。对此，易君左指出，需引
起"深切的注意"。其次是杜甫还有"充分的墨家思想"。具
体而言，一是"兼爱交利"的精神，二是"苦行节约"。此
外，对"非战非攻"，杜甫也不是一般意义的认同，而是认
为"自有其界线"。

对于第三个问题，易君左的回答是，杜甫自有最高信仰，
此即"国家至上主义"。其原则，简而言之，便是"国家的出
路就是个人的出路，个人离开国家没有出路"。在此，易君左
又有两点分析：首先，站在杜甫本位上，所谓"忠君爱国"，
是忠于"爱国"的"君"，而且"忠君"必与"爱国"相连。
其次，不但君要爱国，凡是国民，都应爱国，尽忠国家。

"丙"部：以"国家至上主义"启导文艺的机运。对杜
甫"文艺造就"的批评，可分为两派：一是赞成论，二是反
对论。

易君左认为，两派的批评，以第一派较为合理。第二派
或只看到杜诗一面，或只抓住杜诗一点，从而"吹毛求疵"，
或"责非所宜"。但推崇杜甫的一派，也没有"搔到痒处"，
究其原因，第一是没有使用"科学的方法"，大多只从"诗"
的本质及其关系来"引证铺述"，而未从"人"的本质及其
环境入手。在易君左看来，研究杜甫应从两方面努力：一方
面是"先天的关系"，如"遗传性、个性、本人的气质、才
能"等；另一方面是"后天的关系"，如"教育、环境、遭
际、时代"等，包括"气候、地带"。第二是没有站在"客
观的地位"，因此常犯两种毛病。一是"趣味主义"，即将自
己的"情调"与"风范"作为标准进行批评。二是"比较主
义"，即将某位作家和另一个或几个或许多的作家比拟，却

不以此位作家为"主体或本位",而是"东扯西拉"地说长道短,忽视作家的"个性及精神"。此种方法,辨别差异尚可,但不能品评优劣。两者的"病根"都是批评者"完全站在""自己主观的立场上",以致演成"不正确的批评"和"不精细的判断"。

接着,易君左分"两大点"批评杜诗。第一点,杜甫是"钻到'现实'里面去创造'理想'",此即是要研究杜甫"在文艺思潮上"的"立场"。杜甫既非"完全现实主义者",也不是"完全理想主义者"。那么,杜甫的立场究竟何在?易君左以为,要判断杜甫的立场,一方面,需对"整个的杜甫及杜诗",进行"综合的观察";另一方面,需对"整个杜诗的技巧",进行"合理的观察与综合的判断"。通过分析,易君左认为,杜甫是"站在综合主义的立场运用巧妙的文学技术"的伟大作家。杜诗综合地包括了"四个原素",即物与我、现实与理想,典型的诗例有《茅屋为秋风所破歌》、《哀江头》及《写怀》二首和《闻官军收河南河北》。同时,在引述《白话文学史》和《李白与杜甫》之后,也有点评:"胡适的批评,不过是指出杜甫在中国文学史上的地位,但他能从历代庞杂不堪的关于杜甫的诗话乃至神话里拨出一条清明的道路,这是他的迥然不凡的见解。"而"傅东华知道运用科学方法来分析杜甫与李白,一洗前此笼统、割裂等毛病,是自有他的卓见与手法"。①

第二点,杜甫是抓住人生的"重要支点开展反攻"。易君左认为,杜甫的人生支点主要有四:一是"反破灭的求生存";二是"反侵略的重奋斗";三是"反动乱的尚安定";

---

① 易君左:《杜甫今论》(三),《民族诗坛》第3卷第4辑,1939年8月,第11页。

四是"反势利的立气节"。杜甫正是因为抓住了人生的四大支点，对"当时政治制度、军事制度、经济制度、社会制度、文化制度、伦理制度"展开反攻，从而创造出文艺上的不朽生命。其唯一立场，即"革命主义的人生观"上的"国家至上主义"。而要了解杜甫的人生观，须"洗清误解杜甫的渣滓"，从其"伟大崇高的生命史"，去认识"杜甫的全部"及"整个的杜诗"。

易君左在行文中，对于杜诗及有关评论，多有精彩的发现，亮点纷呈，现撷取一二，以供欣赏。他认为，杜诗为人所不及处，即"对仗之工稳"；然"光是对仗工稳没有是处，而妙在出之自然而又饱含性情"。① 又如，从"后天的关系"出发论杜甫，指出："他受过清廉家庭的抚育，一生都是逆境，又亲自遇到大变乱、大流离、大饥馑的大时代；所以他的作品都是他的心声，是真情的流露，是力的表现。"杜甫"原籍襄阳后徙巩县"，"适位于中原地带"，"故其诗异常雄浑"；"入蜀以后，瘴疠阴湿，久居巫峡，云蒸雨涌，影响他的身体，同时也就影响他的作风"。"夔府诸篇，动天地而泣鬼神，为一生写作的精华的结穴。"② 这是较早从地理环境与文学的关系角度，来探讨辗转流徙的生活对杜甫的影响。对《哀江头》，易君左认为，"只'昭阳殿里第一人'与'血污游魂归不得'，已抵得一篇长恨歌"。③ 此外，易君左对于彼时杜甫研究所存在的问题及其病根，多有一针见血的指摘，

① 易君左：《杜甫今论》（三），《民族诗坛》第 3 卷第 4 辑，1939 年 8 月，第 6 页。
② 易君左：《杜甫今论》（三），《民族诗坛》第 3 卷第 4 辑，1939 年 8 月，第 7 页。
③ 易君左：《杜甫今论》（三），《民族诗坛》第 3 卷第 4 辑，1939 年 8 月，第 16 页。

即便是以今视之，仍堪称灼见。

《杜甫今论》专书①，1940 年 4 月初版。32 开。

该书基本上就是《民族诗坛》四期的《杜甫今论》（不包括《绪论》）按序叠合而成，只在页码上作了变动。不但每一部分保留作者署名，即便连载时因版面而造成的内容割裂，出版时也未加弥缝。其出版的草率，可以想见。

关于此书的出版，易君左后来在其回忆录中也有所记述：

> 在国府撤退到汉口时，以于右任老人为首的诗人们，发起了一个刊物叫做《民族诗坛》，我也列名为发起人之一，实际上负编辑责任的是卢冀野。我到重庆后，谒见于先生，常在右老寓所和冀野见面，于先生见我也赶来陪都了，热泪盈眶，紧紧握着我的手，频频说："来得好！来得好！"我协助冀野征选诗料，充实刊物内容。我因初来四川，横直没有什么事，想起了唐代大诗人杜甫身经安史之乱，流离入蜀，我当时的心情和生活，都与杜甫差不多，由此一念，遂草成一本《杜甫今论》，面呈于先生教正，于先生甚为嘉许，介绍独立出版社印行。②

《杜集书目提要》收录。其提要云：

> 是书易君左著。为《杜甫今论》的第一编，题名"革命的人生观"。是编共分三章：甲章、以"国家至上

---

① 据该书版权页，其著者：易君左；印行者：独立出版社；总经售：正中书局服务部（重庆中一路二八〇号）、中国文化服务社（重庆磁器街二十二号）、拔提书店（重庆武库街八十三号）。

② 易君左：《芦沟桥号角》，台北：三民书局股份有限公司，1973，第 79 页。

主义"奠定生活的基础；乙章、以"国家至上主义"树立创造的信仰；丙章、以"国家至上主义"启导文艺的机运。甲乙两章，重在研究杜甫的政治思想，丙章主要是讨论杜甫的文艺观。

作者认为杜甫的主导思想，就是"革命主义的人生观"上的"国家至上主义"，他是永远坚定地站在这一立场上的。要认识杜甫，研究杜甫，必须从杜甫伟大崇高的生命史上入手，方能够得出正确的结论。

是书为《民族论坛丛刊》中的一种，1940 年重庆独立出版社出版。共 68 页。①

《杜集书录》附录二"近人杜学著作举要"之"诗论杂著之属"列表收录，其出版时地云"1940 年重庆独立出版社"。②

《杜集叙录》则以《杜甫传》之名收录并云："《杜甫传》由重庆独立出版社 1940 年出版，为《民族论坛丛刊》之一种。是书重在研究杜甫的政治思想、人生观及文艺观。"③

需要说明的是，《杜甫今论》未见以《杜甫传》之名刊行，《杜集叙录》明显有误。《杜集书目提要》和《杜集叙录》中的"民族论坛丛刊"均应作"民族诗坛丛刊"。三书所提到的出版时间，俱缺月份。

① 郑庆笃、焦裕银、张忠纲、冯建国编著《杜集书目提要》，齐鲁书社，1986，第 281—282 页。
② 周采泉：《杜集书录》下，上海古籍出版社，1986，第 887 页。
③ 张忠纲、赵睿才、綦维、孙微编著《杜集叙录》，齐鲁书社，2008，第 512 页。

3. 《杜甫的时代精神》

发表于《时代精神》第 7 卷第 1 期，1942 年 10 月 31 日出版。全文共分四节，现分别述之。

第一节，"'三吏''三别'的真意义"。"三吏""三别"常被后人引作"非战"的铁证。易君左继续发挥《杜甫今论》的观点，认为杜甫诚然"反对军阀混战"，但绝不是"非战"，甚至是极力主张"抗战"。如《新安吏》"完全是鼓励新兵入营之作"；《潼关吏》"主张'防守战'，反对'侵略战'"；《石壕吏》虽有"叹息痛恨"，但从反面来看，是"鼓励全民参加神圣的抗战"。《新安吏》和《石壕吏》都有关"兵役问题"，显示抗战胜利必须经过"最痛苦的过程"，"希望政府加意改善政治，人民忍痛报效国家"；《潼关吏》则"纯为讨论战略，以免损伤国本"。而"三别"亦含有"最重大，最深远的真意义"："新婚"是教人"轻婚"，"垂老"是教人"不老"，"无家"是教人"有家"，诗题虽"消极"，诗义却"积极"。因此，"'三吏''三别'不单不是'非战'的作品，而且确是'抗战'的巨钟"。

第二节，"引伸前节的意义"。杜甫诗中，"充满了反割据反封建的浓厚色彩"。其孤怀苦志，老而弥坚。如夔府时期，是其一生"最艰苦之际"，犹感赋《诸将》五章，重揭此旨。易君左认为，于右任的批评，"一针见血"，指明杜甫"坚实诚笃的中心思想"在于"拥护中央集权制"，扩而大之，即"国家至上，民族至上"。只有实现大一统的局面，才能"奠定国家的基础，促进民族的开展"，也才能"抗战"。

第三节，"革命精神的涌现"。此节主要谈及杜诗的政治背景。杜甫生活的年代，正值中国历史上的"大混乱时期"。杜甫"描写军阀骄横的代表作"与"叙述贵族奢侈的代表作"，可举《草堂》和《自京赴奉先咏怀》二诗，尤其是后者，"一字一句都有千钧万两，一笔一画都是斑斑血泪"，可说是杜甫"革命精神的涌现"。

第四节，"杜诗时代之经济背景"。此一时代，封建社会的农村经济，已到了"山穷水尽、破碎不堪"的状态。一方面，农民受到"变相的均田法"，即"末期租庸调"税制的剥削；另一方面，贵族因为"生产上的发展，兼并土地的趋势日益猛烈"。安史之乱，"更把均田制的基础彻底破坏"。杜甫不幸卷入这一"浩荡澎湃的漩涡"，亲身体验到"贫民的艰苦生活"，"目击封建阶级的残暴"，最终得以成为"鼓吹社会革命的大诗人"。

4. 杜裔《易君左先生论杜甫及其诗》

1943 年 5 月，易君左应政治部编审室邀请，参加第二次学术研究会议，讲演《杜甫及其诗》。后以《易君左先生论杜甫及其诗——本部编审室第二次学术研究会议纪略》为题①，分上、下两篇，刊载于《政工周报》② 第 10 卷第 9 期（学校版③第 17 号）和第 10 卷第 11 期（学校版第 18 号）。

易君左的讲演正文分为三个段落：杜诗鸟瞰（杜诗的特征及其评判），"三吏""三别"的真实意义（杜甫的兵役宣传），老杜在安史乱中（李白杜甫的异同）。

---

① 题下有按语一则："易君左先生是海内知名的诗人，为清末大诗人易实甫（顺鼎）先生之哲嗣，对中国文学渊源有自，著述成林。日前应政治部编审室学术研究会之邀，讲《杜甫及其诗》。易先生精研杜诗多年，最近有《杜甫今论》刊行，所讲颇多创见，足供一般初学及爱好杜诗者之参考，谨将其中最精警的语句摘录如后，以飨读者。"

② 编印者：军事委员会政治部；通讯处：重庆三圣宫三塘院子。

③ 据该版征稿简则，其稿件主要包括五个方面：（1）"研讨政治教育理论"；（2）"阐发各种政治教材重点"；（3）"讨论各种教材之编纂及教学方法"；（4）"报导教学及训导经验"；（5）"报导各校教官员生集体生活"。

首先来看第一部分。易君左指出，杜甫不但是中国而且是世界的"革命诗人"。之所以成为革命诗人，源于三项条件：（1）革命的根性；（2）动乱的时代；（3）中心的思想。

易君左又从"文艺理论和技巧"方面，估定杜诗的价值，认为杜甫是站在"写实主义与浪漫主义的综合立场"，采用主观与客观描写方法的综合技巧，"创造革命艺术的大诗人"。杜诗的特征，主要有四：（1）"忠贞纯洁，坚定而不游移"；（2）"深沉浑厚，含蕴而不外露"；（3）"笃朴真实，淡泊而不纤巧"；（4）"清新生动，活跃而不呆滞"。读杜诗，当特别注意其中的"拙句、率句、狠句、质朴[1]句、生硬句、粗糙句"，而这也正是杜诗别具一格之处。[2]

其次来看第二部分。易君左以"三吏""三别"为例，证明杜甫是"拥护民族战争的民族诗人"，是"鼓吹抗战的号兵"。技巧上，每篇都各尽其妙。"《新婚别》是妇语夫，以譬起，以譬结；《垂老别》是夫语妇，直起直结；《无家别》是自语，以追述起，以点题结。《三吏》都是夹叙述于问答之中，而每篇又各有变化。"又如《兵车行》，其题旨在于反对"开边未已"，并非反对"争取国家统一和民族自卫的战争"。再如《北征》，易君左认为这篇五古的杰作，"最精采处"并非在中段，而在首尾。开头两句"皇帝二载秋，闰八月初吉"，即为春秋笔法；尤其"东胡反未已，臣甫愤所切"两句，堪为全诗灵魂。全诗一气呵成，包含许多拙

---

[1] "朴"，原文作"扑（撲）"，径改。

[2] 杜裔：《易君左先生论杜甫及其诗——本部编审室第二次学术研究会议纪略》（上），《政工周报》第10卷第9期，1943年6月1日，第18—19页。

句。① 易君左后来更简捷地认为,《北征》是"杜甫以拙见长的代表作"。②

最后来看第三部分。易君左指出,李杜交谊深厚,可谓"通生死,入魂梦"。③ 李白、杜甫并称,意谓杜甫之才并不逊于李白。如将《赠韩谏议》一类杜诗放入李集,莫难分辨;但若将李诗置于杜集,则一望可知。在易君左看来,李杜优劣的判分,不在"天才和技巧的上下",而是由于"思想的不同"。较之李白,杜甫是更富"爱国思想的民族诗人"。以安史之乱观之,二者的表现也截然不同。李诗除《上皇西巡南京歌》之一、四两首,"略微"反映时代的乱离及个人的国家观念,其他完全是"歌颂的美文";而在杜诗中,却无处不见社会的动态及个人忠君爱国的热忱。④

易君左的杜甫研究,与"抗战建国"的语境密切关联,因此尽力标举杜甫的最高信仰,即"国家至上主义",以"国家至上主义"奠定生命的基石,以"国家至上主义"树立创造的信仰。从某种意义上讲,易君左论杜,还谈不上客观的研究,更多的是因势利导的政治性解读。其题名"今论"与"时代精神",足以说明其强烈的当下性和即时性,个中的现实指向一目了然,故易君左的论点,前后抵牾者并

---

① 杜裔:《易君左先生论杜甫及其诗——本部编审室第二次学术研究会议纪略》
 (下),《政工周报》第 10 卷第 11 期,1943 年 6 月 16 日,第 17—18 页。
② 易君左编著《中国文学史》,香港:自由出版社,1959,第 175 页。
③ 杜裔:《易君左先生论杜甫及其诗——本部编审室第二次学术研究会议纪略》
 (下),《政工周报》第 10 卷第 11 期,1943 年 6 月 16 日,第 18 页。
④ 杜裔:《易君左先生论杜甫及其诗——本部编审室第二次学术研究会议纪略》
 (下),《政工周报》第 10 卷第 11 期,1943 年 6 月 16 日,第 18 页。关于李、
 杜的比较,易君左在其《中国文学史》(香港:自由出版社,1959)中有总
 括的评价:"李与杜,一为乐观派,一为悲观派;一为浪漫主义的诗人,一
 为写实主义的诗人;一为出世的人生观,一为入世的人生观;一以韵盛,一
 以气胜;一主复古,一主独创;而各有千秋!"(第 177 页)

不少见，如对"三吏""三别"的解读。此外，则是借题发挥，刻意比附。如他认为，杜甫生活的时代，是一个八表同昏，找不着"国家"的天下，但杜甫就是要从这昏沉的云雾里拨出青天白日，替人生寻到一条光明而有意义的道路；个人、团体、党派、阶级、宗教、学派，都应竭诚拥护整个的国家利益。① 这与其说是杜甫的观点，不如说是易君左自己的看法。或许正因为如此，朱偰在其后撰写《杜少陵评传》时，在"自序"中申明：至若以现代口号，加诸千余年前的少陵之身，如时流所谓"杜甫为抗战主义者，民生主义者"，"徒求其适合现代"，而有失"本来面目"，且"穿凿附会"，足以"贻笑大方"，皆不足取。② 其说虽未明言，但所指当在《杜甫今论》。

第八节　吴鼎南有关杜甫草堂的考证

杜甫草堂作为著名的人文地标，既表征着中国文学的一种历史高度，也是中国文人的一座精神殿堂。抗战时期，来此瞻拜参观的各界人士络绎不绝，留下大量的文字，或纪行，或考证，或有感而发，或兼而有之。而颇具研究性质的是有关杜甫草堂的考证之作，其中最富代表性的则是吴鼎南的《工部浣花草堂考》。

《工部浣花草堂考》，1943 年 6 月出版。③

著者生平，多有不详，现略做考证。吴鼎南（1902—

---

① 易君左：《杜甫今论》（二），《民族诗坛》第 3 卷第 3 辑，1939 年 7 月，第 10 页。
② 朱偰：《杜少陵评传》，青年书店，1941，"自序"第 3 页。
③ 发行者：成都新新新闻报馆；印刷者：成都新新新闻报馆印刷部；经售处：成都新新新闻文化服务部。

1989），号克成①，四川温江人。1936 年秋，国立四川大学第
五届中文系毕业，曾师从李澄波（天根）② 等人。毕业后，
"聘留中文系服务，旋调图书馆工作"；任职两年后，于 1939
年，被川康绥靖主任公署委充秘书，深为主任邓锡侯倚畀。③
其间，据《国立四川大学抗敌后援会各组人员表（1937 年
12 月 31 日）》，曾任该会宣传组干事。④ 又曾任《成都快
报》主笔⑤、《成都市》编辑、《正论周报》发行人。1964 年
入四川省文史研究馆。

吴鼎南著作，除《工部浣花草堂考》之外，另有"成都
胜迹考"，系其任国立四川大学图书馆典藏之时，拟将成都
市区古迹全考，但因故废辍，"仅成昭烈忠武陵庙考一章"。
其以单篇行世且可查考者计有：《荀学体系与孔孟一致全不
相背说》（《国立四川大学周刊》第 1 卷第 19 期，1933 年 5
月 22 日）；《荀卿政治论与孔孟一贯说——荀卿是儒非儒辨
中论上之二》（《国立四川大学周刊》第 1 卷第 21 期，1933
年 6 月 5 日）；《荀卿政治论与孔孟一贯说——荀卿是儒非儒
辨中论上之四》（《国立四川大学周刊》第 1 卷第 23 期，
1933 年 6 月 19 日）；《对陈汝夔君"荀卿不入于儒家说"之

---

① 《工部浣花草堂考》官维贤《题辞》有"翠楼吟一阕奉题克成先生浣花草堂
考"一语，据此乃得。另据 1936 年《国立四川大学一览》之《职员名录》，
吴鼎南，别号：克成；职别：中国文学系助理；性别：男；年龄：二九；籍
贯：四川温江；经历：本校中文系毕业；通讯处：本校。
② 可参见李天根《工部浣花草堂考》"序"中所记。
③ 《吴鼎南任绥署秘书》，《国立四川大学校刊》1939 年 6 月 11 日，第 11 页。
④ 四川省档案局（馆）编《抗战时期的四川——档案史料汇编》上，重庆出
版社，2014，第 335 页。该会组织组长为龚曼华，宣传组长吕平章，总
务组组长熊子俊，调查组组长黄学慎，出版委员会主任为文学院院长朱
光潜。
⑤ 《工部浣花草堂考》之"自序"云："时兼主成都快报笔政。""时"，是指
其任职于四川大学图书馆之时。

商讨——荀卿是儒非儒辨后论》（《国立四川大学周刊》第 2
卷第 1 期，1933 年 9 月 11 日。末署"二二，六，九，于川
大文学院"）；《切韵考订正》（《国立四川大学季刊》第 1
期①，1935 年 7 月 1 日。该期为"文学院专刊"，作者名前冠
有"中国文学系三年级学生"，据此可以推知：吴鼎南是在
1932 年考入国立四川大学，就读于文学院中国文学系）；《成
都浣花溪的今昔》（《谈风》第 10 期，1937 年 3 月 10 日，末
署"二十六年元日于摩诃湮池畔"）；《成都惠陵·昭烈庙·
武侯祠考（上）》（《风土什志》第 1 卷第 4 期②，1944 年 7
月）；《昭烈武侯两祠分合考——森森寺柏今非旧，丞相祠堂
不可寻》（《成都市》创刊号③，1945 年 3 月）；《成都惠陵·
昭烈庙·武侯祠考（下）》（《风土什志》第 1 卷第 5 期，
1945 年 4 月）；《惠陵武侯祠古路（柏）考》（《成都市》第
2 期④，1945 年 4 月）；《武侯宅考》（《成都市》第 3 期⑤，
1945 年 6 月）；《昭烈庙亭院考》（《成都市》第 4 期，1945
年 8 月）；《略谈古草堂、梵安两寺及杜甫草堂的位置》（《草
堂》1981 年第 2 期）；《青羊宫杂记》（《文史杂志》1985 年
第 1 期）；《诸葛亮与武侯祠》（《文史杂志》1992 年第 S1
期）。未刊稿有：《吴越兴亡论》《村校写生词》《成都皇城

---

① 编辑者：国立四川大学季刊编辑委员会；发行者：国立四川大学秘书处出版
　课；印刷社：成都彬明印刷社代印；经售者：东御街国立四川大学经售处。
② 发行人：樊凤林；编辑人：谢扬青、雷肇唐、萧远煜、裴君牧、杨正蕊、董
　品瑄；发行所：风土什志社（社址：成都东门红石柱正街五六号）；总经
　售：东方书社（成都祠堂街）。
③ 同期刊有王楷元《唐时的工部草堂》，末署"三月十三日［午］夜"。
④ 编辑者：成都市政府编辑委员会；编辑：吴鼎南、卢崇礼、王楷元、莫钟
　骥；发行者：成都市政府；印刷者：成都快报印刷厂（厂址：正通顺街六
　十二号，营业部：北新街五十九号）。
⑤ 印刷者：成都鸿文印刷纸社（厂址：新西门外罗家碾侧，营业部：东御街
　二百零三号）。其余信息与第 2 期同。

与金河的今昔》等。

该书是一部"研究杜甫在四川成都西郊草堂有关资料的著述"。[①] 封面题签：李樵；内封题签：向楚。有《题辞》[②]，"癸未上巳官维贤[③]录似"；《工部浣花草堂考》"序"，"大中华民国三十二年春友生双流李天根澄波序于蓉城"；"自序"，"中华民国三十二年癸未人日，温江吴鼎南谨识"。正论分前考、中考、后考三部分，中考又分上、下两部，前考、中考上、中考下、后考又各有四节。其目次如下：前考一"工部前各草堂及浣花外两草堂"、前考二"工部草堂与草堂寺"、前考三"百花潭与浣花溪"、前考四"草堂与杜公之身世"、中考上一"杜公营草堂"、中考上二"杜公居草堂"、中考上三"杜公居草堂之游踪"、中考上四"杜公再居草堂"，中考下一"宋以前之工部草堂"、中考下二"元明之工部草堂"、中考下三"清代之工部草堂"、中考下四"今日之工部草堂"，后考一"黄陆之配飨"、后考二"任薛之居浣花"、后考三"浣花日游浣花"、后考四"人日游草堂"。另附录有四：草堂碑碣存目、草堂记序存目、考竟辩余、拟修工部浣花草堂志目。《杜集书录》有录，云："吴鼎南编"，"一九四三年成都新报馆排印本"。[④] 其误有二：一是该书系吴鼎南著

---

① 张忠纲主编《全唐诗大辞典》，语文出版社，2000，第1065页。

② 《题辞》为《翠楼吟》一阕："翠竹生寒，圆沙晕碧，花溪记曾游处。梵安萧寺畔，尚留有杜陵祠宇。风流如许，任鬓影鞭丝，嬉春来去。浑无据，只传人日，草堂诗句。学富，季重翩翩，陋晋阳原叙，仅谙笺注。异书搜采遍，一编出笔疑神助。药栏桤树，看考证精详，都成掌故。三都赋，洛阳钞写，价增缣素。"

③ 官维贤，四川人。曾任西充县知事（1915—1920），其间兼任雅安县知事（1918）；又曾任川康绥靖公署主任秘书，当与吴鼎南共事；后被邓锡侯保举为南川县长（1935年10月—1937年3月）。

④ 周采泉：《杜集书录》下，上海古籍出版社，1986，第841页。

而非"编";二是出版机构为成都新新新闻报馆而非成都新报馆。而《杜集书目提要》云:"吴鼎南编","一九四二年成都新新新闻报馆印刷部排印本,一册"。[①] 其出版时间明显有误。《杜集叙录》则未见收录。

关于成书经过,"自序"道其原委。"民国二十三年甲戌人日",游草堂,乃生疑问:一是"人日草堂故事",二是"寺与草堂孰先"。故"及大学开学,入图书馆检读诸记载",至暑假中方确定全文体例,总计"十六篇","分载是年秋冬之大学周刊各期"。[②] 经检索,可得下述篇目:

《工部浣花草堂考(前考一,工部前之草堂及浣花外之草堂)》,《国立四川大学周刊》第3卷第4期,1934年10月1日;《工部浣花草堂考(前考二,工部草堂与草堂寺)》,《国立四川大学周刊》第3卷第5期,1934年10月8日;《工部浣花草堂考(前考三,百花潭与浣花溪)》,《国立四川大学周刊》第3卷第6期,1934年10月15日;《工部浣花草堂考(前考四,草堂与杜公之身世)》,《国立四川大学周刊》第3卷第7期,1934年10月22日;《工部浣花草堂考(中考上一,杜公营草堂)》,《国立四川大学周刊》第3卷第8期,1934年10月29日;《工部浣花草堂考(中考上二,杜公居草堂)》,《国立四川大学周刊》第3卷第9期,1934年11月5日;《工部浣花草堂考(中考上三,杜公居草堂之游踪)》,《国立四川大学周刊》第3卷第10期,1934年11月12日;《工部浣花草堂考(中考上四,杜公再居草堂)》,《国立四川大学

---

① 郑庆笃、焦裕银、张忠纲、冯建国编著《杜集书目提要》,齐鲁书社,1986,第282页。

② 吴鼎南:《工部浣花草堂考》,成都新新新闻报馆,1943,"自序"第1页。

周刊》第 3 卷第 11 期，1934 年 11 月 19 日；《工部浣花草堂考（中考下一，宋以前之工部草堂）》，《国立四川大学周刊》第 3 卷第 12 期，1934 年 11 月 26 日；《工部浣花草堂考（中考下二，元明之工部草堂）》，《国立四川大学周刊》第 3 卷第 13 期，1934 年 12 月 3 日；《工部浣花草堂考（中考下三，清代之工部草堂）》，《国立四川大学周刊》第 3 卷第 14 期，1934 年 12 月 10 日；《工部浣花草堂考（中考下四，今日之工部草堂）》，《国立四川大学周刊》第 3 卷第 15 期，1934 年 12 月 17 日；《工部浣花草堂考（后考一，黄陆两公之配飨）》，《国立四川大学周刊》第 3 卷第 16 期，1934 年 12 月 24 日；《工部浣花草堂考（后考二，任薛二氏之居浣花）》，《国立四川大学周刊》第 3 卷第 17 期，1934 年 12 月 31 日；《工部浣花草堂考（后考三，浣花日游浣花）》，《国立四川大学周刊》第 3 卷第 18 期，1935 年 1 月 7 日；《工部浣花草堂考附录》，《国立四川大学周刊》第 3 卷第 20 期，1935 年 1 月 21 日。

以上诸篇，因其"首尾完具，自为体例，可以单行"，著者遂于 1943 年春，重加删定，其相关改动，主要有两点。一是据新发现的材料，"将前考二全改写之"。二是附录中的《拟修工部浣花草堂志目》，"作于九年前"，应即 1934 年，其余三篇，"皆付印前补作"。其中"草堂碑碣存目"，原记于中考下四；"考竟辩余"，则"就昔日笔记删润而成"。而中考下四之"今日"，姑以"民国二十三年"观之。书成之时，"抗日战争已作，以军事故，胜迹多成禁地"，著者亦"不胜沧桑之感"。[①]

对于此书，李天根在《工部浣花草堂考》"序"中有所

---

① 吴鼎南：《工部浣花草堂考》，成都新新新闻报馆，1943，"自序"第 2—4 页。

评说:"吴生鼎南,对于工部浣花草堂,详为稽考,苦心孤诣,历时甚久。曾访寻往迹于各方,复细研正确于文字,若稍滋疑惑,必尽力参稽,至信而有征,乃援笔以识,真积力久,成前中后三考",其为此,"以史事言则史书相信,以名胜言则名实相符","举凡好古而钩深致远,好游而览胜登临者,对此胜境,怀想名人,则此编断不可少",故可谓"既有功于古人,复有裨于今人"。①

吴鼎南后又有《杜甫草堂与草堂寺》一文,当是衍自该书前考二"工部草堂与草堂寺",曾深获李劼人称赏。1953年9月11日,李劼人在致赵知闻的信中说:"吴鼎南君所作《杜甫草堂与草堂寺》已细细看了一遍,并为之点窜若干字。""吴君此作,确是用了功夫,欲为删节,殊不可能,且许多独到处,皆可卓尔而立,优于冯至之《杜甫传》,并可补其不足。"同时建议"摄(撮)其大意,另写一简单说明,为一般人作导游之用,吴君原作亦可印出,介绍与专研杜甫草堂者"。②

---

① 吴鼎南:《工部浣花草堂考》,成都新新新闻报馆,1943,"序"第1—2页。
② 《李劼人全集》第十卷"书信",四川文艺出版社,2011,第135页。信中提到"吴君通讯处为重庆张家花园一九〇号",可知吴鼎南此时当在重庆任职。

第二章
抗战大后方新文学作家的杜甫研究

　　全面抗战时期，无论新旧文学阵营，无不对杜甫表示极大的尊崇。如被称为"大后方抗战文帅"[①] 的老舍，就曾对杜甫再三致意。1939 年 1 月 2 日，冯玉祥在讨汪（精卫）大会结束之后，出发督练新兵，约请老舍同往，并代表"文协"总会去成都，参加"文协"分会成立大会。途经内江时，应沱江中学校长李子奇、教导主任李仲权之邀，于 1 月 8 日，在上南街禹王宫沱江女子中学发表演讲。演讲题为《抗战以来的中国文艺》，总结了全面抗战以来小说、戏剧、诗歌、小品文等的成绩与不足，其中引用杜诗"烽火连三月，家书抵万金"，表达自己从河北离家至四川的一切情绪。[②] 1940 年 7

[①]　源自重庆作家桧子（罗传会）纪实文学《大后方抗战文帅老舍》的书名。

[②]　演讲由砀叔、梅英记录。砀叔即木风、夏阳，本名刘石夷；梅英（梅晓初），诗人、国画家。记录稿发表于《文化动员》月刊第 1 卷第 3 期，1939 年 2 月出版。或言砀叔的记录稿《抗战以来的中国文艺》发表于 1939 年 2 月 16 日的《流火》第 4、5 期合刊，梅英的记录稿《抗战文艺新动向》则投寄《抗战文艺》和《救亡日报》。参见郝长海、吴怀斌编《老舍年谱》，黄山书社，1988，第 51—52 页；甘海岚编撰《老舍年谱》，书目文献出版社，1989，第 117 页；刘石夷《抗战时期老舍四过内江——在抗日民族统一战线旗帜下》，载《内江文史资料选辑》第 12 辑"纪念抗日战争胜利五十周年专辑"，中国人民政治协商会议内江市委员会文史和学习委员会编印，1995，第 102 页；吴中胜《抗战时期的"杜甫热"》，《光明日报》2015 年 11 月 30 日，第 16 版。

月 7 日，老舍又在《三年来的文艺运动》[①] 一文中表示："抗战文艺是民族的心声。抗战文艺的创造者还没有一个杜甫，却有一师笔兵。杜甫躲着战争走，笔兵敢上前线。"其"言外之意"在于，这支"浩浩荡荡的'笔兵'，虽然'敢上前线'，热情可感，勇气可嘉"，"创作的数量""惊人"，但作品的艺术感染力，"还没有达到"杜甫"反映安史之乱的作品的高度"。[②]

此外，尚有不少新文学作家，受时代的感召，凭借深厚的旧学根底，对杜甫及杜诗做出新的评价与解说，不少观点，令人耳目一新。本章将以章衣萍、王亚平、黄芝冈、徐中玉、李广田为代表，对其有关著述，初步展开系统性的考察。另有部分学人，如冯至、梁实秋、萧涤非[③]、金启华等，因受社会现实的触动，对杜甫和杜诗在亲近、喜爱的基础上，萌生了研究的兴趣，并着手种种准备，但因主客观条件的不同限制，尚未充分展开。及至抗战胜利之后，甚或是在中华人民共和国成立之后，方才逐步完成。其中，冯至、梁实秋两人既于新文学卓有建树，且在抗战时期有部分研究成果公开发表，故本章亦将二者纳入，对其杜甫研究加以综合考察。至于李长之的《道教徒的诗人李白及其痛苦》，主要是通过李杜比较，凸显杜甫有别于李白的特征特质。最后则是从魏洛克（Wheelock）逝世的一则短讯，引出对英语世界第一部《杜甫传》的介绍。

① 发表于重庆《大公报·七七纪念特刊》1940 年 7 月 7 日，第 3 版。
② 廖仲安：《记抗战时期三位热爱杜诗的现代作家和学者》，《杜甫研究学刊》1997 年第 1 期。
③ 参见廖仲安《记抗战时期三位热爱杜诗的现代作家和学者》，《杜甫研究学刊》1997 年第 1 期。

第一节　章衣萍的《杜甫》及其他

章衣萍（1901—1947），原名鸿熙，一名洪熙，斋名看月楼。安徽绩溪人。自幼在家乡就读。1917 年，到南京一家学校当书记。[①] 1919 年，前往北京，在北京大学旁听。1924年秋，与鲁迅、周作人等相识，参与筹办《语丝》周刊，并成为《语丝》的经常撰稿人。1927 年夏，去上海，任暨南大学校长秘长[②]，同时兼授修辞学和国学概论等课。1935 年底只身入川，在四川成都一带经营书店。1947 年底，因脑出血于上海逝世。夫人吴曙天，为知名女作家。[③]

《杜甫》封面作"章衣萍著"，内封作"章衣萍编"，版权页则为"编著者：章衣萍"。1935 年 2 月初版，1940 年 4月 8 版，1945 年 10 月 10。发行者：张一渠；印刷者：儿童书局；发行所：儿童书局总店（上海四马路四二四号）。系"中国名人故事丛书之一"。《杜集书目提要》云："一九四一年上海儿童书局出版。铅印本，一册"，"为儿童读物"。[④] 其初版时间显然有误。《杜集叙录》增加了章衣萍的

---

① 此处的"书记"是指负责文件记录或负责缮写的人员。

② "秘长"，原文如此。或当作"秘书"。

③ 参见中国现代文学馆编《中国现代作家大辞典》，新世界出版社，1992，第600 页，该词条为于润琦撰；张高宽、王玉哲、王连生、孟繁森主编《宋词大辞典》，辽宁人民出版社，1990，第 861 页。关于章衣萍生平，众说纷纭。其生年，或云 1900 年，或云 1901 年，或云 1902 年；其卒年，一说是 1946年 3 月，因脑出血逝于成都。其在成都，或云曾任华西大学讲师，或云为成都大学教授。其所开书店，与孙俍工合股，名"西南书店"。

④ 郑庆笃、焦裕银、张忠纲、冯建国编著《杜集书目提要》，齐鲁书社，1986，第 282 页。

简介，其余信息，则与《杜集书目提要》无异。①

书前有"序"，署"绩溪章衣萍，二十四年十月二十七日"。② 首先说明该书的写作对象为"小朋友"，所介绍的，则是"中国的最伟大诗人杜甫"。究其原因，杜甫既是"平民诗人"，又是"写实诗人"。同时，谈及李杜的分别：李白是"天上的诗人"，杜甫是"地上的诗人"；较之李白，杜甫更"容易同我们接近"。次则详列写作此书的参考书目。最后阐明此书的目的。孔子云："小子，何莫学夫诗？"而杜诗，是"中国最好的诗"，"千古不朽"。另外，要研究杜甫，也"非多读他的诗不可"。③

全书分六章。一是"杜甫的家庭"。指出：杜甫同情贫民，诅咒战争。自弱冠之年，即浪迹各处，曾东游吴越，又游齐赵。举进士不第，献赋却不被看重，恨不得志，故"字里行间，都显出一种无聊神气"，最显著者，如《官定后戏赠》。觉悟后的杜甫，"回转头来，同情贫民的生活"，"与田夫野老为伍，观察他们的疾苦"，最终成为"中国最伟大的社会诗人"和"写实的文学家"。④

二是杜甫的"北游"生活。指出：早年杜甫南北奔波，虽然可怜，但也很有趣，既增加了阅历，又增添了诗料。而幼子的饿卒，则加深了他的"博爱思想"。安史之乱带来的兵祸，也常见其诗中，如《新安吏》，说白如话，堪称一篇

---

① 张忠纲、赵睿才、綦维、孙微编著《杜集叙录》，齐鲁书社，2008，第513—514页。
② 据该书版权页，其初版时间为1935年2月，但"序"的写作时间却是1935年10月27日，从时间顺序上看，"序"是在书已出版后，方才补入，这显然有悖常理。不过，类似情况，在民国时期的出版物中并不鲜见。
③ 章衣萍：《杜甫》，儿童书局，1940，"序"第1—2页。
④ 章衣萍：《杜甫》，儿童书局，1940，第1—8页。

描写"拉夫"的"悲惨小说"。①

三是杜甫穷苦的一生。指出：杜甫的一生，"是一幕悲剧"。②

四是杜甫的嗜好，主要有五："喜欢吟诗""喜欢饮酒骑马""夫妇感情很好""善于修辞造句""老实爽快"。③

五是杜甫的平民思想。章衣萍认为，李白是贵族诗人，杜甫是平民诗人，"吃尽饥寒之苦"，《彭衙行》可见其惨况，所以同情贫民，大骂"贵贼"："朱门酒肉臭，路有冻死骨。"杜甫穷得不堪，却希望能有"广厦千万间"，"大庇天下寒士俱欢颜"。其生活的时代，"战云弥漫"，故诗中描写战争苦况者亦多，如"哀哉两决绝，不复同苦辛"（《前出塞》九首之四）；又如《兵车行》，一片哭声，透纸而出。杜甫的同情心，"不但对于人，并且推到鸡、虫、鸟的生物"，如《又观打鱼》《缚鸡行》。而其家庭情感，"当然更亲切"，也"非常真挚"，如"老妻书数纸，应悉未归情"（《客夜》）；"老妻寄异县，十口隔风雪。谁能久不顾，庶往共饥渴"（《自京赴奉先咏怀》）。对于儿女，同样"一往情深"："遥怜小儿女，未解忆长安"（《月夜》）。④

六是杜甫的纪事诗歌。中国的诗歌，以抒情诗居多；杜甫却是"一个伟大的纪事诗人"。其诗多记载实际情形，故称"诗史"。杜甫描写"战争时代的悲惨情形"，最好的是《石壕吏》；其他描写"当时杀人社会"的作品，还有《三绝句》。第一首"骂士兵"，第二首写"逃难的可怜"，第三首

① 章衣萍：《杜甫》，儿童书局，1940，第9—17页。
② 章衣萍：《杜甫》，儿童书局，1940，第18—24页。
③ 章衣萍：《杜甫》，儿童书局，1940，第25—29页。
④ 章衣萍：《杜甫》，儿童书局，1940，第30—41页。

说"官兵同外兵一样坏"。《负薪行》则是对贫民妇女的同情。杜甫与田夫野老的交情亦好,《羌村》三首之三,可说是"一幅乱世野老聚会图"。

杜甫的写景诗同样不乏佳品。如《绝句漫兴》九首之三,即"很有风趣的白话诗"。土语方言,在杜诗中到处可见。胡适曾说:"杜甫的好处,都在那些白话化了的诗里。"

杜甫也有悲歌慷慨之诗,如《登高》。汪静之评价说,"一字一句,镂出他的肺肝。苦音哀调,含有无限凄凉",千载以下,读之"还为魂销泪下"。又如《屏迹》三首之二:"百年浑一醉①,一月不梳头。"足见其穷困潦倒形态。其忧国忧民之心,《新婚别》亦有反映。

杜甫的诗,"一字不能更改"。如"身轻一鸟过","过"之不可易,见于欧阳修《六一诗话》。正因杜诗乃千锤百炼而成,故后人尊杜为"诗圣"。②

章衣萍的《杜甫》,是"民国唯一一部"针对少年儿童编著的杜甫普及读物。③ 其文字虽较简易,却涉及杜甫的方方面面,可谓体系周全。此外,还有两个显著特点。一是图文并茂。该书有插图四幅,分别为:"他七岁学做诗,九岁爱写大字"(第3页);"他每天,赤着脚,到各处去掘草根树皮"(第17页);"武④将出来,把冠钩于帘上"(第22页);"老妻的颜色还是一样,儿子倒闹起来了"(第33页)。

---

① "一醉",应作"得醉"。王嗣奭曰:"儿从其懒,妇任其愁。百年了于一醉,头亦可以不梳,正言无营如此,以发用拙之旨。"参见(明)王嗣奭撰《杜臆》,上海古籍出版社,1983,第147页。

② 章衣萍:《杜甫》,儿童书局,1940,第41—54页。

③ 孔令环:《现代杜诗学文献述要》,《中州学刊》2016年第10期。该文将章衣萍《杜甫》的初版时间定为"1938年",同样有误。

④ "武"指严武。

二是白话译诗。为便于理解，章衣萍还将所引部分杜诗，译成白话，或在诗句之下，一一对译，如《北征》选段（第14—15页）、《新婚别》选段（第51—52页），更多的则是随引随释。这在当时，应是较早的一种尝试。

正因为如此，该书自问世之后，多次再版，足见其广受欢迎。

章衣萍另有《草堂寺吊杜甫》一诗，系其《蜀游杂诗》之四。诗前有小序："时伤兵满院，古寺萧条。余早岁喜李白，近年爱杜甫。殿拜遗容，不知泪之何从也。"诗云："几株乔木掩荒祠，此是诗坛万代师。叹息伤氓遍草寺，空余热泪拜遗姿。风流李白贪杯酒，憔悴杜陵甘自思。自古才人多浅语，我生应悔识公迟。"①"诗坛万代师"，极言杜甫在中国诗歌史上地位之隆崇。而"风流李白"与"憔悴杜陵"的比较，也说明了作者由"喜李"到"爱杜"思想变迁的缘由。诗中更多的则是触景生情、感时伤怀。

该诗又见于《磨刀新集》。此集多系作者寓居成都之作。何谓"磨刀"？"序一"阐发其中"三义"。作者有诗句云："悲歌痛哭伤时事，午夜磨刀念旧仇。"言其年来"颇学佛"，但"不能忘情于家国旧仇"。②而此处的"家国旧仇"，"序二"有分陈："余来成都，忽已七载。饮酒赋诗，无补时艰；慷慨悲歌，聊当痛哭。""杜工部空有草堂，干戈遍地；诸葛公独留古庙，国破家亡。"其"内人曙天，远道来蜀，一病不起。念载夫妻，忽然永诀"。③又何谓"新集"？其"跋"

---

① 章衣萍：《蜀游杂诗》，《统一评论》第 1 卷第 13 期，1936 年 3 月 21 日，第20 页。

② 章衣萍：《磨刀新集》，社会生活出版社，1942，"序一"第 1a 页。

③ 章衣萍：《磨刀新集》，社会生活出版社，1942，"序二"第 2a 页。末署"章衣萍序于临流小室，卅一年十一月"。

云："磨刀集初印于二十六年"，"数年以来，战云迷漫，国破家亡，妻死妾散"，"因将新作加入，名'磨刀新集'"。①

该诗在集中改题为《浣花草堂吊杜工部》，文字变动亦多："几株乔木掩荒祠，此是诗坛百代师。叹息伤氓遍古寺，空余热泪拜遗姿。聪明李白耽杯酒，憔悴杜陵甘苦思。自古才人多浅语，我生应悔识公迟。"② "百代师"，原作"万代师"；"古寺"，原作"草寺"；"聪明"，原作"风流"；"耽"，原作"贪"；"苦思"，原作"自思"。

第二节 王亚平《杜甫论》叙录

王亚平（1905—1983），河北威县人。1939 年 11 月，偕妻子刘克顿，由长沙经武汉到重庆。初，参与新村筹备处工作。后任《新蜀报》文艺副刊编辑。1944 年，与臧云远、柳倩发起成立春草诗社，被誉为"诗人之友"。1945 年 3 月，重庆文化界为之举办"王亚平四十寿辰和创作十五周年"的庆祝活动，郭沫若主持。3 月 17 日，《新蜀报》出版"纪念王亚平创作十五周年专辑"。③ 在渝期间，王亚平积极参加中华全国文艺界抗敌协会的相关活动，并通过《新华日报》的戈茅，与中共中央南方局联系密切。中华人民共和国成立后，曾任中国曲艺研究会副主席兼秘书长。

---

① 章衣萍：《磨刀新集》，社会生活出版社，1942，"跋"第 1a 页。末署"三十一年十一月二十三日，衣萍自记"。此处又再次出现跋语的写作时间晚于出版时间的情况。
② 章衣萍：《磨刀新集》，社会生活出版社，1942，第 2 页。
③ 此即《蜀道》新 66 号，所刊诗文计有：王水《先知者：献给我们的诗人王亚平》，"一九四五年春诗人生辰前夕"；王采《我歌唱你——亚平兄创作十五周年纪念》；琼子《献给：亚平诗人!》，"一九四五，三，十"。

王亚平虽以新诗闻名于世,但对旧体诗词亦颇喜好。早年就读于县立高级小学时,受国文老师王伯廉和康亨庵的影响,广泛涉猎古典文学。1926 年夏末,自邢台省立第四师范学校毕业后,因其与袁勃等人共同创办的友声社被取缔,王亚平离开家乡,流浪于南和、开封、正定等地,以教书谋生。其间,仔细研读《诗经》、《楚辞》、"陶潜的诗"、《杜甫全集》、《李太白集》等,写出包括《反战诗人杜甫》在内的 15 万字的研究论文。1934 年 8 月 1 日,王亚平受聘为青岛黄台路小学教务主任,后任校长;同时致力于诗歌运动,精读大量中外名著,特别是杜甫、李白、白居易、普希金、拜伦等人的诗作。① 正是在此基础上,乃有《杜甫论》的撰作与出版。

《杜甫论》,商务印书馆 1944 年 9 月初版。② 渝版手工纸。二加二三八页。按其子王渭所述,全书共"十五万字",费时"半年"。③ 该书大多数节,附注写作时间,分别是:"杜甫的创作生活","八、十二、渝";"关于杜甫创作研究的观点","一九四二,七,八日午";"杜诗的现实性","一九四三,三,六";"杜甫的用字和造句","一九四二、十三④、渝";"杜甫的百韵诗——杜甫创作艺术之一段","一九四二,十二,十三日夜";"杜诗的形象美","一九四二、十、十九、夜";"杜诗的叠字语","一四九二⑤、六、廿六、夜";"杜诗的情感","一九四三,一,十三";"杜

---

① 王渭:《王亚平传略》,《新文学史料》1989 年第 1 期。
② 著作者:王亚平;发行人:王云五(重庆白象街);印刷所:商务印书馆印刷厂;发行所:各地商务印书馆。
③ 王渭:《王亚平传略》,《新文学史料》1989 年第 1 期。
④ "十三",据《大公报》,当作"七,十三"。
⑤ "一四九二",应作"一九四二"。

甫的讽刺诗——杜甫创作艺术之十六","一九四三、一、五、夜";"近体诗的完成者","一九四二,八,七,夜";"杜诗的社会价值","一九四三、二、八、夜";"杜诗的地方色彩","一九四三,二,七、渝";"杜甫的战争诗","八月五日";"杜甫与李白","七月廿九日渝";"杜诗的流派","一九四三,一,廿九,夜"。

书中章节,多曾发表,计有:

(1)《杜甫的创作渊源》,刊《新华日报》1942 年 7 月 25 日第 4 版,末署"七月〔四〕日渝"。

(2)《杜诗的双音对仗语——〈杜甫创作艺术〉之十二》,刊《新蜀报》1942 年 7 月 26 日第 4 页,《七天文艺》第 66 期,末署"一九四二、六、廿六、夜渝初稿。七、十七日夜改抄"。有"注"云:"拙作《杜甫创作艺术》共二十章,十万余字,为了篇幅,先择字数较少者〔发表〕。"《七天文艺》为国民政府军事委员会政治部文化工作委员会所编副刊。

(3)《近体诗的完成者——杜甫创作艺术之六》,刊《新蜀报》1942 年 8 月 11 日第 4 页,《七天文艺》第 67 期,末署"一九四二、八、七日寄"。

(4)《杜甫的用字和造句——杜甫创作艺术之五》,刊重庆《大公报》1942 年 8 月 16 日第 6 版,副刊《战线》第 935 号,末署"一九四二、七,十三初稿。七,二十九改抄"。

(5)《杜甫的创作生活》(未完),刊《新蜀报》1942 年 9 月 8 日第 4 页,《七天文艺》第 71 期。

(6)《杜甫的创作生活》(续),刊《新蜀报》1942 年 9 月 16 日第 4 页,《七天文艺》第 72 期。

(7)《杜甫的创作主题——杜甫创作艺术之七》,刊《新蜀报》1942 年 11 月 11 日第 4 页,《七天文艺》第 80 期。

（8）《杜甫的百韵诗——杜甫创作艺术之一段》，刊《新蜀报》1942 年 12 月 21 日第 4 页，《七天文艺》第 86 期，末署"一九四二，十二，十三日夜渝"。

（9）《杜诗的形象性》（上），刊《新蜀报》1943 年 1 月 31 日第 4 页，《七天文艺》第 89 期。

（10）《杜诗的形象性》（下），刊《新蜀报》1943 年 2 月 1 日第 4 页，《七天文艺》第 90 期，末署"一九四二，十二，十九，夜"。

（11）《杜甫的讽刺诗——杜甫创作艺术之十六》（未完），刊《新蜀报》1943 年 3 月 4 日第 4 页，《七天文艺》第 92 期。

（12）《杜甫的讽刺诗》（续），刊《新蜀报》1943 年 3 月 10 日第 4 页，《七天文艺》第 93 期。

（13）《杜甫的讽刺诗》（完），刊《新蜀报》1943 年 6 月 6 日第 4 页，《七天文艺》第 99 期，末署"一九四三、一、五、夜"。

（14）《杜诗的流派》，发表于《天下文章》第 1 卷第 6 期（第 5—8 页），1943 年 11 月出版。

（15）《杜甫与李白》，载《文学修养》第 2 卷第 2 期（第 17—22 页），1943 年 12 月 20 日出版。

由上可以推知，《杜甫论》的成书，大体上是起于 1942 年 6 月，迄于 1943 年 3 月。

关于此书，《杜集书目提要》收入，其提要云："一九四九年重庆商务印书馆出版。铅印本，一册。"[1] 所述出版时间有误。《杜集书录》附录二"近人杜学著作举要"之"诗论

---

[1] 郑庆笃、焦裕银、张忠纲、冯建国编著《杜集书目提要》，齐鲁书社，1986，第 284 页。

杂著之属"列表收录，其出版时地云"1944 年重庆商务印书馆"。① 《杜集叙录》则失收。《20 世纪中国古代文学研究史：总论卷》在第三章"古代文学研究领域的空前拓展"中，将其归入断代专论之属。但并无具体评述。② 此外，则鲜见有人提及。

《杜甫论》共分三部。现据其初版本，略做抉发。

1. 上部："杜甫的创作思想及其生活"

本部共五节。第一节，杜甫的创作生活。王亚平指出，杜甫是"田野之子"，"从生到死，从思想到行动，都充满了田野的气息"。杜甫活似一个"顽悍的农民"，"忠实于自己，忠实于耕耘，也忠实于收获"。③

第二节，杜甫的创作渊源。杜诗伟大成功的因素，究竟根源何处？王亚平以为，杜甫的诗，作为"中国诗歌艺术发展的顶点"，深受在他之前的"全部诗歌遗产的影响"。具体言之，第一，杜甫不但发展了诗骚乐府古体诗的形式，创造出"多样性的新形式"；在诗的内容方面，更由"朝庙的歌颂，个人情性的抒发"，表现人生的复杂形象，社会的动荡变乱，与"历史上的许多人物事迹"。第二，杜甫创作力的丰盛，艺术源泉的深长，技艺的高绝，为"古今诗人之冠"，实是由于吸收了先前"所有丰美的诗歌遗产"，从而"壮大培养了自己的诗思"，以及"惊绝千代的表现手法"。第三，杜甫不但是"诗艺的鉴赏者"，也是"生活的鉴赏者"。④

---

① 周采泉：《杜集书录》下，上海古籍出版社，1986，第 887 页。
② 黄霖主编，周兴陆著《20 世纪中国古代文学研究史：总论卷》，东方出版中心，2006，第 120 页。
③ 王亚平：《杜甫论》，商务印书馆，1944，第 1 页。
④ 王亚平：《杜甫论》，商务印书馆，1944，第 11—16 页。

第三节，关于杜甫创作研究的观点。关于杜甫生活的分期，王亚平以为，较为合理者，当分为三个时期：（1）到安史之乱起为第一时期，是为"宦游时期"；（2）到离蜀出峡为第二时期，是为"乱离时期"；（3）到死于湖南为第三时期，是为"暮年时期"。与此相关的是，其创作分为三个时期，较为恰当。

杜甫第一期的作品，是在安史之乱前。其作品特色为：（1）"生活反抗的呼声"；（2）"热心政治的希望"；（3）"对人生追求的幻象"。写作艺术方面：（1）"多是第一人称的表现手法"；（2）"字句中含有火热的情感，不够洗练"；（3）"富于主观的讴歌，缺少客观的描写"。代表作有：《自京赴奉先咏怀》，这是杜甫"最优秀沉痛的生活自白诗"，"气韵充沛，笔法朴实，确是古风之上乘"。《奉赠韦左丞丈》，也是"迹近自述自夸"的作品。《赠卫八处士》同是这一时期的名作。

第二期的作品，则尽在"乱离困苦中完成"。杜甫"最成功最有社会价值"的作品，都写于这一阶段。从作品性质来看，多是描写战争的痛苦。如《北征》、"三吏"、"三别"。其特色在于：第一，创作范围更加宽广，"从个人的抒情走到社会的表现"；第二，作品多描写当时史事，较之史册的记述，更加"真实，详尽，生动"；第三，由抒情诗进展到叙事诗；第四，其创作气魄更加雄厚，形成"悲壮沉郁的作风"，"增添了时代的色彩"。再是描写"流离颠困"的生活，如《述怀》《遣兴》《羌村》《秦州杂诗》《江村》《江畔独步寻花》《茅屋为秋风所破歌》等，而以《羌村》《遣兴》最为后人欣赏。其特色在于，第一，杜甫"郁郁不得志"，"借物述怀"，故这些作品都是"生活的缩影，现实的素描"，其古朴处，可与"《古诗十九首》及陶潜的田园诗相比美"。第二，杜甫有"怀乡深情"，诗中蕴含"挚真强烈的情感"，具有"撼人心魂的力量"。第三，其表现手法，已达"浑然如一的境界"，"内容与形式密密吻合"，成为"最优异的诗篇"。

此外，杜甫还创作了不少咏物诗、风俗诗和赏景诗。这些小诗，第一，都是"从现实中抓取的题材"，故能"写得朴素，没有空虚的华美"。第二，其表现手法都是"由浅入深，能以比较浅显的语句，写出高深的意思"。第三，其风格已经形成。杜甫的长诗虽多悲壮沉郁，小诗却"极清新自然，有时写得入情入微"。

第三期，是离蜀后飘零湘鄂的作品。此时的杜甫已际暮年，壮志豪气早已消沉，"只有把自己的热情寄托给创作，寄托给酒，寄托在回忆里"。如《咏怀古迹》《八哀诗》等。形式方面，则更加精警，甚至到了"琢字磨句"的地步。《秋兴》是这一时期的代表作，不但"气宇轩昂，意境怆凉"，其"表现手腕也已登峰造极"。

纵观杜甫的一生，正如屈原一样，"在人格上，保留了一代诗圣的豪气；在作品上，完成了艺术的典范"。唐代的社会，曾"鼓荡杜甫的灵感，促使他不息地创造"；而杜甫的作品，为唐代"增添了光辉，蔚成蓬勃丰盛的一代时潮"，并给新诗"开辟了更宽阔的道路"。①

第四节，杜诗的现实性。王亚平认为，研究杜甫诗作的现实性，必须首先认识其"宇宙观，人生观以及他的生活"。杜甫的宇宙观是什么呢？"漠漠世界黑，驱驱争夺繁。""物情无巨细，自适固其常"，则是其世界观或人生观。从"万方同一慨，吾道竟何之？""无贵贱不悲，无富贫亦足"，可

① 王亚平：《杜甫论》，商务印书馆，1944，第17—26页。

以窥见杜甫思想的逻辑。简言之，其思想方法，是"入世的，现实的，进步的"。

至于如何开展研究，王亚平认为，一是从作品出发，可知其能够部分正确地以"客观的方法"去理解现实。二是从"作品的内容"出发，可见其广泛描写现实生活的倾向。三是从表现艺术出发，可知其正确描写了"历史的题材"。四是从其叙事诗出发，可见其能"从社会万象中"，发掘典型性故事，并予以"典型的表现"。杜甫虽不能摆脱"宿命的观点"以及"生活的矛盾"，却是中国诗歌史上"最有写实才能"的一位诗人。①

第五节，杜甫的创作思想。具体而言，首先，杜甫的生活，更接近现实，更接近人生，逐渐使他的创作，把握住"现实的主题"与"现实的手法"，"诅咒变乱，痛诋权贵，讽刺恶吏，记述史诗（事），歌咏人民疾苦"。杜甫既是一位现实主义诗人，同时，也可算是唐代的一个"学术思想家"。他"用诗主宰了一代的思想，渲染了一代的历史，描绘了一代的动态"。杜甫最大的成就，在于其思想，"能够从生活的经验中，时代的影响下，得到不断的发展"。从"醉心求仕"，演变成"恨世讽时"，再进而为"同情人民"，培育出"接近平民的思想"。但也"止于同情人民，终不能更高的发展，变成民众的歌人"。这是杜甫的限度。

不过，杜甫并未在"矛盾的枷锁下"窒息，反而借助"矛盾力量的鞭策"，求得"生活的改造，思想的发展，理想的实现"。这使他的诗，有一种"盘错迂回，纵横跌宕的气势"；有"高凌鸿蒙，气吞山河"的威力；有"洪大沉重，奔腾如潮的音响"。为发展"矛盾的思想"，表达深厚热烈的

---

① 王亚平：《杜甫论》，商务印书馆，1944，第27—32页。

同情，杜甫"在创造上""寻求多样性的主题"，在表现上"运用各种形式"。一方面，"精于运思，慎于造句，达成表现的绝好技艺"；另一方面，却"一任情性的奔放"。"用险韵，创拗体"，正是杜甫"创作力的迸发"和瑰异才能的表现。①

2. 中部："杜甫的创作艺术"

本部共七节。第一节，杜甫的用字和造句。杜甫用字造句的技术，主要体现在以下三点。第一，就用字而言，"最为奇妙，工稳，自然"。杜甫"生活的律动"与"艺术的激动"浑然一体，故能收功在不知不觉间。其用字，"极求朴实"，并在朴实中求清新与惊奇。第二，就造句而言，"句意雄浑""构词紧严""气势充迈""朴素而多变化""韵律清朗"，是杜甫"措词构句的五大特色"。在这一点上，杜甫可称为"语言的革命家"。第三，就章句的构成而言，其组织"有次序，有结构"。②

第二节，杜诗的创作形式。杜甫能运用五七古、五七律、绝句、排律等形式写作。但诗人在写作时，用"奔啸飞扬的情感"，突破固定格律的限制，"用抒情诗尽情地歌颂，用讽刺诗辛辣的讽刺，用叙事诗记述史事，用寓言诗隐示自己的心意"。杜甫"不爱用绝句写诗，却往往以律诗写绝句"，且能"以绝句记事"。而最擅长者，是排律。

值得提及的是，杜甫往往在诗中写状"自己的居住，姓氏，以及宦场升迁的情形"，叙事工切。韵律方面，不但"善于变化"，而且"变化多奇"。其声律，"深沉绵远，铿锵响朗"。杜甫在创作上，采取各种各样的表现形式，而且，

---

① 王亚平：《杜甫论》，商务印书馆，1944，第33—48页。
② 王亚平：《杜甫论》，商务印书馆，1944，第49—56页。

力求"表现的自由",最后又将这些表现形式归纳到"现实的创作方法"中。①

第三节,杜甫的百韵诗——杜甫创作艺术之一段。所谓"百韵诗",是指"以同样的韵,连用一百次,每隔句押一次韵脚"。百韵诗为杜甫首创。《秋日夔府咏怀一百韵》在诗的创作上,堪称"奇迹",也是杜甫艺术上"最美满的成果"。百韵诗是杜诗造诣的顶点。除此之外,尚有二十韵、三十韵、四十韵、五十韵等长诗,足见杜甫是在韵律上,有意开辟新天地,"加添新气象"。②

第四节,杜诗的形象美。杜甫"长于抒情,尤善写景",且"最爱,也最妙于写象江水"。与此同时,杜甫也善于创造人物形象。杜诗之为"诗史",就在于创造出"许多历史中的人物"与"一些代表时代的故事"。杜甫的咏物诗,"借物相形",有如下特点。(1)能"详缕地观察""'物'的习性,形状,特点",然后"列为写作的题材",并从"物的生机"中,"悟解到人的生活,生命",进行"概括而艺术"的表现。(2)多半是"信手写来",语言"自然,朴素,通俗"。(3)善用夸大、比喻、讽刺的手法,或通过重复,以"加重诗的语气与情感"。此外,杜甫善用一二字,"挑起全句或全篇的形象"。其起句,也多"奇突,响朗,新鲜",能"有力地抓住读者心灵"。③

第五节,杜诗的叠字语。杜甫最喜用叠字,尤爱讲求对仗。句首、句中、句末均可得见。其特点在于:第一,对仗工致,能达妙处;第二,能奇能壮;第三,所用叠字,多是

---

① 王亚平:《杜甫论》,商务印书馆,1944,第57—71页。

② 王亚平:《杜甫论》,商务印书馆,1944,第72—78页。

③ 王亚平:《杜甫论》,商务印书馆,1944,第79—90页。

"沉重"或"怆凉"的音声，字义则多取"悲哀忧郁"者。①

第六节，杜诗的情感。杜诗气魄伟大，究其因，则在其"深厚磅礴的情感"；进一步说，是因其博大雄深的思想。因其有深情，故能写出"真实的情，真美的诗"。其写史事、社会和人民的痛苦，常用讴歌、诅咒、讽喻、叙述等手法，以表达自己的情感。其中，"疮痍""群凶""盗贼""干戈""血泪""烽烟""荒秽""寂寞""饥饿""漂泊""穷途""乱离""豺狼""杀戮"等语汇，触目皆是。从中可以看出"诗人的心境"与"时代的面貌"。

杜甫是具有"深湛、崇高、广阔、火热情感"的诗人。但其诗情，随着客观环境而有所变移。其"初期的诗，是对做官报国追求的狂热；中期的作品，是对安史战乱的愤恨，与困苦生活的控诉；末期的作品，是对友人的怀念，家乡的怀念，往事的追忆"。②

第七节，杜甫的讽刺诗。杜甫最痛恨的是安史之乱。他不但讽刺"动乱的祸首"，也讽刺"朝内的小人"。如《萤火》，全篇虽像在描写萤火，但句句在讽刺阉人。对于君王，"更不放松"。恶吏、贪官以及当时黑暗的政权，都在杜甫讥刺之列。其使用最多的手法，是"借物寓讽"，如《病橘》《枯棕》等。有时也"从侧面，从自己出发"进行讽刺。③

3. 下部："杜诗的评价及其流派"

本部共六节。第一节，近体诗的完成者。近体诗包括排律、律诗和绝句，其形成，"肇始于初唐，而大成于李杜"。杜甫的诗，上承诗骚典则，融汇古诗乐府优点，"挽六朝之

---

① 王亚平：《杜甫论》，商务印书馆，1944，第91—100页。
② 王亚平：《杜甫论》，商务印书馆，1944，第101—127页。
③ 王亚平：《杜甫论》，商务印书馆，1944，第128—146页。

颓靡，抑初唐之雕浮，使中国诗歌返璞归真"。其律诗，实为唐诗的顶点。五律"纵横变化，韵调响朗"，语言尤为清丽，朴素工致。七律"变幻闳深，高远博大"。①

第二节，杜诗的社会价值。通过"矛盾生活的奋斗"，杜甫由个人生活，认识到社会生活；由"狭小的个人"，走进"广大的社会"。其大部分作品，含育着平民色彩。杜甫的诗，不但是"大众的心声"，而且是"时代的画像"。他吸取古人和人民大众的语言，经过提炼，创造出能够"恰切表达诗情、诗景的语言"，在此意义上，可以说：杜甫是"中国语言的创造者"。②

第三节，杜诗的地方色彩。杜甫的足迹，遍及九省，其作品，充满"富丽芬芳的民间色彩"，也充满"浓烈的地方色彩"。这是老杜"最成功的地方"。单就唐代风俗文物的研究，杜诗便提供了不少"珍异的材料"。而最可贵的，还是杜甫把各地的景物与自己的情感，一起熔铸于诗境。③

第四节，杜甫的战争诗。杜甫的作品，有一半是描写战乱，"用语朴素，深刻"，手法纯熟。但杜甫何以能成为积极反对战乱的诗人？首先是战乱阻碍其理想的实现；其次，战争使他的生活困苦；最后，战争中"遭殃受害者"，多为"一般良善的平民"。

杜甫又是怎样认识战争的主题？第一，"四海十年不解兵"（《释闷》），是杜甫对于唐代战乱整体的控诉；"忧世心力弱"（《西阁曝日》），是杜甫心灵深处对战乱的憎恶。第二，杜甫有"忧国爱民的深厚思想"。

---

① 王亚平：《杜甫论》，商务印书馆，1944，第147—154页。
② 王亚平：《杜甫论》，商务印书馆，1944，第155—164页。
③ 王亚平：《杜甫论》，商务印书馆，1944，第165—182页。

在此基础上，杜甫如何表现战争的主题？首先，"善于用字造句"。杜甫能以字句"有力的组合"，"写状出战争的恐怖"；用"平凡的词汇"，描写战争的罪恶；以"通俗的语言"，表达百姓"心感身受的痛苦"。其次，表现手法的"优异"。如《兵车行》，结构完美，音节响朗，技巧圆熟。杜甫尤善于使用"问答的表现手法"。最后，多用五古七古。二者均宜于表达丰富的内容，用韵用字，也较自由。①

第五节，杜甫与李白。李杜"思想的出发点不同，生活的遭遇不同，创作的路线不同"。二者的差异与"创作艺术的判别"，体现在如下三点，第一，就创作思想而言，杜甫以儒家"入世的哲学"为基点，其作品富有"强烈的历史意义，人生意义，与社会价值"。李白以佛道"出世的哲学"为基点，其作品富有"强烈的超人思想"，与"仙风道骨式隐者的憧憬"。第二，从创作手法来看，杜甫写实，偏于"客观的叙写"，开辟了"史诗"及"叙事诗"的"丰美园地与光明途径"。李白浪漫，近于象征，偏于"主观的抒情"与"意象的幻化"。第三，表现技巧上，杜甫"工于用字造句，写象绘声"，李白则"善于挥使灵感，驾驭语言"。②

1975 年 7 月 15 日，王亚平作《一代清风百代骚——歌李白》，再次指出李诗"飒爽不群，纵横古今"，"情趣天成，自然和谐"。③又有《语不惊人死不休——歌杜甫》，刊《绿野》1981 年第 1、2 期合刊，强调"语不惊人死不休"，包括"句的创造，诗的创作"，以及"短时期的寻求，长时期的探索"。④

---

① 王亚平：《杜甫论》，商务印书馆，1944，第 183—196 页。
② 王亚平：《杜甫论》，商务印书馆，1944，第 197—212 页。
③ 王亚平、王渭：《两代书》，人民文学出版社，2004，第 277 页。
④ 王亚平、王渭：《两代书》，人民文学出版社，2004，第 280 页。

第六节，杜诗的流派。李杜身后，唐代诗歌由"繁花缤纷的景象"，变为"绿叶凄迷的颜色"。所幸杜甫的诗风被韩愈、白居易继承并发扬。韩派偏于形式方面，注重字句的加工；白派注重思想方面，力求以通俗的语言表达自己的怀抱。[①] 对杜诗的继承，简单地说，"韩得其气魄，白取其讽刺；韩重表现形式，白重神韵；韩守艺术至上主义，白主功利"。[②] 另有李商隐的诗作，也多宗杜学杜。

王亚平研究杜甫，目的是"继承中国诗歌的优良传统"[③]，其论述，诗情汹涌，文采斓然。蔡镇楚认为，杜诗学研究至 20 世纪下半叶，方有新的突破，主要标志是系统性的加强，出现了一批颇有见解的专著，其中首举王亚平的《杜甫论》[④]，不过，其排列是以出版先后为序，而且，将 1944 年的著作阑入 20 世纪下半叶，也许是此书的研究方法，更接近于后一时期的作品。

但该著之不传久矣，考其缘由，自有内在的缺失。首先，作者虽有推倒一切之概，但对于前人研究与评注杜诗者，未免指责过甚。如其所说，"一是概念的称颂，没有具体的意见；二是呆板的注释，只限于词句的考证；三是片面的杜诗优劣的争论，词意多近浮夸"。[⑤] 又谓古人研究杜诗者"多有偏见，不是无条件的称颂，便是蓄意的攻讦"；"断章摘句的妄加评语，不能窥视他艺术的全部"；"专注意杜诗的'忠君爱国'以及'儒者襟怀'，而忽视了他的创作艺术"；"专在

---

① 王亚平：《杜甫论》，商务印书馆，1944，第 213—238 页。
② 《图书介绍：杜甫论（王亚平著）》，《图书季刊》新第 6 卷第 1、2 期合刊，1945 年 6 月，第 84 页。
③ 王渭：《王亚平传略》，《新文学史料》1989 年第 1 期。
④ 蔡镇楚：《中国古代文学批评史》，岳麓书社，1999，第 313 页。
⑤ 王亚平：《杜甫论》，商务印书馆，1944，第 33 页。

章句形式上作肤浅的研究，未能作深刻而客观的批判"。①
1945 年《图书季刊》新第 6 卷第 1、2 期合刊，在其"图书
介绍"中，登有《杜甫论》的书评，指出："王君此种说法，
似觉前人研究杜诗者，毫无可取之处，轻轻抹杀前人成绩，
其自负大抵如此"，但作者"并未胪举前人研究未当之证据，
其言虽自负，似不足令读者置信"。因此，可以说："若前人
以旧名词恭维杜氏"，则王著不过是"以新名词恭维杜氏"。②
又，王著云：唐代"儒教"经由孔颖达等的重新解释，更加
合乎地主及统治者的需要，故佛教势力终不能湮灭"儒教"，
但儒佛不断纷争，安史之乱后，才形和缓。③ 又云："唐代的
战争，可以说是一种农民的暴动，并不是争权夺利的内战性
质。"④ 则不知有何所据。作者的史学功夫，在很大程度上影
响了他对杜诗的了解。⑤ 此外，该著的论述，重叠杂沓处，
也并不少见。

王亚平另有新诗《哭杜甫——献给今日的诗人》发表于
重庆《大公报》1941 年 12 月 27 日第 4 版《战线》第 860
号，后收入《中国，母亲的土地呵！》⑥，末署"一九四一，
十二，廿七"，此一时间实为该诗的发表时间，其写作时间

---

① 王亚平：《杜甫论》，商务印书馆，1944，第 51 页。
② 《图书介绍：杜甫论（王亚平著）》，《图书季刊》新第 6 卷第 1、2 期合刊，
  1945 年 6 月，第 84 页。
③ 王亚平：《杜甫论》，商务印书馆，1944，第 37 页。
④ 王亚平：《杜甫论》，商务印书馆，1944，第 184 页。
⑤ 《图书介绍：杜甫论（王亚平著）》，《图书季刊》新第 6 卷第 1、2 期合刊，
  1945 年 6 月，第 84 页。
⑥ 《中国，母亲的土地呵！》系"新丰文丛"之 10。据其版权页，著作者：王
  亚平；发行者：韦秋声；发行所：新丰出版公司；总经售处：新丰出版公司
  （上海北京西路二三九弄六号、重庆中央公园西三街特十号）；"中华民国三
  十六年十一月沪版"。该书封面作"王亚平等"，但集中并无其他作者，故
  "等"或是"著"之误。

当在更前。

　　"序"（末署"一九四五，四，二，渝"）中表达了作者对新诗和诗人的期许。王亚平认为，"今日的新诗"，"应该是人民的心声，激昂，惨烈，斗争的心声；应该是土地上的花朵，血与泪，愤恨与希望结成的花朵"。而所谓"诗人"，应该是"广大人民中的一员战士，一个严肃做人，认真创造的人"。作为诗人，应该"生活得英勇而快活"。

　　既然诗人要在"历史上，在人类中发掘他要歌唱的人"，"颂赞英雄的人性"，那么杜甫便是王亚平"发掘"和"颂赞"的对象。

　　首先来看诗中杜甫的形象："天下人苦，/莫如杜甫苦，/他变卖诗文/奔波渭河的两岸，/他赤着脚，提着一柄长剑/寻找草根/在那风雪的严寒天。"① 当杜甫吃"草根"充饥的时候，他的诗便"写得最好"，也"愈益接近""劳苦的人民"。②

　　杜甫是一个浪游诗人。"'饿走遍九州'/你是第一个/走进草原的诗人。/你嚼着不敢哭不敢笑的泪水/把足迹寄托给大地。"③ "沿着嘉陵江，走秦岭，/越剑门，通过天险的蜀道。/'即从巴峡穿巫峡/便下襄阳下（向）洛阳'。"④ "走吧！走吧！/杨（扬）子江的大浪/洞庭的清波/都从你足下流淌，/最后你止息在/曾吞没了屈子的湘江。"⑤ 作者通过这些典型的地名，勾勒出杜甫一生的行迹。关于杜甫"走进草

① 王亚平：《中国，母亲的土地呵！》，新丰出版公司，1947，第36页。
② 王亚平：《中国，母亲的土地呵！》，新丰出版公司，1947，"序"第1页。
③ 王亚平：《中国，母亲的土地呵！》，新丰出版公司，1947，第34页。
④ 王亚平：《中国，母亲的土地呵！》，新丰出版公司，1947，第36页。
⑤ 王亚平：《中国，母亲的土地呵！》，新丰出版公司，1947，第37页。

原"，王亚平在《杜甫论》中有过论析，是指开元二十三年，杜甫自吴越归来，赴京兆应试，落选后即开始其"流浪汉的生活"，走遍豫鲁燕赵，"深深地欣赏""草原的风光"，受到"北方人思想的薰染"，从而其作品具有"沉郁悲壮的北方情调"。①

杜甫是一个"为祖国，为民众，为人生"的"忠实庄严的歌手"，其中尤以"大众"为重。"在大众的心间/留下你庄严的歌音，/'富家厨肉臭/战地寒骨白'/你愤激的呐喊/面对着黑暗的时代。/你饮着自己的血汗/写下辉煌灿朗永远不朽的诗篇。/你的诗是火箭，/你的诗是钢鞭，/你射穿肮脏的社会！/你鞭打人间的蠹虫，/与朱门的官宦！"② "抗议专制！/反对内战！/大众的病痛/就是你的忧患，/你不忍听——/'处处鬻男女'的饿号，/你不忍看——/四方卷来的战烟。"③ "你以不息的歌唱/灌溉起自己的生命，/灌溉起群众的生命。"④ 而"抗议专制"，"反对内战"，以及对"民族的统一"的"渴望"，不仅是杜诗的主题，更多的还应该是"今日的诗人"的呼声。

第三节　黄芝冈论杜

黄芝冈（1895—1971），原名崇璞，别号德修，又名衍仁、伯钧、黄素，湖南长沙人。毕业于长沙县立师范学校。

---

① 王亚平：《杜甫论》，商务印书馆，1944，第3页。
② 王亚平：《中国，母亲的土地呵！》，新丰出版公司，1947，第34—35页。
③ 王亚平：《中国，母亲的土地呵！》，新丰出版公司，1947，第35页。
④ 王亚平：《中国，母亲的土地呵！》，新丰出版公司，1947，第35—36页。

1929 年，蛰居上海田汉①家中，参加南国社活动，后任左翼作家联盟执行委员和中国自由大同盟常务委员。1932 年，居北平。后去广西南宁，任《国民日报》副刊《铜鼓》编辑，兼编《谣俗周刊》。1937 年后，供职于国民党中央通讯社征集室（即资料室），常为新华社撰稿。同一时期，被推选为中华全国文艺界抗敌协会和中华全国戏剧界抗敌协会理事、监事、常务理事。后相继在重庆复旦大学、社会大学以及南京戏剧专科学校任教。与田汉、阳翰笙、翦伯赞、齐燕铭等，发起组织地方戏曲研究会。中华人民共和国成立后，任文化戏曲改进局编辑处副处长、资料室主任，后调入中国戏曲研究院。其专著《汤显祖编年评传》，颇受国内外学界好评。1971 年 6 月，在长沙病逝。②

全面抗战时期，黄芝冈论杜的文章主要有两篇。

1. 《论杜甫诗的儒家精神》

该文发表于《学术杂志》第 1 卷第 1 期③，1943 年 9 月 1 日出版。文章从忠君、爱民、爱妻儿弟妹、爱朋友及至鸡、鸟、鱼、虫等物类几个方面，论述杜甫诗中所体现的儒家思想；同时指出，杜甫由人而及于物的仁爱之心，与佛理悯生

---

① 田汉是黄芝冈在长沙师范学校的同窗、挚友。参见范正明《〈黄芝冈日记选录〉前言》，《艺海》2014 年第 1 期。黄芝冈日记有数百万字之巨，《艺海》连载的选录，仅系其"1938—1971 年日记中有关戏曲艺术、民俗、文化历史活动等方面的记载和论述"；2023 年 10 月，王馗、黄大定主编的《黄芝冈全集》第一期十册由中国戏剧出版社出版，但其中并不包括日记。日记如能全文出版，或能窥其评柱之心曲。
② 王风野主编《湖南省长沙师范学校校志 1912—1992》，湖南教育出版社，1993，第 139—140 页。
③ 主编者：常任侠（常务）、潘菽；编辑委员：李士豪、商承祚、宗白华、黄国璋、梁希、黄正铭、徐悲鸿、傅抱石、陈之佛、卢于道；发行者：学术杂志社（重庆民生路七十九号楼上、重庆沙坪坝十八号信箱）；总经售：正谊书店（重庆民生路七十九号）；印刷者：中心印书局（江北董家溪）。

戒杀不同，是儒家仁民爱物思想的体现。①

全面抗战时期，部分论者从杜甫"兵戈犹在眼，儒术岂谋身"（《独酌成诗》）出发，认为杜甫是在慨叹儒术无济于战乱时代，而《醉时歌》似乎也是杜甫"唾弃儒术"的"铁证"。有感于此，黄芝冈发出呼吁："请刊落旁枝来体味杜甫诗的儒家精神。"所谓"刊落旁枝"，是指砍削侧生的枝条，其目的，则在于"现露真身"。

杜甫求仕心切，目的是"致君泽民"，施展儒术。然而杜甫的"儒术"究竟是什么？黄芝冈认为，可以《奉赠韦左丞丈》所述的儒冠事业，为杜甫的"儒术"做一具体说明。"致君尧舜上，再使风俗淳"，或说是"腐词"，或说是"大话"，但若体味全诗，则到处能感其"真率诚至"。

文章进而对《自京赴奉先咏怀》《喜达行在所》《述怀》《悲往事》等做出解析，深切说明儒者效忠于君，是超于"拥护"的一种"爱戴"；而且，儒者"皇皇慕君"，自与介士不同。

杜甫以稷契为心，实是其"轸念民生疾苦"的出发点。对君与民的关系，其见解和《孟子》七篇初无二致。《自京赴奉先咏怀》述及幼子饿卒，曲折倾吐他的悲愤，再曲折推想其他平民的处境，并因此"忧如山积"。可见，杜甫的"忧以天下"，不似蝼蚁求穴，单从自身打算。《茅屋为秋风所破歌》更见此种情怀。以"能近取譬"为仁之方，进于"博施济众"，是儒家精神的实践。杜甫以稷契自比，其"真切的解答"，即在于此。

从天下黎元到鸡鸟虫鱼，杜甫怀有痌瘝一体的爱心。其

---

① 焦裕银：《杜甫研究论文综述（1911—1949 年）》，《文史哲》1986 年第 6 期。

广大的胸宇，对妻儿弟妹朋友君上，无不蕴蓄着"深情厚爱"。即便是对待仆人、邻人，杜甫也能表现其"仁者用心"，人己一视，一体待物。正因为如此，杜甫"广厦大庇寒士"的热望，绝非偶感，也非迂词，而是其"触处仁心发露所归纳而成的广大愿海"。

杜甫的仁心，不只及于人类，"还有及于物类的哀矜"。但若单论"爱物"，则极易将其"第一义"牵至佛理。黄芝冈认为"杜甫终是儒流，决非佛子"，其立论的理据，有如下两端。

首先，杜甫对佛法"极具信念"，见于诗的论证，如《秋日夔府咏怀一百韵》《写怀》等，都是"很显然的凭据"。其次，杜甫终有不能"刊落之处"。如其《别李秘书始兴寺所居》《谒真谛寺禅师》，虽能"刊落诗酒"，但"妻子难割"，由此可见一个"活脱的儒流"。其与佛子立场的不同，在于杨西河所谓"不免黏带，正复洒然"。"不免黏带"，乃"儒所以为儒"；"正复洒然"，因其黏带中自有儒者安心立命之所在。明乎此，便不会将杜甫对鸡、鸟、虫、鱼的泛爱，与佛家戒杀等量齐观。其《秋野》《观打鱼歌》《又观打鱼》，看似和佛家教义多有相类，但杜甫并不"纯以消极戒杀物命为爱物基点"，"所着重的是盈城盈野的生民涂炭有损天和"。《缚鸡行》一诗，既能说明佛家的"一切众生平等"，但更能说明"杜甫用心于物类只是一种儒家精神"。

最后，黄芝冈得出结论：望江依阁，杜甫在佛家的不圆满中，求得"儒家的更切实的圆满"，此即儒家对爱的基本说明"亲亲而仁民，仁民而爱物"的推衍；"与其惜虫，孰若缚鸡"，也即孟子所谓"急先务也"的确切解答。

查正贤认为，"近代以来，对传统社会的怀疑与批评形成了一种整体思潮"，"杜甫是否有儒家思想以及该思想在其诗文中体现于何处，就成为现代学术工作所要面对的重要问题"。① 从《杜甫研究论文集》所辑录的文章来看，黄芝冈此文"最早专论"这一问题。"它相当成功地实现了杜诗从其情感倾向的自然流露之产物向可资以证明其思想倾向之材料的转换。整体上说，黄芝冈在行文论述中的立与破，都堪称严谨、周密，很好地体现出现代学术的基本特征。"②

2. 《杜甫诗论国民义务》

该文最初发表于重庆《中央日报》1944 年 4 月 23 日第 6 版，后又刊于《民族正气》第 3 卷第 3 期，1945 年 3 月 1 日出版。其《编后》中云："前武大教授黄芝冈先生，现供职中央社，蒙允为敝社在渝征求稿件，实为同人及各读者一大喜讯"。③ 《黄芝冈先生学术年表》将该文系于 1945 年之下④，当因未见《中央日报》。

黄芝冈认为，若单从"某一点"看诗人，是"颇为危险的事"。杜甫曾凭醉而登严武之床，瞪视武曰："严挺之乃有此儿！"但从《宾至》《严公仲夏枉驾草堂兼携酒馔》来看，杜甫对待严武，"谦谨而不失其直率、殷勤，既替朋友留身份，也替自己留身价"。如其"自识将军礼数宽"，可与"身老时危思会面，一生襟抱向谁开"（《奉待严大夫》）同读，更可感其对严武的"诚恳"和"客气"融合为一。由此可见，杜甫并非"褊躁傲诞，不知进退，不分皂白"之人。但如从《遣闷奉呈严公》《百忧集行》观之，杜甫也是牢骚满

---

① 查正贤：《论夏承焘〈杜诗札丛·儒学与文学〉的学术意义》，《北京大学学报》（哲学社会科学版）2016 年第 2 期。
② 查正贤：《论夏承焘〈杜诗札丛·儒学与文学〉的学术意义》，《北京大学学报》（哲学社会科学版）2016 年第 2 期。
③ 《编后》，《民族正气》第 3 卷第 3 期，1945 年 3 月 1 日，第 73 页。
④ 张国强：《黄芝冈先生学术年表》，《艺海》2019 年第 3 期。

腹。不过，"将心里怀着的都叫出来是诗人的公道"，所以叶芝（Yeats）说："恨是一种消极的痛苦，不平之鸣却是一种快乐。"黄芝冈进而礼赞道："褊躁是诗人的真挚处，它只如瓷的胎骨；谦谨是诗人的情美，它只如瓷的彩绘，所谓英华发外。褊躁谦谨是都不足以尽之的。而识大礼才真是时人心安理得所在，它是瓷的光与色。"

究竟如何看待杜甫的"褊躁"，黄芝冈接着举数例以观。

先看《甘林》。里老向杜甫诉说战时负担问题，虽"势蹙情苦"，但"忍痛负重的精神"也充满其中。杜甫"屈指数贼围"，是"答问"也是"安慰"，同时劝其"死王命"，"莫逃亡"，却是"正告里老以国民义务"，读来让人感到"词严义正"。

次看《遭田父泥饮美严中丞》。只要儿子能放回"营农"，"则长番以外的杂色差科誓不规避"。"死则已"和"死王命"，"誓不走"和"莫远飞"，用意全同。

再看《垂老别》中的"老战士"。如用"屈指数贼围""劝其死王命"的诗人用心来体会，便能亲切理解"土门"四句、"人生"四句和"万国"六句。因此，"子孙阵亡尽，焉用身独完""幸有牙齿存，所悲骨髓干""男儿既介胄，长揖别上官"之类的诗句，"无一不以责任姿态凸出纸上"。老战士"对于国民义务的明确认识"，实"不减其他忠君爱国之士"。

杜甫的"三吏""三别"，或认为专写"黑暗面"。对于时政，杜甫自不免有其"异议"，但绝不"以旁观态度讥评"。杜甫虽不谋其政，但对于时政不良，却敢于正面负责，乃至于分担"时政的罪恶"。他的专写"黑暗面"，自有"恺至的用心"，并不只是"恶意看险"，而是其"国家责任心的另一面的开展"。

因此，所谓"褊躁"，无非诗人将"对一己的真挚"，进而扩大为"对国家的忠贞"。

抗战时期，前线将士自当奋勇杀敌，而后方百姓也应克己奉公。黄芝冈独拈"国民义务"申而论之，一面自是为杜甫辩诬，而其更深的用意，则是呼吁国民在国事艰难之际，勿忘一己之责。

第四节　徐中玉论杜甫的写作观

徐中玉（1915—2019），江苏江阴人。笔名宗越、王卓、令狐青。1932 年毕业于无锡高中师范科。后在江阴澄南小学任教。1934 年就读于山东大学中文系，曾为天津《益世报》副刊编《益世小品》。全面抗战爆发后，随校内迁四川，并转入中央大学中文系。1939—1941 年在云南澄江中山大学研究院文科研究所学习。后留校任中文系讲师、副教授。1946 年任山东大学中文系副教授，因编辑《文学周刊》《每周文学》揭露国民党的统治而被解聘。1947 年任上海沪江大学中文系教授。1952 年后任华东师范大学中文系教授、系主任，全国高等学校文艺理论学会副会长、中国古代文学理论学会副会长，《语文教学》《中国语文》《文艺理论研究》主编等职。[①] 全面抗战时期，在重庆出版论著《抗战中的文学》（国民图书出版社，1941 年 1 月）、《学术研究与国家建设》（国民图书出版社，1942 年 1 月）、《民族文学论文初集》（国民图书出版社，1944 年 2 月）等。

徐中玉论杜甫的写作观，见诸其辑译的《伟大作家论写

---

① 上海辞书出版社编《中国现代文学词典》，上海辞书出版社，1990，第 309 页。

作》。该书于 1944 年 4 月出版。① 有《辑译小记》，徐中玉，"一九四三年六月一日在国立中山大学"。

该书的取材，主要源自辑译者个人积存的读书卡片。书中共选辑 26 位作家的相关言论 251 则。其中，外国作家与中国作家各 13 位，分别为：亚里士多德② (Aristotle) 6 则，卡莱尔 (Thomas Carlyle) 12 则，渥次渥斯 (William Wordsworth) 4 则，雪莱 (Percy Bysshe Shelley) 2 则，巴尔札克 (Honoré de Balzac) 1 则，雨果 (Victor Hugo) 1 则，法朗士 (Anatole France) 3 则，罗曼·罗兰 (Romain Rolland) 10 则，哥德 (Johann Wolfgang von Goethe) 41 则，普式庚 (Alexander Pushkin) 13 则，果戈理 (Nikolay Gogol) 11 则，托尔斯泰 (Lev Tolstoy) 9 则，高尔基 (Maksim Gorky) 42 则；孔子 9 则，孟子 5 则，庄子 7 则，曹丕 2 则，曹植 2 则，李白 2 则，杜甫 8 则，韩愈 3 则，柳宗元 4 则，白居易 6 则，欧阳修 9 则，苏东坡 19 则，鲁迅 20 则。之所以选辑本国作家的言论，目的是"借此引起大家注意研究本国文学理论的兴趣"。本国文学理论中"精密正确的见解"，"不但和外国的若合符节，而且还有许多新的启示"，因为"伟大的心灵在类似的经验下"之所得，不会因为"国家的不同而有大的差别"。所以，"我们应该尊敬外国的创造"，"也应该尊敬本国的创造，研究自己，发扬自己；决不该妄自菲薄，失却对自己的信仰"。③ 这实际上也是在民族危亡的时代背景下，重拾、重建文化自信的一种努力。

---

① 发行者：天地出版社（重庆民生路一九二号）；印刷所：中心印书局（江北董家溪）；经售处：全国各大书店。

② 译名俱依原文，下同。

③ 徐中玉辑译《伟大作家论写作》，天地出版社，1944，"辑译小记"第 3 页。

"杜甫八则"首言杜甫:"论诗主张沿袭齐梁,喜用其藻丽,而加以变化,可说是一个空前明达的包罗万象,集大成的人物。"

次言八则:

第一则,"接受前代的优秀遗产,勿一笔抹杀"。如《戏为六绝句》之一、二、三、五、六首。

第二则,"接受遗产,自有创造"。如《偶题》:"文章千古事,得失寸心知。作者皆殊列,名声岂浪垂。骚人嗟不见,汉道盛于斯。前辈飞腾入,余波绮丽为。后贤兼旧列,历代各清规。"

第三则,"神境的极诣由辛苦中来"。举如《独酌成诗》:"醉里从为客,诗成觉有神。"《观安西兵过赴关中待命二首》:"临危经久战,用急始如神。"《奉赠韦左丞丈》:"读书破万卷,下笔如有神。"《寄薛三郎中据》:"乃知盖代手,才力老益神。"

第四则,"诗以清新,自然,简洁为贵"。如《寄高适岑参三十韵》:"更得清新否?遥知对属忙。"《春日忆李白》:"清新庾开府,俊逸鲍参军。"《八哀诗·张九龄》:"诗罢地有余,篇终语清省。"《秋日夔府咏怀一百韵》:"阴何尚清省,沈宋欻联翩。"《奉和严中丞西城晚眺十韵》:"政简移风速,诗清立意新。"《解闷十二首·称孟浩然》:"新①诗句句尽堪传。"《奉赠严八阁老》:"新诗句句好,应任老夫传。"

第五则,"清而不薄,新而不尖,则清新与老成相反相成"。如《春日忆李白》:"清新庾开府。"《戏为六绝句》:"庾信文章老更成。"《敬赠郑谏议》:"毫发无遗恨,波澜独老成。"《追酬故高蜀州人日见寄》:"文章曹植波澜阔。"

———————————
① "新",多作"清"。

《别李义》："子建文笔壮。"

第六则，"辛苦经营"。如《江上值水如海势聊短述》："为人性癖①耽佳句，语不惊人死不休。"《解闷十二首》："陶冶性灵存底物，新诗改罢自长吟。"②《长吟》："赋诗新句稳，不觉自长吟。"《白盐山》："词人取佳句，刻画竟谁传。"《解闷十二首》："颇学阴何苦用心。"③《偶题》："文章千古事，得失寸心知。"《寄峡州刘伯华四十韵》："雕刻初谁料，纤毫欲自矜。"

第七则，"诗在与人商论以求进步"。如《春日忆李白》："何时一尊④酒，重与细论文。"《赠毕四曜》："同调嗟谁惜，论文笑自知。"《寄高适岑参》："会待妖氛静，论文暂裹粮。"《寄范遁吴郁》："论文或不愧，重肯款柴扉。"《遣闷》："自从失词伯，不复更论文。"《赠蜀僧闾丘师兄》："晚看作者意，妙绝与谁论。"《赠高式颜》："自失论文友，空知卖酒垆。"《敝庐遣兴奉寄严公》："把酒宜深酌，题诗好细论。"《别崔潩因寄薛据孟云卿》："荆州过薛孟，为报欲论诗。"《奉赠卢琚》："说诗能累夜，醉酒或连朝。"

第八则，"诗与音乐"。如《遣闷戏呈路十九曹长》："晚节渐于诗律细。"《又示宗武》："觅句新知律，摊书解满床。"《桥陵诗三十韵》："遣词必中律，利物常发硎。"《敬赠郑谏议十韵》："思飘云物动，律中鬼神惊。"《秋日夔府咏怀一百韵》："律比昆仑竹，音知燥湿弦。"《醉时歌》："但觉高歌有鬼神，焉知饿死填沟壑。"《夜听许十一诵诗》："诵诗浑游

---

① 杜诗原文作"僻"，顾宸《杜律注解》作"癖"。"性僻"成"癖"，亦通。参见萧涤非主编《杜甫全集校注》四，人民文学出版社，2014，第2166页。

② 此为《解闷十二首》之七语。

③ 此亦为《解闷十二首》之七语。

④ "尊"，原诗作"樽"。

衍，四座皆辟易。应手看捶钩，清心听鸣镝。精微穿溟涬，
飞动摧霹雳。陶谢不枝梧，风骚共推激。紫燕自超诣，翠驳
谁剪剔？君意人莫知，人间夜寥阒。"①

上辑八则，并非杂乱堆砌，而是层层推进，环环相扣，
互证互释，互相发明，颇能成一体系。其中一、二两则，谈
遗产的承继与创新；四、五则谈艺术标准与艺术特色，重在
"清新"的阐释；三、六、七则，主要是谈作诗之法；最后
一则，是对诗与音乐关系的考察。此种写法，看似寻章摘句，
却能提纲挈领，与罗庸《少陵诗论》略类。

第五节　李广田论杜甫的创作态度

李广田（1906—1968），号洗岑，笔名黎地、曦晨等。
山东邹平人。1935年，毕业于北京大学外文系，后任教于济
南省立第一中学。全面抗战爆发后，随学校迁往泰安。12
月，离开泰安，开始转徙各地。1938年上半年，由山东经河
南入湖北。6月，抵郧阳。12月，赴安康，后入四川。1939
年1月，抵四川罗江，任教于国立六中四分校。1941年被学
校当局解聘。4月，由卞之琳介绍到西南联大叙永分校任教。
秋，分校撤销，迁西南联大昆明总校。1944年11月，参加
《国文月刊》编辑工作。1946年8月，西南联大复员北上。秋，
到天津南开大学中文系任教。1947年5月，经朱自清介绍，任教
于清华大学中文。1957年任云南大学校长，兼任云南省作家
协会副主席、中国科学院云南分院文学研究所所长等职。1968

---

① 徐中玉辑译《伟大作家论写作》，天地出版社，1944，第94—97页。

年 11 月 2 日，被迫害致死。1978 年 10 月，平反。①

　　1946 年 6 月 21 日，李广田为昆明青年会做"文学系统演讲"，《杜甫的创作态度》即其讲稿，后刊于《国文月刊》第 51 期，1947 年 1 月出版。此时的出版者国文月刊社，已迁至上海福州路开明书店。"昆明青年会"，应即云南基督教青年会。1912 年由李全本、董雨苍、王仰之、王竹村等 20 余人发起。1935 年 8 月 1 日，迁会所于鼎新街 4 号。抗战时期，其主要工作是社会服务，开办文体活动，开设技术训练班，为学生（主要是对联大学生的救济）、军人服务。② "文学系统演讲"即该会主办的活动之一。

　　针对"杜甫的创作态度"，李广田首先是进行"概括的说明"，然后再加以"比较的说明"，进而阐明两个问题：（1）"为人生而艺术"与"为艺术而艺术"的问题；（2）文艺的"时代性"与"永久性"的问题。

　　其一，概括的说明。对于创作态度，杜甫的有关论述较多。李广田认为，从"读书破万卷"，可见其"学力之厚"；从"语不惊人死不休"，可见其"力求警策，脱弃凡近"。而所谓"新句稳""自长吟""苦用心"，则可见其"用力之勤"。而上述说法，都是杜甫在反复体察中有所完成。此外，杜诗"大有事在"，其一歌一咏，"皆非无所为者"，故曰"文章千古事，得失寸心知"。同时，杜甫唯清丽是尚，不以古今定优劣；主张"转益多师"，不事模仿，故而能在诗的创作方法上别开生面。李广田引苏雪林《唐诗概论》，认为

---

① 张献青、闫永利：《遗忘的绿荫：李广田论》，山东人民出版社，2002，第 387—389 页。

② 中国人民政治协商会议云南省昆明市委员会文史资料研究委员会编印《昆明文史资料选辑》第 17 辑，1991，第 239—240 页。

杜甫对于新体诗的创造有三项：一是新乐府的创造；二是杂体诗的创造；三是句法的创造，主要体现为倒装。

在此基础上，李广田总结出杜甫的创作态度是："博学，苦修，不浪作，不模拟，重独创，尚清新，忠实于人生，忠实于艺术，以全生命为艺术，而终以艺术服务于人生。"

其二，比较的说明。杜诗最有价值的部分，在于其思想内容。若将杜甫和李白进行"比较的观察"，则更容易显见杜诗的思想特点。历来关于李、杜的比较，可大致分为三派：一是"右杜而黜李"；二是"推李而抑杜"；三是在李、杜之间，"无所轩轾"，认为两人各有所长，不能因其不同而强分高下。

李广田认为，上述观点，都只就"风格"立论，如从思想内容来加以考察，则高下判然。具体而言，主要有两个方面。一方面，杜甫的思想"非常现实"，"无时不为人民说话"；李白虽偶有此类作品，但其主导思想并不"现实"，也"并不热心为人民说话"。另一方面，李白的思想"非常浪漫""消极"；杜甫虽偶有类似作品，但其主导思想并不在此。李白之志，在于"扬眉吐气，激昂青云"，一旦不得志，则曰："处世若大梦，胡为劳其生，所以终日醉，颓然卧前楹。"（《春日醉起言志》）杜甫之志，在于"致君尧舜上，再使风俗淳"，虽不得志，仍不变初心。

两人思想的不同，考其原因，则在于"生活与性格"的"殊异"。杜甫是"少贫不自振"（《新唐书》），李白则"东游维扬，不逾一年，尝散金三十余万，有落魄公子，悉皆济之"（《与李长史书》）。故二人时代虽同，但作品迥异。因此，玄宗末年的"荒怠放侈"及安史之乱，反映在李白诗中，是为《宫中行乐词》八首、《上皇西巡南京歌》十首，对于乱事，"几无一语道及"；而《猛虎行》与《永王东巡歌》，则尽显其"乘乱以图功名"之心。而此一时代，反映在杜甫笔下，是为《丽人行》、《哀江头》、《哀王孙》、"三吏"、"三别"等作品，充盈着"爱国忧民"的情怀。

其三，从杜甫的创作态度说明两个问题。通过李、杜比较，李广田大致判定："李白比较重主观，重个人；而杜甫则比较重视客观、现实，关心社会民生。"在此基础上，李广田进一步阐明了两个问题。

首先是"为艺术而艺术"与"为人生而艺术"的问题。普列哈诺夫①的《艺术与社会生活》认为，"为艺术而艺术"的倾向，是因艺术家与其社会环境之间不能调和而发生；"为人生而艺术"的倾向，则是艺术家与社会大多数人之间相互同情时产生。李广田借用这一观点，指出：当时的"社会环境"以及"社会大多数人"，均处于"水深火热、痛苦厌乱"之中。对李白而言，"显然并不调和"；但对杜甫而言，则"处处是同情之心，随时洒悲辛之泪"。若从风格观之，"李或有胜杜处"；倘以思想内容来论，"杜实胜李百倍"。

其次是"时代性"与"永久性"的问题。一部好的文学作品，要兼具时代性与永久性。如何处理二者的关系？李广田认为，"时代性实为永久性的基础"，二者并不冲突。正确的态度应该是："要忠实于自己的时代"，并且和"时代的主导潮流成为一体"。而杜甫的创作，则是这一问题的"惬当"例证。杜诗具有"高度的时代性"，故被称作"诗史"；与此同时，其作品也具有永久性，原因在于杜甫"忠实于人生，忠实于艺术，以全生命为艺术，而终以艺术服务于人生"。

上述两个问题，在杜诗中得到很好的统一，可以说"杜甫是为人生而艺术的诗人"，也可以说"杜甫的诗是具有高

---

① 普列哈诺夫，今译作"普列汉诺夫"。

度时代性的艺术",而这也正是杜甫的诗比其他诗人的诗"更有价值、更较伟大"的主要原因。

文末,李广田也未忽视杜甫的时代限制,对此亦有一二点的说明。

第六节　冯至的杜甫研究

冯至(1905—1993),原名冯承植,河北涿县(今涿州市)人。1921年暑假考入北京大学,1923年参加文艺团体浅草社,1925年与友人创立沉钟社。1927年夏,毕业于北京大学德文系,赴哈尔滨第一中学任国文教师。次年暑假后,回北平任教于孔德学校,兼任北京大学德文系助教。曾与冯文炳(废名)合编文学刊物《骆驼草》。1930年9月至1935年6月,留学德国,攻读文学、哲学与艺术史。1935年9月,回国。1936年7月,任上海同济大学教授兼附设高级中学主任。1939—1946年,任昆明西南联合大学外文系德语教授。1946年7月至1964年,执教于北京大学西语系,1951年后兼系主任。1964年9月,调任中国科学院哲学社会科学部外国文学研究所所长。1982年,辞去所长职务,改任名誉所长。[1]

冯至与杜甫的结缘,始自全面抗战时期。1938年10月下旬,冯至随同济大学从江西赣县出发,经湖南到达桂林,在桂林和八步小住后,又经平乐、柳州、南宁,取道河内,乘滇越铁路,于12月到达昆明。"一到了昆明,说是要在这

---

[1] 中国现代文学馆编《中国现代作家大辞典》,新世界出版社,1992,第114页,该词条为董炳月撰。部分信息参照姚平《冯至年谱》,《新文学史料》2001年第4期。

里住下，我立即想起杜甫也是在十二月到达成都时写的《成都府》那首诗："翳翳桑榆日，照我征衣裳。我行山川异，忽在天一方。但见新人民，未卜见故乡。大江东流去，游子日月长……"杜甫由陇入蜀，历尽艰辛险阻，到了成都，眼前豁然开朗，写出这首悲喜交集、明朗的诗篇。我入滇的行程，远远不能与当年杜甫经历的苦难相比，但我反复吟咏这几句诗，仿佛说出了我初到昆明时的心境。"①20世纪70年代初，曾作七绝《自遣》云："早年感慨恕中晚，壮岁流离爱少陵。"②后又自陈："我个人在青年时期，并不了解杜甫，和他很疏远，后来在抗日战争流亡的岁月里才渐渐与他接近，那时我写过一首绝句：'携妻抱女流离日，始信少陵句句真；不识诗中尽血泪，十年伴作太平人。'③从此杜甫便成为我最爱戴的诗人之一，从他那里我吸取了许多精神上的营养。"④现将冯至从抗战时期至《杜甫传》正式出版期间有关杜甫的事项，据其《昆明日记》⑤、《昆明往事》、年谱与传记，略做梳理。

1940年10月1日，"全家迁至杨家山农场茅屋，每周进城授课两次，回来便潜心读书，歌德的著作与杜甫的诗歌是这一时期的主要读物；此外，还读陆游的诗、鲁迅的杂文、丹麦思想家基尔克郭尔的日记、尼采的个别著作及里尔克的

---

① 冯至：《昆明往事》，《新文学史料》1986年第1期。该文"写于1985年9月至10月中旬"。
② 《冯至选集》第一卷，四川文艺出版社，1985，第235页。该诗有附注云："早年喜读中唐、晚唐诗，常引龚自珍'我论文章恕中晚，略工感慨是名家'之句以自解。"此系"杂诗九首"之一，组诗作于"1972年至1973年"（第238页）。
③ 此诗为冯至《赣中绝句四首》之二，作于1938年1月。
④ 冯至：《祝〈草堂〉创刊并致一点希望》，《草堂》1981年第1期，第2页。文章末署"1980年12月3日于北京"。
⑤ 冯至在1939年1月1日到1943年9月1日之间，曾记有简单的日记，后经冯姚平整理，以《昆明日记》为题发表于《新文学史料》2001年第4期。

诗与书信"。①

1941 年 9 月 5 日,"杜甫"。② 冯姚平注:"冯至在战争期间,深受颠沛流离之苦,感受到人民的苦难,对杜甫有了更深的领会,萌发了给杜甫写传的念头。"③

1941 年 12 月 31 日,"杜甫工作?""〔附后〕杜甫:1. 历史方面;2. 山川的漫游;3. 英雄主义:马、鹰;4. 诗人身世:贫困、死亡、流浪生活;5. 社会状况;6. 艺术,特别是绘画;7. 论诗。早期诗:1. 天宝以前;顶峰时期:2. 天宝之乱,3. 成都时代,4. 夔州时代;晚年诗:5. 晚年。诗一首:十载江山曾共享,一灯燃□□相逢。家贫售尽战前物,时困尤藏劫后书。"④

1943 年 6 月 24 日,"买杜少陵诗,已卖出。归来张世彝、周基堃在家相候。知此书为丁名楠购去"。⑤

1943 年 6 月 25 日,"早丁名楠持来杜少陵集相让,盛意可感"。冯姚平注:"冯至正在酝酿为杜甫作传,苦于身边没有一本杜甫的全集。在旧书店见到一本,钱不够,再去时,书已被丁名楠购去,经联大同学张世彝、周基堃传递消息,次日丁来持书相让,对冯至帮助很大。丁名楠是西南联合大学历史系学生。后任中国社会科学院近

代史所研究员。"① 此"杜少陵集",即仇兆鳌《杜少陵集详注》。② 冯至"苦于身边没有杜甫的全集,如今得到这部平时很容易买到的仇注杜诗","视若珍宝","一首一首地反复研读,把诗的主题和人名、地名以及有关杜甫的事迹分门别类记录"在"'学生选习学程单'的背面","积累了数百张"。"杜甫的诗和他的为人深深地感动"冯至,使其"起始想给杜甫写一部传记"。③

1944 年,"产生了写《杜甫传》的企图"。④

1945 年,"作有论文《杜甫和我们的时代》⑤,论述杜甫所处的时代与'我们'现在面临的时代之异同,提倡要用杜甫对待现实的执着精神和乐观态度,对待'我们'今天所处

① 冯至:《昆明日记》,冯姚平整理,《新文学史料》2001 年第 4 期。
② 仇兆鳌《杜少陵集详注》,共有四个版本。①上海:商务印书馆,1930 年 10 月初版,10 册(〔1331〕页),32 开(万有文库,第 1 集,王云五主编)。②上海:商务印书馆,1931 年 4 月初版,1939 年 12 月长沙简编版,10 册(〔1331〕页),(万有文库,第 1、2 集简编;国学基本丛书,王云五主编)。③上海:商务印书馆,1933 年 11 月初版,1935 年 5 月 3 版,2 册(〔1331〕页),(国学基本丛书)。④上海:商务印书馆,1936 年出版,4 册(〔1331〕页),(国学基本丛书简编)。共 25 卷。前 23 卷为五言、七言律诗,收 1200 余首;最后两卷为文集、诗序,收 49 篇。附编:《诸家咏杜》《诸家论杜》。卷首有仇兆鳌的"进杜少陵集评注表""自序",刘昫写的"本传",宋祁的《新唐书杜氏本传》,钱谦益的《杜氏世系》,朱鹤龄的《杜工部年谱》等〔北京图书馆编《民国时期总书目(1911—1949):文学理论·世界文学·中国文学》上,书目文献出版社,1992,第 241 页〕。此次冯至转让所得系"国学基本丛书"的合订二册本(冯至:《昆明往事》,《新文学史料》1986 年第 1 期)。
③ 冯至:《昆明往事》,《新文学史料》1986 年第 1 期。
④ 周棉:《冯至年谱》(续),《徐州师范学院学报》1992 年第 4 期。此说值得商榷,该作者在其所撰年谱中也有"1943 年 6 月 25 日"条,说明冯至已"为写《杜甫传》作准备",是则其"企图"早已萌发,缘何至 1944 年才产生?其行文前后抵牾。更何况从摘引日记来看,至少是在 1941 年,冯至便已产生此念。
⑤ 应为《杜甫与我们的时代》,详后。

的现实。还在《我想写怎样一部传记》一文中，谈了想写杜甫传的‘大胆的想法’"。①

1946 年 6 月，携妻女离昆明，到重庆，住曾家岩西南联大临时招待所②，候机 40 余天。③ "7 月回到北平，任教于北京大学西方语言文学系，住中老胡同 32 号北大教授宿舍，从事《杜甫传》写作和歌德研究。"④ 9 月，"写历史故事《两个姑妈》——《杜甫传》的副产品之一"；10 月，"写历史故事《公孙大娘》——《杜甫传》的副产品之二。后发表于北平《经世日报》"。⑤ 或云"《两个姑妈——〈杜甫传〉副产品之一》，刊于 3 月 10 日昆明《独立周报》；《公孙大娘——〈杜甫传〉副产品之二》，刊于 11 月 3 日天津《大公报·星期文艺》"。⑥

1947 年 6 月，"《杜甫传》第五章《杜甫在长安》刊于《文学杂志》2 卷 1 期"。⑦

---

① 周棉：《冯至年谱》（续），《徐州师范学院学报》1992 年第 4 期。
② 1988 年，艾芜对此有过相关回忆："孤儿院这个区域，是在张家花园斜坡通道的底脚，三面是低矮的小坡"，"坡下是小块的平整地面，修一列草屋，中有四五间屋子，可以住人。这就是中华文艺界抗敌协会利用西南联大学生为湘桂逃难的文化人募捐救济的钱买的一列草房"（8 月 4 日），"由孤儿院或张家花园 65 号，爬坡上到观音岩，即上了大马路"（8 月 5 日）。"作家李广田到孤儿院来看过我，是在夜间。他告诉我，是从何其芳那里知道我的住处的。诗人冯至及其夫人路过重庆，何其芳请他们在上清寺一家饭馆吃饭，约我作陪。我同冯至谈到杜甫描写四川花木的诗章，说‘楂木三年大’的楂木，只有四川平原区才有。冯至出版过一本研究杜甫的书，我是读过的。"（8 月 11 日）参见艾芜《病中随想录》，上海书店出版社，1996，第 117、118、121 页。
③ 姚可崑：《我与冯至》，广西教育出版社，1994，第 114 页。
④ 姚平：《冯至年谱》，《新文学史料》2001 年第 4 期。
⑤ 周棉：《冯至年谱》（续），《徐州师范学院学报》1992 年第 4 期。
⑥ 姚平：《冯至年谱》，《新文学史料》2001 年第 4 期。《两个姑妈》既已在 1946 年 3 月 10 日刊出，故周棉"1946 年 9 月"撰写一说自难成立。"姑妈"发表时，原题为"姑母"。
⑦ 周棉：《冯至年谱》（续），《徐州师范学院学报》1992 年第 4 期。

1948 年 5 月，"《杜甫传》第六章《安史之乱中的杜甫》刊于《文学杂志》2 卷第 12 期"；7 月，"《杜甫传》第八章《从秦州到成都》刊于《文学杂志》3 卷 2 期"；8 月，"《杜甫传》第二章《杜甫的童年》刊于《文学杂志》3 卷 3 期"；10 月，"《杜甫传》第九章《草堂前期》刊于《文学杂志》3 卷 5 期"；11 月，"《杜甫传》第十章《杜甫在梓州阆州》刊于《文学杂志》3 卷 6 期"。[①]

1949 年 12 月 1 日，"《杜甫传》第一章《杜甫的家世与出身》刊于《小说》杂志 3 卷 3 期"。[②]

1950 年，作"《爱人民爱国家的诗人杜甫》，刊于《中国青年》总第五十五期"[③]，12 月 23 日出版。

1951 年，"1 月至 6 月，《杜甫传》以《爱国诗人杜甫传》为题，在《新观察》杂志第二卷第一期至第十二期连载，各章题目有所改动"。[④] 1 月 10 日首次刊登时，有编者按语，说明"关于杜甫的生平史料，冯先生搜藏极富"，"文中所叙史实，都经过精确的考证"。[⑤]

1952 年，"7 月 15 日，写《杜甫传》前言"；"秋，写《杜甫诗选·前言》。《杜甫诗选》由冯至编选，浦江清、吴天伍注释"[⑥]；"11 月，《杜甫传》由人民文学出版社出版，

---

① 周棉：《冯至年谱》（续），《徐州师范学院学报》1992 年第 4 期。
② 周棉：《冯至年谱》（续），《徐州师范学院学报》1992 年第 4 期。
③ 姚平：《冯至年谱》，《新文学史料》2001 年第 4 期。
④ 姚平：《冯至年谱》，《新文学史料》2001 年第 4 期。
⑤ 陆耀东：《冯至传》，北京十月文艺出版社，2003，第 220 页。
⑥ 该书于 1956 年 12 月由作家出版社正式出版，共八卷，据选注者 1956 年所撰《例言》，全书由冯至编选，前三卷为浦江清注释，后五卷以吴天五写作居多，由浦江清补充修订。前后注释稿都融合冯至及参加本书草创时期工作的文怀沙等所作散稿的材料与见解在内，并蒙夏承焘、任铭善及其他好友的关怀指教（第 3 页）。

不久再版。该书是作者多年来研究杜甫的主要成果，打破了中国古典文学研究传统的三套路数：注释、考据和欣赏，是我国学术界最早的古代文学家传记"。①

由上可见，冯至的杜甫研究，大体可归为三类。

一　早期的学术论文

所谓"早期"，是指冯至杜甫研究的蕴蓄和发轫阶段，即全面抗战时期。此间的学术论文，仅有《杜甫与我们的时代》一篇，因此，该文当是冯至"研究杜甫的起跑点"和"出发点"。②

论文最初发表于 1945 年 7 月 22 日昆明《中央日报》。又发表于《萌芽》第 1 卷第 1 期③，1946 年 7 月 15 日出版。后收入《杜甫研究论文集》一辑，中华书局 1962 年 12 月出版。就其首次发表的时间来看，题中"我们的时代"应指抗战的最后阶段，即胜利即将来临之际。该文"直接道出了冯至心中杜甫的意义"。④

作者首先指出，近年来杜甫研究逐步走向活跃，一方面，杜甫这一名字开始深入人心，日渐亲切；另一方面，"拨开那些诗话与笔记之类在他周围散布的云雾"，露出其"本来面貌与真精神"也恰当其时。

文学史上，"某某的再生"现象数见不鲜，或因为"同"，或由于"异"。前者是指时代的精神和某位诗人正相

---

① 周棉：《冯至年谱》（续），《徐州师范学院学报》1992 年第 4 期。
② 赵睿才：《荜路蓝缕，以启山林——冯至先生的杜甫研究》，《杜甫研究学刊》2006 年第 3 期。
③ 编辑兼发行者：中华全国文艺协会重庆分会；总经售：三联书店重庆分店（重庆民生路七三号）。
④ 张辉：《冯至：未完成的自我》，文津出版社，2005，第 136 页。

契合，从而引起共鸣；后者是指时代精神的缺乏，需要得到某位诗人的补充。至于和杜甫的接近，则是"同""异"两方面的需要。自日本侵略中国以来，"无人不直接或间接地尝到战争""带来的痛苦"，因为"亲身的体验"，对于杜诗，"自然更能深一层地认识"。冯至认为，"杜诗里字字都是真实"，而所谓"真实"，是指日本侵华的时代惨象与杜诗的描述处处吻合：如写征役之苦，"三吏""三别"最被人称道；写赋敛之繁，《枯棕》《客从南溟来》《遭遇①》诸诗最为沉痛；"生还今日事，间道暂时人"，是流落者的心境；"无贵贱不悲，无富贫亦足"，则是暴露贫富悬殊产生的不平；"丧乱死多门"，是缺乏组织力的民族，在战时遭逢的必然命运；《悲陈陶》《悲青坂》《春望》诸诗，正是沦陷区人民的血泪。从这些名诗名句，可以见出：杜甫不只是"唐代人民的喉舌"，也是"现代人民的喉舌"。

"世人共卤莽，吾道属艰难"，自趋艰难，是其"认定的道路"。"葵藿倾太阳，物性固难夺"，是其性格。杜甫坚持他的性格和道路，在意识到"吾道竟何之""处处是穷途"时，宁愿"自甘贱役"，将己化为"零"和"无"，并从中创造出"惊人的伟大"。其生活态度，唯屈原能与之相比，即没有"超然"与"洒脱"，只有对"自然"与"人生"的执着。对于艰难，杜甫不但毫无躲避，还专心一意地去寻找。也正是因为执着，杜甫才"有力地"写出"经历过的山川"，"广泛地把握住""时代的图像"。

冯至最后指出，"我们的时代"，"也许比杜甫的时代更艰难"；而"对付艰难"，"只有执着的精神才能克服"。不过"我们的时代"，所缺乏的正是执着。

---

① "遭遇"，《萌芽》作"遭过"，当是手民之误。

二 《杜甫传》

冯至的杜甫研究，集中体现在《杜甫传》一书。其写作，历时九年（1944—1952）。[1] 关于其写作的缘起与经过，1984 年 1 月 30 日，冯至在回答《文史知识》编辑部的问题"您后来是怎样走上唐诗研究特别是杜甫研究道路的"时，做过回顾：

> 我的杜甫研究，多半是客观环境所促成。1937 年……，同济大学内迁，我随校辗转金华、赣县、昆明，一路上备极艰辛，从南昌坐小船到赣县，走了七八天，当时手头正带了一部日本版的《杜工部选集》，一路读着，愈读愈有味儿，自己正在流亡中，对杜诗中"东胡反未已，臣甫愤所切"一类诗句，体味弥深，很觉亲切。后来到了昆明，在西南联合大学教德文，课余之暇，颇留意于中国文学，有一天在书肆偶得仇注杜诗[2]，又从头至尾细读一过，从此形成了自己对杜甫的一些看法。当时我想，在欧洲即使是二、三流作家也都有人给他们作传，中国却连大文豪都无较详细的传记，实在太遗憾了，萧统的《陶渊明传》、元稹的《杜子美墓系铭》、新旧《唐书》中有关李、杜等的记载，都过于简略了，为此决意给杜甫作传。由于条件的限制，不可能全副精力来做这件事，所以我的准备工作用去了四五年时间。我首先做杜诗卡片，按内容分门别类编排，如政治见解，

---

[1] 张迎胜：《冯至先生的杜甫研究》，《杜甫研究学刊》2001 年第 3 期。"九年"之说，聊备一格，尤其是以 1944 年为起始，不知其依据何在。

[2] 此说与前引日记的记载似不一致。

朋友交往，鸟兽虫鱼，等等。同时对唐代政治经济、典章制度、思想文化诸方面的发展沿革，也作了必要的了解，国内学者如陈寅恪等的有关著作，也都读了。另外，对杜甫同时代诗人李白、王维等的生平、思想、创作情况，也有了基本的掌握。在这样的基础上，我才开始写《杜甫传》，那已经是1947年的事了。还是因为杂务牵缠，解放前只陆续写出了《长安十年》《杜甫在草堂》等几章。解放后有些同志催促我赶快写完，遂于1951年全部完稿，分期发表在《新观察》杂志上，整整登了半年。发表后，社会上反应还较好，夏承焘先生等都给予热情鼓励。《杜甫传》在写法上也受西方一些传记文学的影响。我要求自己第一要忠于史实，不能有一点虚拟悬测，还杜甫以本来面目，他的伟大之处和历史局限性都要写够，写出分寸。第二我不作枯燥烦琐的考据。考核史料并非没有意义，主要是它同传记的文体不合，传记应当带有形象性，写出性格。①

后来，冯至夫人姚可崑在85岁高龄之际，撰《我与冯至》一书，其中以"歌德与杜甫"为题，忆及冯至杜甫研究的历程，可与冯至的有关回忆互相参证：

冯至青年时喜欢读晚唐诗和宋词，对于杜甫只知道他是伟大的诗人，但好像与他无缘，他"敬而远之"。在战争期间，身受颠沛流离之苦，亲眼看见"丧乱死多门"，才感到杜甫诗与他所处的时代和人民血肉相连，

---

① 冯至：《我与中国古典文学——答编辑部问》，徐允平记，《文史知识》1984年第7期。

休戚与共，越读越感到亲切，再也不"敬而远之"，转为"近而敬之"了。钱锺书在《宋诗选注》评论陈简斋的诗，引用陈的诗句"但恨平生意，轻了少陵诗"，说明"他经历了兵荒马乱才明白以前对杜甫还领会不够"。冯至也类似这种情况。冯至读杜甫诗，做分类卡片，为了进一步了解杜甫所处的环境，他参阅在昆明能找到的关于唐代历史和地理的资料，因而萌发了给杜甫写传的念头。1945 年他在报上发表了两篇文章，一篇《杜甫和①我们的时代》，一篇《我想怎样写一部传记》。回到北平后，朱光潜编的《文学杂志》于 1947 年 6 月 1 日复刊，冯至写出《杜甫传》中的个别篇章在那杂志上发表。到了 1951 年，林元②参加《新观察》的编辑工作，在他的督促下，冯至重新整理旧稿，做了大量的补充，发表在那年从 1 月至 6 月的《新观察》上。至于印成单行本出版则是在 1952 年。出版后，受到读者的欢迎，重印了四五次。也有的专家在肯定这本书的同时，提出些意见商榷。这里特别要提到的是夏承焘和顾随给冯至的两封非常恳切的长信，夏承焘的信冯至还保存着，顾随

---

① "和"应为"与"，见前。

② 据冯至《昆明往事》，"林元，本来是群社、也是冬青社的成员，皖南事变后，他到昆明远郊区海源河农村住了几个月，1941 年底回到昆明，起始筹备文艺刊物《文聚》。冬青社各种手抄报和壁报的撰稿者绝大多数是联大同学，《文聚》则迈出联大校门，走向社会"。"当时在昆明《文聚》可以说是一种范围较广、质量较高的文艺刊物。战争结束后，林元在昆明曾短期办过小型的《独立周报》附有《文聚》副刊。""林元是组稿的能手"，和冯至"始终保持组稿与投稿的友好关系"。"1951 年《新观察》创刊，林元参加编辑工作，由于他的敦促"，冯至"在这年 1 月至 6 月写完《杜甫传》，按期在《新观察》上发表"。"粉碎'四人帮'后，林元主编《文艺研究》"，冯至"也是这刊物的读者和投稿者"（《新文学史料》1986 年第 1 期）。

的信被人借去，后来经过十年浩劫，人不见，信也无了。①

（一）写作计划：《我想怎样写一部传记——节录给一个朋友的一封信》

此文堪称冯至杜甫研究的"纲领"②，从中可见其构想与规划。《冯至选集》第二卷收录时，末署"一九四五年"③，据此可知其大致时间。其"原载不详，后发表于1946年8月18日《经世日报·文艺周刊》第一期"。④ 又发表于《世界文艺季刊》第1卷第4期，1946年11月出版。

为什么要采用传记的形式？文章开篇即有说明：

> 四五年来，因为爱读杜甫的诗，内心里常有一个迫切的愿望，想更进一步认识杜甫这个人。当然，从作品里认识作者，是最简捷的途径，用不着走什么迂途，并且除此以外也似乎没有其他的道路。但我们望深处一问：这诗人的人格是怎样养成的？他承受了什么传统，有过怎样的学习，在他生活里有过什么经验，致使他，而不是另一个人，写出这样的作品？这些，往往藏匿在作品的后边，形成一个秘密，有时透露出一道微光，有时使

---

① 姚可崑：《我与冯至》，广西教育出版社，1994，第101—102页。
② 陈桑：《冯至先生的杜甫研究》，载中国社会科学院外国文学研究所编《冯至先生纪念论文集》，社会科学文献出版社，1993，第37页。该文作于"1993年1月"。同时参见冯姚平编《冯至与他的世界》，河北教育出版社，2001，第402页。
③ 《冯至选集》第二卷，四川文艺出版社，1985，第190页。
④ 张辉：《冯至：未完成的自我》，文津出版社，2005，第136页注释①。

人难于寻找线索。这秘密像是自然的秘密一般，自然科学者怎样努力于阐明自然，文学史工作者就应该怎样努力于揭开这个帷幕。

诗歌研究，就中国传统的学术方法而言，主要有三种，即考据、注解、批评（诗话）。前二者，"都是辛苦的造桥者，尽量使读者和作品接近"；而诗话，"只任意拿一首诗甚至一句诗"来"品评""吟味"，对普通的诗人，"或不无阐发"，但对于如杜甫般"有头有尾，有始有终，像长山大河似的"诗人，"则往往不免于以管窥天"。撰写杜甫传记，"首先遭逢的困难就是史料的缺乏"，唯一的途径，只有"完全回到杜诗本身，'以杜解杜'"。

一部传记所要探讨的问题，往往有三，即"这诗人承袭了什么？学习了什么？经验了什么？"在此基础上，才能进一步研究"作品的产生"及"作品中所表现的一切"。而前两个问题，都需要从"少年时代"寻求解答。冯至的方法是，通过"海里摸针"，从杜甫"三十以后的诗与散文"里寻找材料。至于第三个问题，杜甫的经验虽然无比丰富，却有迹可循，一方面在其诗中，有取之不尽的素材；另一方面，也可"以唐代的山川城市作背景"，画出一幅"广大而错综"的社会图像，从中窥知杜甫是怎样"承受""担当""克制""他的命运"。尽管史料可能也有"诗与真"的问题，但冯至仍只有"处处以杜甫的作品作根据"，一步步推求其生活与环境，然后再用推求的结果，反过来去阐明其作品。

冯至反对将杜甫"现代化"。在他看来，用现代人的"思想与情绪"去点染古人，是一种"难以原恕的罪行"，纵然眼前的社会与杜诗的表现有诸多类似。最后则希望这是一种"朴素而有生命的叙述",既不致沦为"干燥的考据",也不像莫路瓦[①]的传记,成为"自由的创作";同时希望完成的作品,可以"离开杜甫的诗"而独立存在。

(二)成书前的部分篇章

《杜甫传》在成书之前,部分章节曾见诸报刊,现按其发表时间的先后,分别撮其大要。

1.《杜甫在长安》

题下注"杜甫传里的一章"。发表于《文学杂志》第2卷第1期(复刊号),1947年6月1日出版。

杜甫的长安岁月,是从天宝五载(746)到天宝十五载。这是其"生命中一个最重要的转变时期"。

就杜甫存留下来的诗而论,长安时期有100余篇,前五年仅占五分之一,其众口称道的杰作,多产生于后五年。其中尤为值得一提的是《奉赠韦左丞丈》。在冯至看来,"这是一篇自白",诗人第一次看清自己的命运:"纨绔不饿死,儒冠多误身";也写出早日的抱负:"致君尧舜上,再使风俗淳";与今日的沦落:"残杯与冷炙,到处潜悲辛"。这是杜甫"生活里穷困的开端",也是杜诗"风格最初的成立",故有编者将此诗冠为全集的第一篇。同时,"这也是一首告辞的诗"。对于长安,杜甫"欲去而不忍遽去,欲留又不能复留",最终还是去而复返。

去与留的冲突,在《自京赴奉先咏怀》中表现得"最为痛切"。杜甫的步履,"从贫乏的小巷到权贵的宴游",从"重楼名苑,互竞豪华的曲江"到征人出发必经的咸阳桥,

---

① 莫路瓦(André Maurois,1885—1967),法国作家。今译莫洛亚。

其间，由于"仕进的要求"，认识了"权门多噂嗒"，认识了政治的腐败，更由于自己的贫穷而认识了人民的痛苦，此即其长安十年最大的收获。

2.《安史之乱中的杜甫》

题下注"杜甫传里的一章"。发表于《文学杂志》第2卷第12期，1948年5月出版。

天宝十五载即至德元载，杜甫在"局势急骤的转变"中，开始了流亡生活。流亡初期，杜甫留下的诗不多，时过境迁后，却时常提到"流离的痛苦"，对于当时给他帮助的亲友，更是"感戴不已"，如《送重表侄王砅评事使南海》。其《彭衙行》和《赠卫八处士》，"真实而自然"，充溢着"一片诚朴的气氛"。杜甫陷贼，约有八个月。《悲陈陶》《悲青坂》见证了房琯军事的失败。《哀江头》与《哀王孙》并称，为曲江"唱出一章哀婉动人的挽歌"。而最足以代表其"生活与心境"者，则是《春望》。《喜达行在所》三首，描写逃亡者的心境，可谓"深刻入微"。杜甫至凤翔，肃宗授以左拾遗，但随即因为房琯事件而卷入"长期的政争"，并影响其"后半生的出处"，如寄住秦州，滞留巴蜀，"永久不能实现北归的梦想"，都与此事有着"直接或间接的关连"。在凤翔，杜甫写有不少赠别诗，就"每人身世的不同与交谊的深浅"，提醒他们在"紊乱的时代""所应负的责任"。至德二年，杜甫首途北征。归来所作《北征》，抒写"寂寞的旅途，穷苦的家境，对于回纥的外援与朝政的担忧"，以及对太宗往日"煌煌事业的怀慕"，而其到家时的一段叙述，至为感人。该诗可与《自京赴奉先咏怀》先后媲美。乾元元年（758），杜甫出为华州司功参军。此行使杜甫"眼界廓开，胸怀廓大"，对"时代的苦难认识得更为清晰"，从而为其"诗的生命"增添"许多新的营养"。次年，杜甫在返华州的路上，到处呈现"不安与贫困"，于是放笔写成"三吏""三别"。六首诗自成一组，"字字都是血泪"。诗人在《新安吏》中还能有所"宽慰"，《潼关吏》中亦能有所"勉励"，其余四首，则"完全放弃自己"，让诗中人物"各自申诉""个人的痛苦"。而这样的痛苦，在中国"每逢乱世"，"便成为人民必然的命运"。诗人将之记录下来，"传于永久"。在这里，杜甫"所侍奉的"，"已经不是天子"，而是"无依无靠的灾黎"。同时，对于政府，杜甫也渐有"清楚的认识"。邺城败前，杜甫曾作《洗兵马》，王安石选杜诗，称之为"压卷"。是年立秋后，杜甫终于毅然决然，弃官西去，从此放弃了"致君尧舜"的念头。

3.《从秦州到成都》

题下注"杜甫传里的一章"。发表于《文学杂志》第3卷第2期，1948年7月出版。

乾元二年七月，杜甫弃官西去。"入仕"与"独往"两个念头十余年的冲突，终于得到决断。其《立秋后题》，堪比陶渊明的《归去来兮辞》和王羲之的《誓墓文》，都是由于"断然的放弃"而"跃入一个新的境界"。杜甫35岁入长安，在其生活中"划出一个明鲜的段落"；而48岁的弃官，也显然是一个"重大的转变"。

秦州半年，杜甫作诗100余首，若独成一集，则可彰显其与前不同的特色。除《同谷七歌》为七言外，余者都是五言诗（五古、五律、排律），且可分为两部：上部从七月到十月，写于秦州，以《秦州杂诗》为主；下部是"从秦州赴同谷，又从同谷赴成都两个月内的收获，几乎都是纪行诗"。杜甫的纪行诗，"空前绝后"，纯然是自己的创造，"给中国的山水诗放一异彩"，其中"没有空幻的高与奇，只有实在的惊与险"。

4.《杜甫的童年》

题下注"杜甫传里的一章"。发表于《文学杂志》第 3 卷第 3 期，1948 年 8 月出版。短文《公孙大娘》即是从本章节录。

公孙大娘的舞剑，对于 6 岁的杜甫而言，是"一个新的启示"，尤其是从公孙大娘的舞姿中，不难看见"凤凰的飞翔"。杜甫始学诗，开口便是《凤凰诗》一首。以壮美的凤凰起始，对杜甫而言，"含有无限的象征的意义"。其诗中的生物，除却马和鹰外，占有重要位置的便是凤凰，总计"不下六七十处"。

5.《杜甫在梓州阆州》

题下注"杜甫传里的一章"。初发表于《新路周刊》第 1 卷第 19 期，1948 年 9 月 18 日出版。又发表于《文学杂志》第 3 卷第 6 期，1948 年 11 月出版。

杜甫在此一阶段的生活，大致如下。宝应元年（762）秋，从绵州入梓州；晚秋时，一度回成都迎家到梓。广德元年（763）秋和广德二年春，两次到阆州。宝应元年十一月，南游射洪通泉。广德元年春，又再赴绵州，西去汉州。虽云"三年奔走空皮骨"，但实际上只有一年又九个月。

杜甫虽置身"紊乱的时代"，但世界的"一举一动"都与其"声息相通"，"具体地反映在他的诗中，甚于其他的史籍"。杜甫还更进一步，抒发其政治意见，如在阆州作《惊急》、《王命》、《征夫》及《西山》三首，"对于边疆的危急，不胜焦愁，而悲凉激壮，成为五律的绝唱"。广德二年春，又作排律《伤春》。这些诗，与广德元年的《有感》五

首和《述古》三首，同为杜甫"最重要的政治诗"。《伤春》
论到政府应铲除小人，《有感》以为"若一新宇宙，只有行
俭德"，《述古》则讽当时的理财者，更有《释闷》，"直述
政府的腐败"。

杜甫也是一个"最善于观看的发现者"。陈子昂未曾揭
开梓阆山水的面纱，王勃、卢照邻、杨炯开始歌咏这里的
山川建筑，而将其"生动地呈现于远方人的面前"，则要归
功于杜甫。不管是"独在旅途"，还是"陪奉官吏朋友"，
杜甫都用其独创的诗笔，勾画出一幅川北百余里的长卷，
由此不但"看得见山水的形势"，"并且好像还听得见山水
的声音"。

6.《草堂前期》

题下注"杜甫传里的一章"。发表于《文学杂志》第 3
卷第 5 期，1948 年 10 月出版。该文又以《杜甫的草堂生活》
为题，发表于《民讯》创刊号，1948 年 10 月 10 日出版。

文章先言杜甫初入成都的境遇；次言草堂的营建，从此，
"这座朴素简陋的茅屋"，便成为"中国文学史上的一块圣
地"；再说草堂时期杜甫创作的转变及其特色。上元元年，
杜甫终于在西南天地间，寻得一个"栖迟的处所"。其"眼
前的世界"也暂时从"兵戈扰攘的人间"，收敛到"蜻蜓上
下，鸂鶒沉浮，圆荷小叶，细麦轻花"之上。

杜甫在草堂，脱离了"伟大的时代"和"伟大的朋友"，
与"田夫野老相狎荡"，与花木虫鸟相亲近。如果说杜甫
"在两京间体验了人生的痛苦"，"在陇蜀间经历了山川的险
巇"，在草堂则是"用拙存吾道，幽居近物情"（《屏迹》三

首），从而"认识了平凡的自①然界中万物生长的姿态"。此前杜甫所写的自然诗，"多半是在自然界中染上浓厚的个人的色彩"，而自然倒失却了本来面目。此一时期的杜甫，则"虚心与自然接近"，尽量抛开自己，以"发现万物的真实"，从而感到"花柳更无私"。

杜诗所歌咏的生物，都"各自适如其分地生活着"，且多用"谦逊的字来形容"。这些诗说明杜甫置身于虫鸟草木中间，"破除人物的界线，丢开人的骄傲"，如同西方的圣方济各，万物都是兄弟姊妹。但杜甫并不止于此，往往通过"自然界中的病象"，"影射出社会的病象"。尤其是《茅屋为秋风所破歌》所表现的博大精神，使杜甫"超越了诗人"而"成为一个圣者"。

7.《杜甫的家世与出身》

题下注"杜甫传里的一章"。发表于《小说》第 3 卷第 3 期，1949 年 12 月 1 日出版。

文章通过不充分的寻索和不完全的叙述，指出从历代祖先的"奉儒守官"，可以理解杜甫的热衷仕进；从杜审言的傲慢夸大，可以理解杜甫性格的另一面；从为血族报仇与孝悌的家风，可以理解杜甫的家族观念；从母系的冤狱，可以理解杜诗的悲剧气氛。

（三）专书《杜甫传》

1952 年 11 月，冯至《杜甫传》由人民文学出版社正式出版。全书共 13 节次：家世与出身、童年、吴越与齐赵的漫游、与李白的会合、长安十年、流亡、侍奉皇帝与走向人民、

———————————

① 原文作"目"，有误，径改。

陇右的边警与艰险的山川、成都草堂、再度流亡、幕府生活、夔府孤城、悲剧的结局。该书是在《新观察》版的基础上，增写了《家世与出身》一章；将《新观察》版的《长安十年》与《长安十年（续）》合为一章；又参酌读者的意见与评论，做了个别字句的修正和补充，但"未动筋骨"。[①] 另有《前记》，作于 1952 年 7 月 15 日，说明传记的目的，是要把"祖国第八世纪一个伟大的诗人介绍给读者"，"让他和我们接近，让我们认识他在他的时代里是怎样生活、怎样奋斗、怎样发展、怎样创作，并且在他的作品里反映了些什么事物"。[②]

对此书，《杜集书录》有编者按云："此书亦为评传体例，用阶级观点对诗人作适当之分析批判，当以此为权威著作。出版以后报刊上曾发表数篇商榷文字，作者亦有所裁答。"[③]《杜集叙录》则云："《杜甫传》的内容于 1951 年 1—6 月曾在《新观察》上连续发表，后由作者修正、补充，1952 年人民文学出版社出版，是 1949 年后大陆第一部古代文学传记，也是 1949 年后大陆最早出版的杜甫研究著作之一。此书为杜甫传记，论述中力求有据，不作无根游谈，如史料不足，宁可阙如，决不穿凿附会，故而平实信达。""1954 年 12 月上海文艺联合出版社再次出版。1980 年 3 月人民文学出版社新版本书，作者吸取学术界意见对其有所修订，但传记内容和体例未变，另收入作者 1962 年写的 3 篇有关杜甫的文章以及杜甫与苏涣交往的小说《白发生黑丝》。其中《人间要好诗》《论杜诗和它的遭遇》专论杜诗，弥补了《杜

---

① 陆耀东：《冯至传》，北京十月文艺出版社，2003，第 218 页。
② 冯至：《杜甫传》，人民文学出版社，1952，"前记"第 1 页。
③ 周采泉：《杜集书录》下，上海古籍出版社，1986，第 816 页。

甫传》由于受体裁限制对杜诗有关问题难于展开讨论的不
足。1999 年 1 月百花文艺出版社据本书第 2 版再版。"①

由此可见,《杜甫传》就其内容本身而言,当有三个版
本。第一个版本是登载于《文学杂志》的六章和《小说》的
一章,系未完稿,只 4 万多字。第二个版本是《新观察》刊
出的《爱国诗人杜甫传》,系一完整的专著,约 6 万字。第
三个版本是人民文学出版社出版的《杜甫传》,约 8 万字。②
三版无论材料、文字、观点,都有增删或改动。③ 其中,版
本一和版本二差异尤大,部分内容,几为重写。而时下论者,
多立足于后出之书,反转来评述先前时代的冯至,实则与作
者当年的思想原貌,必将渐行渐远。

三 《杜甫传》的副产品

冯至曾将《两个姑母》《公孙大娘》《白发生黑丝》称

---

① 张忠纲、赵睿才、綦维、孙微编著《杜集叙录》,齐鲁书社,2008,第 516
页。其中所谓"1954 年 12 月上海文艺联合出版社再次出版",经检索,未
见此版,故有待考实。另外,张辉也认为,"冯至的杜甫传记,实际上有四
个版本",其版本四为"1962 年由人民文学出版社再版的《杜甫传》",并
对四个版本的构成有所比较。相较于版本三,版本四增加了"重版说明"
及两个附录,但"传记的主体内容没有变化"(张辉:《冯至:未完成的自
我》,文津出版社,2005,第 142 页注释①),因此,视作"三个版本",也
未尝不可。但《杜甫传》"1962 年 3 月北京第 13 次印刷",所据仍为"1952
年 11 月北京第 1 版",张辉所谓"1962 年版",或为"1980 年版"之误。
② 陆耀东:《冯至传》,北京十月文艺出版社,2003,第 220 页。引述的材料
将《文学杂志》所刊《杜甫传》的章节,统计为"五章",但反观该书第
216 页所列举的已发表篇章,又分明是六章,故做订正。有关字数的介绍,
仅供参考。
③ 冯至本人认为:"有的观点也会有些变化,彼此不完全一致。可是总的说
来,我对于杜甫与杜诗的评价没有什么改变。"参见冯至《杜甫传》,人民
文学出版社,1980,"重版说明"第 1 页。该说明作于"一九七九年五月
五日"。

为《杜甫传》的三个副产品。其中，前两篇是在《杜甫传》的准备阶段即兴所写的两个小品，后都用于传记本文；后一篇则是以杜甫与苏涣的交往为题材而创作的历史小说。

1.《两个姑母》

《杜集书录》附录二"近人杜学著作举要"之"解放前报刊论文"收录，篇名作《杜甫家世里的一段（两个姑母）》，刊载于"1946年8月25日《经世日报》、《文艺周刊》"。①

所谓"两个姑母"，即杜审言和杜甫祖孙二人各自的姑母。前者割发待客，故事"可真可假，只能当作一个普通的传说"；后者舍子救侄，事关杜甫"童年的命运"。具体内容，后被作者融入《杜甫的童年》《杜甫的家世与出身》，此处不赘。

2.《公孙大娘》

题下注"杜甫传《童年》章里的一段"。作于"一九四六年十月"②，发表于《大公报》1946年11月3日第6版《星期文艺》第4期。该副刊由沈从文主编。文章末尾有"附记"一则："写此段时，作者曾参看向达先生的《唐代长安与西域文明》及阴法鲁先生的《唐宋大曲考》（稿本）。闻闻一多先生在他未完成的《杜甫评传》里曾有一段写公孙大娘，在十余年前的《新月》杂志上发表，作者未能见及。"由此可见，《公孙大娘》最初发表时，并无"《杜甫传》副产品之二"字样，有关副题，是作者在1982年冬编选《冯至选集》时临时增加，故姚平"补充整理并加注而成"的《冯

① 周采泉：《杜集书录》下，上海古籍出版社，1986，第891页。
② 《冯至选集》第一卷，四川文艺出版社，1985，第380页。

至年谱》之"《公孙大娘——〈杜甫传〉副产品之二》",实则有误。

杜甫儿时多病,"不是一个健康的儿童",但"生长在一个渐渐健康起来的时代"。因为此前陈子昂已写成《感遇诗》三十八首,并发出"前不见古人,后不见来者"的绝唱,这是陶渊明死后两百余年内"难于听到的声音"。陈子昂之后的时代,如张旭、吴道玄,其风度与艺术"豪迈而不空疏,放诞而没有颓废的气息",尤其是杜甫的《饮中八仙歌》,可说是这一时代"一幅最生动的画图"。

在杜甫的童年,时代正从文学和艺术两方面破晓。除去早行人陈子昂,"一切都还显着纤细,狭窄,缺乏雄厚"。然而在民间,整个的民族早已"蕴有饱满而生动的力量,在舞蹈,在歌唱,敦促着这个时代的来临"。中国的文化,"在渐趋安定的统一局面下恢复了健康"。人们在体质和精神两方面,重获"坚定的自信心"。胡人的影响,在唐代,已是"宾主分明",所有少数民族的文物,都"足以辅助,启发"中国自己文化的发展。所以,西域诸国的乐舞,"随着交通的大道河水似地流入中国","注入新的血液,增添新的滋养"。而胡舞中最引人物议者,是泼寒胡戏与浑脱舞。则天末年,已有剑器入浑脱,名为"剑器浑脱"。玄宗初年,精于此道者,则是教坊中的舞女公孙大娘。6岁髫龄的杜甫,曾在许州郾城的街衢观看。这是其生命里"第一次难于忘却的有意义的经验"。透过女子身躯所创造的神奇世界,杜甫不但视线展开,而且"呼吸到外界新鲜而健康的空气①"。

3.《白发生黑丝》

该文发表于《人民文学》1962年第4期,4月出版。

---

① "空气"原文作"空想",有误,径改。

1980 年 3 月，《杜甫传》由人民文学出版社重版时，作为"附录二"收入。

关于杜甫和苏涣的关系，《杜甫传》中虽曾提及，但语焉不详。1951 年春，夏承焘自杭州致函冯至，对《杜甫传》表示赞赏，同时提醒作者注意此点。彼时夏承焘对杜甫亦生发研究兴趣。今检《天风阁学词日记》，得其事略。

1 月 28 日，"午后往浙江图书馆，看新观察杂志所载冯至重写杜甫传，比前作更通俗"。①

3 月 14 日，"得黄怀仁浙大附中函，谓人民日报三月十一日人民文艺有冯至关于中国文学遗产一文，亟往阅报室取阅，中有涉及杜诗数节，忽有感触，写成杜诗中之人民语言一文之大纲"。②

3 月 30 日，"着手写杜诗论稿第二篇。午后重看第一篇一过，改题为论杜甫的提炼人民语言。作函寄邓恭三北京大学，请转与冯至教授。闻冯君亦任教北大也。夕于陈学恂处假得冯君十四行集、歌德论述、东欧杂记三册"。③

4 月 10 日，"念恭三无回信"。④

4 月 16 日，"上午改杜诗论第二篇竟，覆视第一篇，觉文字多不妥，颇悔已寄北京"。⑤

4 月 18 日，"作邓恭三、冯至北京大学函，索前寄论杜诗稿。昨夕复视，甚不满也。附一笺，言苏涣事"。⑥

---

① 《夏承焘集》第七册，浙江古籍出版社、浙江教育出版社，1997，第 149 页。
② 《夏承焘集》第七册，浙江古籍出版社、浙江教育出版社，1997，第 156 页。
③ 《夏承焘集》第七册，浙江古籍出版社、浙江教育出版社，1997，第 159 页。
④ 《夏承焘集》第七册，浙江古籍出版社、浙江教育出版社，1997，第 161 页。
⑤ 《夏承焘集》第七册，浙江古籍出版社、浙江教育出版社，1997，第 162 页。
⑥ 《夏承焘集》第七册，浙江古籍出版社、浙江教育出版社，1997，第 163 页。

4 月 21 日，"得邓恭三北京函，谓杜诗论已交冯君培（至）"。①

9 月 7 日，"傍晚孤山散步。遇雁迅，谓冯至之杜甫传尚有可批评处。夕从伦清处假得新观察数册，细阅一章，札得数事"。

9 月 8 日，"阅冯至杜甫传七八章"。

9 月 9 日，"札冯至杜甫传完。因重校旧稿杜诗杂札一篇，为定名曰诗人之生命力"。

9 月 10 日，"欲作一文，评冯至杜甫传，惮于下笔，苦不耐用思也"。

9 月 11 日，"午后作一文，评冯至杜甫传，具稿七八纸"。

9 月 12 日，"作评杜甫传文四页"。②

9 月 13 日，"写杜甫传评完，共三四千字，久用心思，觉口苦，遂辍笔"。

9 月 14 日，"写杜甫传评清稿一页，不耐久坐，散步至放鹤亭"。③

9 月 16 日，"写杜甫传评④毕，请微昭阅一过"。

9 月 18 日，"过浙江图书馆，晤雁迅，以评冯至杜甫传一文示之。承其商量，颇得益，归来增删数处"。

9 月 19 日，"午后改写评杜甫传。夕雁迅来，谈杜诗"。⑤

---

① 《夏承焘集》第七册，浙江古籍出版社、浙江教育出版社，1997，第 164 页。
② 以上见《夏承焘集》第七册，浙江古籍出版社、浙江教育出版社，1997，第 190 页。
③ 以上见《夏承焘集》第七册，浙江古籍出版社、浙江教育出版社，1997，第 191 页。
④ 此文收入冯姚平编《冯至与他的世界》（河北教育出版社，2001，第 391—398 页），系据其手稿整理。末署"1951 年 9 月 16 日，西湖浙大宿舍"，题作《读〈爱国诗人杜甫传〉》。
⑤ 以上见《夏承焘集》第七册，浙江古籍出版社、浙江教育出版社，1997，第 192 页。日记中"十八日"复作"十六日"，不知是作者之误，还是排版之误。

9 月 21 日，"上午改评杜甫传文毕"。①

9 月 30 日，"夕雁迅夫妇来，谓近作读冯至杜甫传札记，听其说三节，有深至语"。②

后来，至 1962 年，时逢纪念世界文化名人杜甫诞生 1250 周年，《人民文学》编辑部约写文章，冯至决意以杜、苏二人的交往为题材，于是年春，创作出一篇小说，即《白发生黑丝》。③作者在 1979 年 5 月 5 日写就的《重版说明》中，道出创作意图，是"要说明杜甫在贫病交加的晚年，能欣赏苏涣那样的人物，可见他晚年的精神状态并不象有些人所认为的那样衰颓。传记尊重事实，小说依靠想象，但这里的想象还是以杜甫的诗篇为根据的"。④ 此后，又在《冯至选集》的序言中重申："《白发生黑丝》虽然也有想象和虚构，但都是以杜甫的诗为基础，丝毫不曾象写《伍子胥》那样肆意放笔，横添枝叶。"⑤

冯至的杜甫研究，源于抗战时期的生活变迁。这使他对一生颠沛流离的杜甫，有深切的同情与理解，进而去接近杜甫，认识杜甫，研究杜甫，最终重塑出全面、立体、鲜明的杜甫形象。⑥ 其研究特色，借用陈燊、蒋勤国和赵睿才的总

---

① 《夏承焘集》第七册，浙江古籍出版社、浙江教育出版社，1997，第 193 页。
② 《夏承焘集》第七册，浙江古籍出版社、浙江教育出版社，1997，第 195 页。
③ 冯至：《诗文自选琐记》，《新文学史料》1983 年第 2 期。
④ 冯至：《杜甫传》，人民文学出版社，1980，"重版说明"第 1 页。
⑤ 冯至：《诗文自选琐记》（代序），载《冯至选集》第一卷，四川文艺出版社，1985，第 21 页。"琐记"末署"一九八三年一月二十九日写完，五月五日略作修改"；"一九八四年二月二十日"，又有《〈琐记〉补记》。
⑥ 张辉认为，"战乱使冯至不得不像杜甫一样颠沛流离，并转而学习用杜甫的方式直面个人与家国的苦痛"，但"战争经历仅仅是冯至走近杜甫的一个重要契机，而远不是全部原因"。冯至对杜甫的选择，"实际上是一种精神类型的选择，乃至一种人生选择"。一方面，其"前奏或准备期"是冯至"对晚唐诗歌、浪漫派甚至对里尔克的喜好"，而另一方面，则是"冯至和中国诗史传统的连接"。参见张辉《冯至：未完成的自我》，文津出版社，2005，第 135、138 页。

结，首先是把杜诗作为"整个的有机体"展开研究。冯至认为，杜甫的政治热情和创作热情，犹如负载杜诗"凌空飞翔"的"两扇羽翼"。从这一观点出发，《杜甫传》的写作，主要以杜甫的诗文为根据，既重视其爱国爱民的政治热情，又重视其精心锤炼的创作艺术。其次是开阔的学术视野。冯至不但将杜甫研究深置于唐代社会的政治、经济、哲学、伦理及道德风尚之中，而且在广阔的世界文化背景下展开论述，从而凸显出杜甫独具的特点及其创作的特殊价值。一方面，《杜甫传》通过"历史地化用材料"与"艺术地描绘人物"二者的有机结合，刻画出古代诗人的生活图景、性格及形象，具有开创性的学术意义。[1] 另一方面，正是通过上述研究，冯至继承了杜甫"兼济天下的积极入世精神"，"忧国忧民的忧患意识"，对接"内在生命与外在宇宙"的思维方式，以及"语不惊人死不休"的创新精神，从而对自身的创作也产生了深刻的影响。[2]

冯至另有《十四行诗：杜甫》发表于《文艺月刊》第 11 年 6 月号[3]（第 20 页），1941 年 6 月 16 日出版。该期所刊冯至十四行诗共六首，即《旧梦》《郊外》《杜甫》《歌德》《梦》《别》。《杜甫》全诗如下：

---

① 参见陈桑《冯至先生的杜甫研究》，载冯姚平编《冯至与他的世界》，河北教育出版社，2001，第 424—426 页；蒋勤国《冯至评传》，人民出版社，2000，第 253—256、258 页；赵睿才《荜路蓝缕，以启山林——冯至先生的杜甫研究》，《杜甫研究学刊》2006 年第 3 期。

② 参见孔令环《论杜甫对冯至诗歌创作的影响》，《太原师范学院学报》（社会科学版）2007 年第 2 期。

③ 编辑者、出版者：中国文艺社（重庆中一路二八六号）；总经售处：中国文化服务社（重庆磁器街四十四号）；分销处：中国文化服务社各地分支社、全国各大书店。

你在荒村里忍受饥肠，
你时时想到死填沟壑，
你却不断地唱着哀歌，
为了人间壮美的沦亡：

战场上健儿的死伤，
天边望着将星陨落，
万匹马随着浮云消没……
你一身是他们的祭享！

你的贫穷在闪烁①发光，
像一件圣者的烂衣裳，
就是一丝一缕在人间，

也有无穷的神的力量；
一切冠盖在它的光前，
只照出来可怜的形相。

该诗后收入冯至《十四行集》（第31—32页），明日社
1942年5月发行②，无标题，仅有序号"十二"。两版相校，
首先是文字的改动，主要有三，即"天边望着将星陨落"，
集中作"天边有明星的陨落"；"一身"，集中作"一生"；
"形相"，集中作"形像"。其次，标点符号亦有改动，如第
三行，集中无标点；第八行，集中为句号；第九行，集中无

①　原文作"铄（鑠）"，径改。
②　此版印数3100册，桂林绍荣印刷厂承印，且有说明云："本书初版用上等重
　　纸印三十册，号码由一至三十，为非卖品；用浏阳纸印二百册，号码由一至
　　二百。"

标点；第十一行，集中无标点；第十二行，集中为句号；第十三行，集中无标点。

1949 年 1 月，《十四行集》又由文化生活出版社印行。就诗集而言，两版的不同，著者已有说明："一本诗本来应该和一座雕刻或一幅画一样，除却它本身外不需要其他的说明，所以这个集子于一九四二年在桂林明日社初版时，集前集后并没有序或跋一类的文字，如今再版，我感到有略加说明的必要。"① 选诗亦有不同，如"〔杂诗〕明日社版中有《等待》《歌》《给秋心》数首。现在把《歌》和《给秋心》删去，添上《歧路》《我们的时代》《招魂》三首"。② 其余不同，此处不赘。不过，该诗仍为第十二首（第 25—26 页），并有附注说明："〔十四行第十二首〕杜甫。"③ 文字、标点均与明日社版相同。

集中的第九、十、十一、十二、十三、十四首，分别献给"一个在前线作战经年的友人"、蔡元培、鲁迅、杜甫、歌德、梵诃（Van Gogh），表达"对于仁人，志士，英杰，痛苦而崇高的灵魂的向往，礼敬"，"不甘庸俗，混浊，腐烂，黑暗"而给人"投一片光，一片警钟"。④ 冯至后来回忆说："《十四行集》里有三首诗分别呈现给鲁迅、杜甫和歌德，现在看来，这三首诗未能较好地体现出他们的伟大精神，我只是在当时认识的水平上向他们表达了崇敬的心情。"⑤

本诗一开篇，杜甫的形象便迎面走来："你在荒村里忍

---

① 冯至：《十四行集》，文化生活出版社，1949，"序"第 iii—iv 页。"序"末署"一九四八年二月五日北平"。
② 冯至：《十四行集》，文化生活出版社，1949，"附注"第 ii 页。
③ 冯至：《十四行集》，文化生活出版社，1949，"附注"第 ii 页。
④ 杨番：《读〈十四行集〉》，《诗》第 3 卷第 4 期，1942 年 11 月，第 40 页。
⑤ 冯至：《昆明往事》，《新文学史料》1986 年第 1 期。

受饥肠，/你时时想到死填沟壑"。有感于此，李广田发出追问：杜甫的志愿何在？进而作答：那就是"杜陵有布衣，老大意转拙，许身一何愚，自比稷与契"，就是"致君尧舜上，再使风俗淳"，就是"终年忧黎元，叹息肠内热"。杜甫把"他的理想，他的忧愁"，"都寄之于艺术，于诗"，如其所说："为人性僻耽佳句，语不惊人死不休"，"但觉高歌有鬼神，焉知饿死填沟壑"。这种"忠于人生，忠于艺术"的态度，对中国而言，但觉其少，不嫌其多。①

如上所述，第一节为读者勾勒出一位忧国忧民的诗人形象：宁愿"死填沟壑"，也不愿停止"高歌"，而杜甫的大部分诗作，都是"为了人间壮美的沦亡"所奏的"哀歌"。第二节描述了杜甫所生活的战乱年代，以及诗人有意识背负的时代使命，其最好的论证，便是"你一身是他们的祭享"。第三节展现的则是穿着"烂衣裳"却浑身闪烁发光的"圣者"杜甫。需要说明的是，佛教传说认为，谁得到宗教最高领袖的一丝一缕衣裳，神就会降福此人。诗句的意思是，"杜甫的贫穷，让同情和仁爱之光普照人间"，如同神赐福于人，"隐喻杜甫对穷苦人的深深同情，泽被广大百姓"。② 最后一节总结强调杜甫"可怜的形相"中，有着"无穷的神的力量"，看似矛盾的描述，却是寓伟大于平凡，寓褒奖于平实。通过杜甫中老年时期的生活剪影，可以窥见冯至对诗人的崇敬与仰慕。③

对于此诗，吴向廷有更深入的解读。在他看来，冯至对

---

① 李广田：《沉思的诗——论冯至的〈十四行集〉》，《明日文艺》第 1 期，1943 年 5 月，第 66 页。该刊主编人、发行人：陈占元，发行者：明日社。

② 陆耀东：《冯至传》，北京十月文艺出版社，2003，第 183 页。

③ 戴佳圆：《试论冯至和他的杜甫研究》，《巢湖学院学报》（人文社会科学版）2002 年第 4 期。

自我的坚持，是"对于混乱时代的一种典型的回应方式"。其自我保持的方式，在精神气质上，与古代传统中的士大夫有着某种类似，而诗人杜甫就是其典型代表。在《杜甫》一诗中，冯至面对的现实，转化为杜甫所遭遇的境况，其中含义，"不仅包括唐代战乱时期的杜甫的精神状态，也可以对应抗战时期的冯至的体验"。①

第七节　梁实秋论杜

梁实秋（1903—1987），原籍浙江杭县，生于北京。学名梁治华，字实秋，一度以秋郎、子佳为笔名。1915 年考入清华学校。1923 年毕业后赴美留学。1926 年回国任教于南京东南大学。翌年到上海编辑《时事新报》副刊《青光》，同时与张禹九合编《苦茶》杂志。不久任暨南大学教授。1930年，应杨振声之邀，任青岛大学外文系主任兼图书馆长。1932 年到天津，主编《益世报》副刊《文学周刊》。1934 年应聘任北京大学研究教授兼外文系主任。1935 年秋创办《自由评论》，先后主编《世界日报》副刊《学文》和《北平晨报》副刊《文艺》。七七事变后，离家独身到后方。1938 年任国民参政会参政员，主持重庆北碚国立编译馆翻译委员会并担任教科书编辑委员会常委，年底开始主编《中央日报》副刊《平明》，因其《编者的话》而引发关于"抗战无关论"的论争。抗战胜利后任北平师大教授。1949 年去台，任台湾师范学院（后改师范大学）英语系教授，后兼系主任，再后又兼文学院长。1961 年起，专任台湾师范大学英语研究

---

① 吴向廷：《"诗歌的中年"》，《读书》2019 年第 7 期。

所教授。1966 年退休。①

　　梁实秋读书，一贯主张要读"长久被公认为第一流的作品"。外国文学方面，经胡适倡导，梁实秋选择了莎士比亚；中国文学方面，则自主选择了杜甫。杜诗 1349 首，均曾圈点一遍。由此可见，梁实秋允称"杜诗迷"。

　　首先来回顾一下梁实秋研读杜甫的历程。1987 年，梁实秋在回答《联合文学》记者丘彦明女士的提问时，对此有系统的梳理。② 简言之，其兴趣和心愿的萌发，是受到好友闻一多的感染。1928 年 6 月，闻一多在《新月》发表《杜甫传》（未完）；1930 年 4 月，又在武汉大学《文哲季刊》发表《少陵先生年谱会笺》，梁实秋认为"杜甫号称'诗圣'，'屈指诗人，工部全美，笔追清风，心夺造化'（韩愈语）"，"喜欢诗的人若是不对工部加以钻研，岂非探龙头而遗骊珠"？此后，即开始研究杜诗，搜集有关杜诗的版本。1936 年 5 月 25 日，游北平东安市场，廉价购得仇兆鳌《杜少陵集详注》，系商务国学基本丛书本，因有标点，且"取携便利"，随身已 50 年。而琉璃厂和隆福寺街的旧书铺老板，知其好杜诗，遂将书不断送来；同时购得洪煨莲主编的《杜诗引得》，乃依其长序，按图索骥。"但限于资力，

---

① 中国现代文学馆编《中国现代作家大辞典》，新世界出版社，1992，第 275 页。该词条为石鸣撰。

② 有趣的是，这篇访谈的题目《"岂有文章惊海内"》，也是取自杜诗。题下有小序："'岂有文章惊海内，漫劳车马驻江干'是杜工部的名句，也是他谦己之语。当时杜公四十九岁，自嗟老病。我今年逾八旬，引杜诗为题以自况，乃系实情，并非谦为。丘彦明女士惠然来访，我如闻登音。出示二十二问，直欲使我之鄙陋无所遁形。秉笔觳觫，不能成章，惭愧惭愧。"参见《梁实秋散文集》第二卷，时代文艺出版社，2015，第 240 页。"岂有文章惊海内"语出杜甫《宾至》。

不能从心所欲。"① 其好友亦多相助，如冰心去日本后，为其购得日本版杜诗一本。经多方查寻和友人帮助，梁实秋总共搜集杜诗版本 60 多种。②

梁实秋的杜甫研究，虽酝酿于全面抗战之前，但初试啼声，却在全面抗战期间，而"真正开始是在抗战胜利之后"。③

1. 《关于李杜的两本新书》

该文发表于《星期评论》第 36 期，1941 年 10 月 30 日出版。长期以来，此文一直未得到研究者的关注，至 2002 年 10 月，《梁实秋文集》编辑委员会编，杨迅文主编的《梁实秋文集》，方将其收入第七卷"集外拾遗 2"，由鹭江出版社出版。

所谓"两本新书"，一是李长之的《道教徒的诗人李白及其痛苦》（商务印书馆，1940 年 8 月），二是朱偰的《杜少陵评传》（青年书店，1941 年 6 月）。书评开篇即指出两书共同的特色，然后分别指陈其得失。相关内容，可见诸本著有关两书的评述。

梁实秋反对以现代称号加之于杜甫，认为会致其失去本来面目。这也是其比较文学研究的一个特点，即"很少在中西文学之间相互阐发"，即如谈莎士比亚，也未将中国的文学现象，硬性牵扯进去。④

---

① 梁实秋：《"岂有文章惊海内"——答丘彦明女士问》，载《梁实秋散文集》第二卷，时代文艺出版社，2015，第 256—257 页。该文原载台北《联合文学》第 3 卷第 7 期（总第 31 期），1987 年 5 月 1 日。

② 敏君、缤子编著《雅言风流——梁实秋》，中国青年出版社，1994，第 73 页。

③ 梁实秋：《"岂有文章惊海内"——答丘彦明女士问》，载《梁实秋散文集》第二卷，时代文艺出版社，2015，第 257 页。

④ 高旭东：《梁实秋：在古典与浪漫之间》，文津出版社，2005，第 230—231 页。

2. 《杜甫的〈客夜〉》

该文发表于《文艺与生活》第 4 卷第 4 期，1947 年 5 月 1 日发行。

原诗如下："客睡何曾着？秋天不肯明。入帘残月影，高枕远江声。计拙无衣食，途穷仗友生。老妻书数纸，应悉未归情。"

梁实秋首先阐明选析此诗的理由，认为该诗并非杜工部"顶出色"的作品，但在乱离中有过类似"客夜"经验的人，会觉得"非常亲切有味"。由此可见，梁实秋之所以选析此诗，实则是从抗战流离的经验和感受出发。

次言其写作背景。该诗大约作于宝应元年（762）秋间，诗人时年 51 岁，家眷留在成都，自己独身随成都尹严武还朝，至绵州，西川兵马使徐知道反，因入梓州。此诗是才到梓州时作。是年冬，即将家眷接梓州。故此诗并非"久客在外忆家之作"，而是乱离中初到生地，夜里难眠所发的感慨。金圣叹《唱经堂杜诗解》云："久客不归，最无以自解于老妻。"梁实秋认为"殊非事实"。

再看其语言风格。此诗"清楚明白，很近于白话"，诗中无典故和"特殊的诗藻"，可算杜诗一格。"在感情强烈而真挚的时候"，"用浅显的文字和写实的手法直截了当的抒写所感，比较的更容易动人"，此即其中一例，如首二句"全是几乎没有什么剪裁的大白话"。有关解读，梁实秋认为，《九家集注本》所引赵彦材语，指陈恰当；但黄生《杜诗说》，有故弄玄虚之嫌。

该诗版本方面的问题，主要有三。其一，首句"客睡"二字，自南宋版分门集注本以降，诸本均是如此，但《杜诗引得》所据宋版郭知达九家集注本，却作"客夜"。梁实秋不免发出疑问:"究竟是引得铅印之误,抑是翻刻之误,抑是宋版郭著确是如此",尚难断定。不过,以意度之,"客夜"于义未安,恐有误。今查《杜甫全集校注》,亦作"客睡"。其二,第三句"入帘",郭本注"一作卷",嗣后各本"入""卷"参半。具体而言,"'卷',钱钞本与底本同;余本俱作'入';宋九家本、蔡甲本云:'"入",一作"卷(捲)"。'宋千家本、元分类本引希曰:'"入帘",一本作"卷(捲)帘"。'元千家本引希曰:'"卷(捲)"误作"眷(睠)"。'"①梁实秋认为,两者均可,不过"在对仗上稍有问题而已",但仇兆鳌《详注》引洪仲注所云,则"似嫌牵强"。该句之"月影",张远《杜诗会粹》作"月色",但不知何据?其三,第四句之"远",仇本注"一作送",而李文炜(雪岩)《杜律通解》作"听",则应是"手民之误"。

继之,梁实秋对此诗作出诠释。首二句是说"秋夜漫漫",客中躺在床上,"张着大眼害失眠,盼着天亮便好",无奈"老天故意捣乱,偏不肯明"!次二句写景。"但见残月之影入帘而来,枕上只听得远江之声,是一片秋夜凄凉景况,更加助人悲苦。"次二句写自己身世,"直说""客中衣食无着,毫无办法,只好寄人篱下,靠朋友提携"。此中问题在于:"友生"到底是谁?顾修远《辟疆园杜诗注解》认为应指高适,朱鹤龄《杜工部年谱》则对顾说提出疑问,仇兆鳌《杜诗详注》"完全抄袭朱说",进一步主张"友生"或即章彝。梁实秋认为,章彝虽"最为可能",且章、杜"交谊不恶",但疑问犹存。如果可以确定此诗作于宝应元年,但须知章留后此时并不在梓州,据《黄氏集千家注杜工部诗史补

① 萧涤非主编《杜甫全集校注》五,人民文学出版社,2014,第2664页。

遗》黄鹤注，"宝应元年及广德元年之春"，"守梓州者乃李使君"，是年之夏，方为章侍御。然则"友生"是否即李梓州，梁实秋认为，"此亦不可武断"，进而认为，"杜工部一生都是靠了朋友，何必但在这一首诗里要确认其人"，所谓"友生"，应是"泛指一般朋友"。《杜甫全集校注》或曾采纳梁说，其注释云："按诸说以友生确指何人，似欠妥。甫暂入梓时所交接者恐非一人，如严二别驾即其一，故友生乃泛指在梓之友人，不必泥定为谁。"[1]

最后两句亦有问题。"书数纸"，究竟是杜工部写给老妻，还是老妻写给杜工部，各家解释，殊不一致。顾修远认为是"老妻数纸自成都而来"；浦起龙《读杜心解》认为"此因得家书后有感不寐而作，家书中定有催归之语"，"旧以数纸为寄妻之书，恐非"；杨伦《杜诗镜铨》则袭浦说。而仇兆鳌、黄生《杜诗说》、吴见思《杜诗论文》、边连宝《杜律启蒙》、金圣叹等，均解作寄妻之书。梁实秋认为，后说"较为妥当而深刻"，其理由如下。"大抵乱离之中远出作客，不能不忆家中妻小"，但"客中所最苦恼的事，倒还不是忆家"，"乃是唯恐家里惦念自己"。杜工部送武至绵，阻兵入梓，如同平地风波，担心老妻一旦听得川北用兵，心内着急，故一到梓州，便连发家信，报告自己行踪，以使老妻放心，但又不知其是否收到。想到此地，更加难以入睡。因此，"老妻书数纸，应悉未归情"，"乃是自己心里盘算之语"。《杜甫全集校注》也认为，"'老妻'句，张潜、边氏所解较为顺通，似更切诗意。顾、浦所解未免迂曲"[2]。

---

[1]　萧涤非主编《杜甫全集校注》五，人民文学出版社，2014，第 2662 页。
[2]　萧涤非主编《杜甫全集校注》五，人民文学出版社，2014，第 2663 页。

3. 《杜审言与杜甫》

该文发表于《文潮月刊》第 4 卷第 1 期，1947 年 11 月 1 日出版。编者所作《作者介绍》云："作者梁实秋先生，国立师范大学教授，曾译莎士比亚全集等名著数十种。"

杜审言与杜甫祖孙之间，虽从未见面，但从作品和生平观之，两人在性格和作风上关系密切。

首先来看性格。一是矜夸。初唐诗坛，杜审言与崔融、李峤、苏味道并称"文章四友"，然恃才傲物。胡适《白话文学史》以之为"诙谐的风趣"，梁实秋却认定是"矜诞夸大"。此种性格，杜甫亦得其遗传。如《壮游》自夸早熟，《进雕赋表》也不少自吹自擂。二是好游玩。祖孙均非"死守瓮牖"之人。三是阿谀。杜审言是一位"贵族诗人"，诗多应制之作，其趣味和"供应戏的文词"相类。梁实秋认为，"大抵对于自己肯夸诞的人，对于主上的逢迎也必无所不用其极。都是做作"。而"此种阿谀主上的作风，杜甫亦所不免"。其三大礼赋、《封西岳赋》，"都极尽歌功颂德之能事"。其气味和应制诗正是一丘之貉。

其次来看"作风"（即作品的风格）。杨万里《杜审言集》"序"已注意到"祖孙之相似"，梁实秋则认为二者的相似，"不仅是一两句的偶合"，而是"确有一脉相承的迹象可寻"。如杜甫一则曰"吾祖诗冠古"（《赠蜀僧闾丘师兄》），再则曰"诗是吾家事"（《宗武生日》），三则曰"例及吾家诗，旷怀扫氛翳；……钟律俨高悬，鲲鲸喷迢递"（《八哀诗·赠秘书监江夏李公邕》）。

就二人整个的诗集而论，其相似处计有两点。一是诗的取材。初唐诗坛，"率多拟古之作，很少写实之篇"，相较而言，杜审言则与众不同。其诗"差不多全是临时即景抒怀之作"，"凡有赠和皆实有其人，凡有临眺皆实有其地"，故其题材"亲切"。如杜审言《登襄阳楼》与杜工部《登兖州城桥》，杜审言《旅寓安南》与杜工部《戏作俳谐体遣闷》，"都是随时随地拈取事实，不假词藻，自然生动"，体现出"独创的写实的作风"。此等诗才，杜审言已露端倪，至杜甫便登峰造极。二是对偶。对偶成为诗中要素，始自律诗。杜审言于此道，即颇为高明，如《经行岚州》《秋夜宴临津郑明府宅》。其妙处在于"对仗工整之外，了无堆砌之痕，一气呵成，意义连串"。杜工部对此更是运用自如，常"驱使大量的典故词藻，对得平平稳稳，而把一股诗意贯穿其间，不枝不蔓，不滞不板，于富赡①典丽之中有生动洒脱之妙"。如《登高》《春望》《闻官军收河南河北》等，"大气磅礴，一泄如注"，为"律诗之最上乘"。

杜审言对杜甫的影响，由上可以见得，体现出"家学渊源"。但二人的诗艺造诣，却不可相提并论，简言之，"杜甫的眼界胸襟学识技巧都远在乃祖之上"。

4.《杜甫与佛》

该文发表于台湾《自由中国》第2卷第1期，1950年1月出版。后收入《梁实秋论文学》，时报文化出版事业有限公司，1978年9月版，第555—560页。本著的撰述，取自后者。

"杜甫是一个生活经验极丰富的人"，"每饭不忘君"是其一面，与佛亦有颇多关系。梁实秋此文的目的，即在于对此略作说明。

杜甫与佛教发生关系，是在40岁以后。天宝十载，杜甫

---

① 原文作"胆（膽）"，有误，径改。

"进三大礼赋，踏入宦场，蹭蹬失意，随后即遭天宝之乱，开始流浪，度陇客秦，入川游楚，于戚戚风尘之际，开始接受佛家思想的薰染"。而在40岁之前，杜甫虽也不得意，时有"隐沦之志"，但其思想只是"近于道家，与佛无涉"。因此，40岁以前，杜甫"只有神化隐逸的思想流露于字里行间"；40岁以后，才有佛家思想。

杜甫佛家思想的来源，或有如下数端。一是房琯及房相之客赞公，二人好佛，可能对杜甫影响甚大。尤其是与赞公往返之后，入佛渐深。二是当时佛是时尚，而禅宗正当全盛，杜甫"在颠沛流离之中不能不接受其影响"。三是"饮中八仙"之一的苏晋以及王维，都是杜甫朋友，且杜甫另有不少方外知交。因此，杜甫40岁以后的作品，"常有得道之语和佛门典故"。

对于杜甫所信禅宗，论者有南宗、北宗之争。如仇兆鳌力主杜甫信南宗，周篆则以杜甫为北宗。① 梁实秋则认为，杜甫所倾服的是南派禅守。何以见得？《夜听许十一诵诗爱而有作》云："许生五台宾，业白出石壁；余亦师粲可，身犹缚禅寂。"此处所云，当是泛指南禅。而《秋日夔府咏怀一百韵》有句云："身许双峰寺，门求七祖禅。"更明白道出其信仰在曹溪。"七祖"二字，注家聚讼，或指天竺七祖总称，或指普寂（大照），或指荷泽。梁实秋认为，"六祖以后衣钵不传，七祖云云当然无据"，不过可以肯定的，则是南禅无疑。

杜甫信佛的深浅，也值得研讨。是"行文方便，偶然撷取释典，阿附风尚"，还是"真正有所了悟，虔心皈依"？苏东坡评其《谒文公上方》，曾说"知子美诗外，别有事在"；

---

① 萧涤非主编《杜甫全集校注》八，人民文学出版社，2014，第4871页。

而所谓"别有事在",亦即杜甫《望牛头寺》"休作狂歌老,回看不住心"之意。《上兜率寺》"庾信哀虽久,周颙好不忘",也是同一心事。《望兜率寺》"不复知天大,空余见佛尊",极力赞叹佛法的博大超过了儒家,则是"更坦率的自述"。《秋日夔府咏怀一百韵》,"出峡求禅之旨昭然若揭";而《陪李梓州王阆州苏遂州李果州四使君登惠义寺》之"谁能解金印,潇洒共安禅","直是劝人解脱";且"本自依迦叶,何曾借偓佺"(《秋日夔府咏怀一百韵》),明言"神仙之事缥缈不可求,惟禅方是归宿"。一方面,杜甫老年,万念俱灰,身躯衰谢,"确是有意于诗酒之外钻研禅理"。另一方面,"杜诗于激愤处常有非孔语,而对佛则从无讥评"。再一方面,杜诗释典的运用,灵巧丰赡,据此以观,其对于若干大乘经典,必定精通。综合来看,杜甫于佛,当具有相当信仰。

杜甫或有意逃入禅门,但毕竟不曾遁入空门。究其原因,应为三事所累:诗、酒、妻子。"所谓诗,即是情,即是爱憎,即是对于人世的留恋";对于酒,杜甫因肺气亦已辞谢痛饮。唯对于妻子,无法安排。杜甫一生,浪迹江湖,然室家之乐,每每笔之于诗,鄜州望月,梓州失眠,俱写得"情致缠绵"。其为妻所累,求仙不成,求佛亦然。故杜甫的求禅,"大概是只限于观经听讲"。

最后,梁实秋总结认为,杜甫本热心仕进,但历经挫折,"始无意用世,于坎壈漂泊之际,随缘感触,接近禅门",进而达到宗教境界的边缘,却因眷念人世而不得解脱。若从白璧德"自然的、人道的、宗教的三境界"来看,杜甫最终还是停留在人道的境界中。①

---

① 高旭东:《梁实秋:在古典与浪漫之间》,文津出版社,2005,第231页。

5.《读杜记疑》

据前引梁实秋答丘彦明问,《读杜记疑》前后共两辑。第一辑 5 则。(1)月是故乡明。语出杜甫《月夜忆舍弟》。(2)"浮瓜"与"裂饼"。见于《信行远修水筒》。(3)杜甫诸弟。杜诗从未提及其兄,或是早故;但数及诸弟,有颖、观、丰、占,其行列如何,若仔细探究,"似尚可略得消息"。(4)灯前细雨檐花落。语出《醉时歌》。(5)槐叶冷淘。诗分两段,各 10 句。①

20 世纪 70 年代初,梁实秋应友人之邀,在《中华日报》副刊开辟《四宜轩杂记》专栏,发表读书札记 60 篇②,《读杜记疑》第二辑与《剑外》均系其中篇章。第二辑 11 则。(1)卖药与药栏。前者见于《进三大礼赋表》,后者见于《有客》。(2)况余白首。语出《观公孙大娘弟子舞剑器行》序文。(3)乌鬼。语出《戏作俳谐体遣闷二首》。(4)他日。语出《秋兴八首》之"丛菊两开他日泪"。(5)不觉前贤畏后生。语出《戏为六绝句》之一。末署"一九七二年十月十六日"。不知此一时间是单指第五则的写作时间,抑或包括前四则?(6)鸡狗亦得将。语出《新婚别》。末署"一九七三年三月一二日"。(7)漫与。语出《江上值水如海势聊短述》。(8)丧家狗。语出《将适吴楚,留别章使君留后兼幕府诸公,得柳字》。(9)不是烦形胜,深愁(惭)畏损神。语出《上白帝城二首》第一首。末署"一九七三年九月二四日"。(10)天子呼来不上船。语出《饮中八仙歌》之

---

① 其具体内容,可参见《梁实秋散文集》第二卷,时代文艺出版社,2015,第 206—211 页。写作时间未详。

② 刘天华、维辛:《编后记》,载梁实秋《梁实秋读书札记》,中国广播电视出版社,1990,第 253 页。

"李白"。（11）藤轮。语出《赠王二十四侍御契》。末署"一九七四年十二月二日"。①

《读杜记疑》观点新颖，启人良多。访谈中，梁实秋亦向丘彦明表示，"此后仍将继续发表我的疑点"②，但在其逝世之前，未再见有关文字发表。

此外，梁实秋尚有《剑外》一文，对杜诗"剑外忽传收蓟北"（《闻官军收河南河北》）之"剑外"，提出新解，认为当指"剑门以北长安一带"。其理据有二。一是亲身历见。"按剑门天险"，"是自广汉穿过剑阁而入汉中必经之地"。1940年1月，梁实秋奉派参加国民参政会华北慰劳视察团，途经其地，"因为汽车抛锚，在县城外一小茆店留宿一夜，印象益为深刻"。二是据李白《蜀道难》《上皇西巡南京歌》及张载《剑阁铭》，"剑阁是蜀之北方门户"。而杜甫作此诗，时在梓州，"剑阁即在梓橦之东北"，"捷报是从河南河北传到长安，再由长安传到剑南"，以此推断，故得出上一结论。③ 不过，这一说法，并未得到广泛认可，一般论者，仍坚持认为"剑外"是指剑南蜀中。④

梁实秋对于杜甫和杜诗，由热爱转化为研究，取得突破的关键在于抗战。如其在评论《道教徒的诗人李白及其痛苦》和《杜少陵评传》时所说，李白与杜甫均曾"遭遇乱离，流寓巴蜀"，"吾人于颠沛之中"读此两本评传，"当然

---

① 其具体内容，可参见《梁实秋散文集》第六卷，时代文艺出版社，2015，第294—301页。

② 梁实秋：《"岂有文章惊海内"——答丘彦明女士问》，载《梁实秋散文集》第二卷，时代文艺出版社，2015，第257页。

③ 梁实秋：《梁实秋读书札记》，中国广播电视出版社，1990，第118—119页。

④ 参见何跃祖《谈梁实秋先生"剑外"新解》，《杜甫研究学刊》1994年第2期。

倍增兴趣"。① 虽然此一时期，其论杜之作甚少，成文者目前仅见一篇，但此间创作的《雅舍小品》，对于杜诗的引用与化用，却比比皆是。而梁实秋此后的杜甫研究，如对《客夜》的赏析，对"剑外"的新解等，亦不时可见抗战的影响。

梁实秋研究杜诗，重在理解诗意。"历代注解，率多在'无一字无来历'说法影响之下，致力于说明某字某词见于何书，对于诗句之意义常不措意。仇注、钱注、朱注、九家注、千家注，莫不皆然"，在他看来，"这是一大缺点"，并追问道："中国字词只有这么多，诗人使用字词与古人雷同，未必即是依傍古人。纵然是依傍古人，庸又何妨？指出其雷同之处，又有何益？"② 正因为如此，梁实秋更关注的是杜诗意蕴的阐发。

由上观之，梁实秋论杜，颇见学术功力，既考证详明，辨析清晰，又洞烛幽微，发人未见，间或援引西说，稍加引申，故其见解较之旧日朴学，更显圆活通透。

第八节　李长之《道教徒的诗人李白及其痛苦》中的杜甫

抗战时期，为赓续中华民族的精神命脉，弘扬中国文化的优秀传统，出版界多选择中国历史各个阶段的代表人物，对其生平事迹加以介绍和表彰，杜甫亦多出现于此类传记之中。而这些杜甫传记，或是单独立传，或在集体传记中独立

① 梁实秋：《关于李杜的两本新书》，《星期评论》第 36 期，1941 年 10 月 30 日，第 14 页。
② 梁实秋：《"岂有文章惊海内"——答丘彦明女士问》，载《梁实秋散文集》第二卷，时代文艺出版社，2015，第 257 页。

成篇，或是在他人传记中作为比较的对象而存在。替杜甫单独立传的专书，已做专题论述。集体传记，如何子恒（又名思恒，其长兄为何思敬）编著的《中国历代名人传略》第四集及陈翊林（即陈启天）所编《中国百名人传》等，均有杜甫小传，但多为生平介绍，较少新意，故本著只是在此点到为止。本节主要选择李长之的《道教徒的诗人李白及其痛苦》，梳列其李杜比较的主要观点。

《道教徒的诗人李白及其痛苦》，"中华民国二十九年八月初版，中华民国三十二年七月渝第一版"。① 全书共六章：导论；李白求仙学道的生活之轮廓；道教思想之体系与李白；失败了的鲁仲连——李白的从政；李白的文艺造诣与谢朓；李白：寂寞的超人。有"序"，"二十八年十一月十九日，渝州"；《怀李太白——为本书渝版题》，"二十九年八月三十日作"。"中法文化丛书"之一。

李长之（1910—1978），原名李长治、李长植，山东利津人。1929 年入北京大学预科学习。1931 年考入清华大学生物系，两年后转哲学系，同时参加《文学季刊》编委会。1934 年后主编或创办《清华周刊》文艺栏、《文学评论》双月刊和《益世报》副刊。1936 年出版《鲁迅批判》，同年自清华大学毕业，留校任教。以后又历任京华美术学院、云南大学、重庆中央大学教职。1940 年任教育部研究员。1944 年主编《时与潮》副刊。1945 年任国立编译馆编审。抗战胜利后，随编译馆由重庆北碚迁南京，主编《和平日报》副刊。1946 年 10 月，赴北平师范大学任副教授，并参与《时报》《世界日报》的编务。中华人民共和国成立后，任教于北京

---

① 发行人：王云五（重庆白象街），印刷所：商务印书馆印刷厂，发行所：各地商务印书馆。

师范大学。①

该书原是作者准备合写的中国五个大诗人（屈原、陶潜、李白、杜甫②、李商隐）的一部分，书中也"时时以他们五个人作为对照"。其目标，是活现李白"活泼泼的清楚的影子"③，更是向"广大的人群"、"深厚的民族"以及"觉醒的，独立的，活活的生物——人"，呼吁"'原始的生命力'归来"。④ 至于该书的写法，则是考证与同情并重。"考证是了解的基础"，但作者反对因为考证"而把一个大诗人的生命活活地分割于饾饤之中，像馒头馅儿"。"与考证同样重要的"，"更或者是同情"，即"深入于诗人世界中的吟味"。⑤

该书多处涉及杜甫与李白的比较，兹摘录如下。

其一，诗歌的本质。屈原的诗表现着为"理想"而奋斗，陶潜的诗表现着为"自由"而奋斗，杜甫的诗表现着为"人性"而奋斗，李商隐的诗表现着为"爱"与"美"而奋斗，李白的诗，则表现着为"生命和生活"而奋斗。

从表面看，"似乎李白所表现的不是人间的"，而杜甫才是；倘更进一步看，才会惊讶地发现："李白诗的人间味之浓乃是在杜甫之上"，杜甫只是"客观"地、"被动"地反映

---

① 中国现代文学馆编《中国现代作家大辞典》，新世界出版社，1992，第241—242页。该词条为吴福辉撰。
② 对于杜甫研究，李长之一直未曾忘怀。1958年12月27日，订有《关于杜甫资料整理计划》，包括内容、做法、时间三项。就内容而言，则分五个方面：（1）传记、工具书；（2）注本、选本；（3）评论；（4）影响；（5）研究。参见《李长之文集》第七卷，河北教育出版社，2006，第678—679页。
③ 李长之：《道教徒的诗人李白及其痛苦》，商务印书馆，1943，"序"第1页。
④ 李长之：《道教徒的诗人李白及其痛苦》，商务印书馆，1943，"怀李太白"第2页。
⑤ 李长之：《道教徒的诗人李白及其痛苦》，商务印书馆，1943，"序"第2页。

"生命上的一切"。当然,"杜甫的成功不为不伟大",不过,"李白却同样伟大,只是被铸造于不同的典型而已"。李白"决不是客观地反映生活,而是他自己便是生活本身,更根本地说,就是生命本身"。①

其二,思想特征。(1)儒家。"儒教色彩曾经笼罩了陶潜,曾经遮掩了杜甫,但是却把李白几乎整个漏掉了。""李白对于儒家,处处持着一种反抗的,讥讽的态度,也不止儒家,甚而连儒家所维系,所操持的传统,李白也总时时想冲决而出。"②

(2)游侠。"在游侠思想之中,充满了活力,朝气,流动着青年人的活泼泼的情感和新鲜的血液。"不仅李白,就是杜甫、王维,"也有时偶而在诗篇中流露关于这方面的向往和憧憬",只是没有李白那样"当真""实行""发挥尽致"。③李白看杜甫,并不如杜甫看重李白,究其原因,就在于李白有其游侠思想,对于"儒冠多误身"的人物,"很有点唾弃"。④

(3)崇慕的对象。杜甫一生,一心一意要成为的人物,是诸葛亮;而李白,既不赞成屈原,也不赞成陶潜,最佩服的乃是鲁仲连。⑤

其三,李杜的交谊。杜甫有致李白诗多首。一是《与李十二白同寻范十隐居》,其中"醉眠秋共被,携手日同行",可见二人的亲密。二是《春日忆李白》,一方面是赏识李白的文学天才,一方面是羡慕李白的性格。三是《寄李十二白

---

① 李长之:《道教徒的诗人李白及其痛苦》,商务印书馆,1943,第5—6页。
② 李长之:《道教徒的诗人李白及其痛苦》,商务印书馆,1943,第10页。
③ 李长之:《道教徒的诗人李白及其痛苦》,商务印书馆,1943,第15页。
④ 李长之:《道教徒的诗人李白及其痛苦》,商务印书馆,1943,第16页。
⑤ 李长之:《道教徒的诗人李白及其痛苦》,商务印书馆,1943,第50页。

二十韵》，对李白的失意，表达"同情"。四是《赠李白》。
向往神仙的李白，经政治上的失败以后，更加热心起来；同
时其豪气不惟不减，反而更加肆无忌惮，内心却是"焦急
着，苦闷着，有一缕苦无主宰的悲感"。这时了解他的，也
唯有杜甫。"在别人以为李白'痛饮狂歌'为热闹者，独独
杜甫明白这是'空度日'，在别人所只见李白之乱蹦乱跳，
自负自赞者，杜甫却独独明白李白内心的深处却是空虚。"
其"未就丹砂愧葛洪"之叹，是有感于李白"政治上的失败
之外，再加上神仙也没有成功"，由此而带来的"双重的幻
灭"。① 五是《不见》。别人以李白的佯狂"不近人情"，"可
以取笑"，杜甫却感触到那是"很深的悲哀"。当"一群愚妄
者""必得李白而后甘心"时，只有杜甫"知道爱惜这一位
天才"。② 六是《天末怀李白》。杜甫对李白"时时不放心"，
此诗是其深挚友情的表露，亦有"哀愤"之语。③ 七是《梦
李白》二首，"直然是两首挽歌"，"凄怆欲绝"，"情感上的
震悼"让人难以承受。这种珍贵的友情，或者多少可以补偿
诗人所受的辗轲。"冠盖满京华，斯人独憔悴；孰云网恢恢，
将老身反累"，可谓李白一生的缩影。杜甫早已感觉到李白
在文艺上"亘古不朽的成绩"，但热闹只在身后，眼前所有
的唯有"寂寞"和"萧条"。④

其四，李杜的情性。李白和杜甫的交情虽深，但"并
不来回相等"，具体而言，杜甫很"了解李白"，"担心李
白"，"虽不能如李白那样作法，但是很能同情李白，欣赏
李白，又能深深地跳入李白的世界之中，而吟味李白，观

① 李长之：《道教徒的诗人李白及其痛苦》，商务印书馆，1943，第 91 页。
② 李长之：《道教徒的诗人李白及其痛苦》，商务印书馆，1943，第 91—92 页。
③ 李长之：《道教徒的诗人李白及其痛苦》，商务印书馆，1943，第 92 页。
④ 李长之：《道教徒的诗人李白及其痛苦》，商务印书馆，1943，第 92—93 页。

照李白"。反之，李白看杜甫"很泛泛"，"他不甘于作杜甫，也不热心杜甫那样的性格和生活"。以今人眼光来看，"杜甫的精神可以包容李白，而李白不能包容杜甫"。不过，并不能因此而断言李白比杜甫"浅薄"，因为"他们的精神形式实在不同"。"在杜甫，深而广，所以能包容一切；在李白，浓而烈，所以能超越所有"。二者都"达于极致"，"同是文艺的极峰，同是人类的光辉"。"在孔子和屈原，我们不能轩轾于其间"，"在杜甫与李白，我们也不能有所抑扬"。①

对于此书，梁实秋曾将其与朱偰的《杜少陵评传》合并论列，指出两位作者都采用"概括叙述"的方法，"从大处着眼，不局囿于考据的藩篱以内"，这是二者值得肯定之处。"批评家因同情，故能亲切；因深入，故能锋利。"在这一点上，李长之相较而言有其"特别的成就"。李著特别强调李白笃信道教、向往鲁仲连，"从而说明其痛苦所在，一气呵成，可谓搔着痒处"。该书"透澈的发挥了杜甫赠李白的一首小诗——秋来相顾尚飘蓬，未就丹砂愧葛洪；痛饮狂歌空度日，飞扬跋扈为谁雄!"书中对此诗的阐发，"恰好成为全书最好的提要"。

不过，"作为正式评论看，李著的分量尚嫌不足"与"轻率"。而其中的李杜比较论，尤值得商榷。在梁实秋看来，李白的性格，确有不能令人"敬服"的地方，即如著者在该书 91 页所活画的李白，也只是一个"颓废者"形象，"分明是逃避现实"。李长之虽然"很确实的指陈'道教的精神最合乎国人'，'无疑的是有一种本位文化的意味在内'"，

① 李长之：《道教徒的诗人李白及其痛苦》，商务印书馆，1943，第 15—16 页。

梁实秋则明确表示"我们现在甚不想要这种适合国情的精神"。① 他所崇扬的，还是杜甫的系于当下。

梁实秋弃李白之超旷而取杜甫之淑世，这与他在主编《中央日报》副刊《平明》时所受"与抗战无关"论的批评，形成鲜明对照。如前所述，全面抗战时期，梁实秋在北碚担任国立编译馆翻译委员会主任，而李长之与朱偰均曾兼任编译馆编审，故有共事之雅。梁实秋为两君新著撰写书评，或即出于这一背景。对于李长之，梁实秋后来另有专文回忆说：

> 抗战时我在北碚，长之在沙坪坝。我听人说起，他承唐君毅教授之介认识了一位女生。据说女至孝，因此长之乃不胜其爱慕。复有君毅先生之执柯，立即委禽。不料结缡才数日，因细故遽起勃谿，而且情形相当严重，好事者绘影绘声广为传播。我闻之不悦。婚姻之事，外人不可置喙，尤其不可作为谈助。我径函长之，问他愿否来北碚参加国立编译馆的工作。他的家庭问题我始终一字不提。他欣然独身就道，于是开始了我们在一起四五年的朝夕切磋。②

---

① 梁实秋：《关于李杜的两本新书》，《星期评论》第 36 期，1941 年 10 月 30 日，第 13—14 页。《星期评论》由刘英士主干，高良佐编辑，星期评论社（重庆小龙坎戴家院）出版，中国文化服务社经售。《读书通讯》第 35 期（1942 年 2 月 1 日出版）"新书目提要"中也摘引梁实秋的评论文字以为介绍（第 15—16 页）。该刊编辑兼发行：中国文化服务社读书会（重庆磁器街三十九号）。

② 梁实秋：《忆李长之》，载梁实秋《雅舍忆旧》，武汉出版社，2013，第 241 页。

第九节　魏洛克及其杜甫传

全面抗战时期，大后方的国际文化交流，并未因为战火阻隔而暂停。表现在杜甫研究领域，则是对汉学家魏洛克的关注。这使抗战大后方的杜甫研究，在某种程度上具有一种世界品质。1942 年 6 月 23 日《中央日报·扫荡报》联合版第 2 版，有消息《杜甫传作者魏洛克病逝：氏曾漫游我国各地，对我文学极有心得》云：

> 【中央社本市讯】据此间接获由美国传来消息，美国名教授麦尼尔博士之夫人魏洛克女士（Florence Wheelock）已于四月二十四日病逝于支加哥寓所，此间文化教育两界人士及女士生前各友好闻讯均表悼惜。女士生于上海，研究我国文学，颇有心得，著有杜甫传，及有关我国文化书籍多种，曾来华各地漫游，于一九三四年并至重庆及成都一行，此为最后来华之一次。其夫为美国名教授，曾任圣约翰大学历史教授，现任支加哥大学远东历史教授。

弗劳伦斯·魏洛克·艾斯库（Florence Wheelock Ayscough，1878—1942），或译作"艾思柯""爱诗客"。① 美国汉学家。著有《杜甫：诗人的自传》（*Tu Fu: The Autobiography of a Chinese Poet, Vol.* Ⅰ*, A. D.* 712 – 749*, London: J.*

---

① 或云：因艾斯库青年时代即随父来华，久居中国，通晓中文，酷爱中国古诗，故有"爱诗客"之称。参见张忠纲、赵睿才、綦维、孙微编著《杜集叙录》，齐鲁书社，2008，第 728 页。

Cape; Boston and New York: Houghton Mifflin, 1929) 及其续篇《江湖客杜甫》(*The Travels of a Chinese Poet: Tu Fu, Guest of Rivers and Lakes, Vol. Ⅱ*, *A. D. 759 - 770*, London: J. Cape; Boston and New York: Houghton Mifflin, 1934)。据杨伦《杜诗镜铨》,两卷书共译有杜诗 530 首。"这是 20 世纪 20 至 30 年代西方除冯·察赫的德译文外,译杜甫诗较多的译著。"① 此外撰写及翻译的尚有:《松花笺》(*Fir-flower Tablets: Poems Translated from the Chinese*, Boston and New York: Houghton Mifflin Company, 1921); *A Chinese Mirror: Being Reflections of the Reality behind Appearance*(London: Jonathan Cape Ltd. , 1925) ② ; *The Autobiography of a Chinese Dog* (Boston and New York: Houghton Mifflin Company, 1926); *Chinese Women Yesterday and Today* (Boston: Houghton Mifflin Company, 1937); 等等。

　　魏洛克有关杜甫的著述,一是《松花笺》。该书是魏洛克与美国意象派女诗人艾米·洛厄尔 (Amy Lowell, 1874—1925) 合译的中国古诗选集,收录的大部分为唐代诗人的作品。全书译唐诗 119 首,其中李白诗 83 首,杜甫诗 14 首。作者在引言中,简要介绍了李白与杜甫的生平,并对两人的诗歌风格有所评价和比较,是为魏洛克对杜甫及其诗歌的最早研究。

---

① 张忠纲、赵睿才、綦维、孙微编著《杜集叙录》,齐鲁书社,2008,第 729 页。关于两卷书的介绍,可同时参见郑庆笃、焦裕银、张忠纲、冯建国编著《杜集书目提要》,齐鲁书社,1986,第 433 页。据此两书,其出版者可译作"英国伦敦乔纳森·凯普出版与美国波士顿及纽约休顿·米弗林公司联合出版"。

② 《中国的一面镜子:现实的反映》,1925 年于伦敦出版,464 页。书中对杜甫生平及其诗歌的现实性进行探索和评介,译有杜诗十余首。参见张忠纲、赵睿才、綦维、孙微编著《杜集叙录》,齐鲁书社,2008,第 729 页。

二是《杜甫：诗人的自传》及其续篇。两书共精心选译具有"代表性和转折性"的诗歌，用于讲述杜甫的生平和思想。作者首先提取诗中的叙事信息，按照居住地的变迁，对诗人的生活划分片段，包括"童年时代""少年时代""轻狂时代""中年时代"。其中"轻狂时代"分三章：在齐的岁月（739—741）、在东都的岁月（741—746）、与李邕和李白的友谊。《中年时代》分16章：回到京都、与韦济的交往、旅于东都、旅居长安、边事、三大礼赋、归杜陵、杨氏家族的兴起、京城之游、东北边境的杀气、奉先县、从白水到三川、奔灵武、困于长安、任左拾遗时期、任华州司功参军。

魏洛克杜甫研究的启导和影响，主要见诸两大领域。首先，《杜甫：诗人的自传》及其续篇《江湖客杜甫》是英语世界中最早的杜甫传记，此后便有更多的杜甫传记问世，如洪业（William Hung）的《中国最伟大的诗人——杜甫》、戴维斯（A. R. Davis）的《杜甫传》（*Tu Fu*，New York：Twayne Publishers，1971）[①] 等。

其次，魏洛克确立了"以杜解杜"的独特的写作体例和风格，即把杜甫的诗歌按照时间、地点有序地排列起来，使其成为一部自传作品。作者所选拣的诗歌，既能展示杜甫的形象，还能反映杜甫的生活经历和性格特征，它们的聚合与叠加，构成了诗人完整的生命展示和性格呈现。此一体例，多为后来的杜甫传记采用，典型的如冯至的《杜甫传》、陈

---

① 阿尔伯特·R. 戴维斯（？—1983），澳大利亚汉学家。是书为美国"特怀恩世界作家丛书"第110种，分两部分：上部分述杜甫生平，下部分论杜诗的艺术特点、各种体裁及主要主题内容。参见张忠纲、赵睿才、綦维、孙微编著《杜集叙录》，齐鲁书社，2008，第732页；郑庆笃、焦裕银、张忠纲、冯建国编著《杜集书目提要》，齐鲁书社，1986，第434页。

贻焮的《杜甫评传》等。但冯至的重点不在于介绍作品，而是将其"作为获取信息的史料"。"全书的重点始终是人，而不是诗。"① 此外，如金启华、金小平选评的《杜甫诗史》（上海教育出版社，1989）也颇受其影响。该书将杜甫一生的创作分五个时期，即少壮游学时期、长安十年时期、天宝之乱时期、成都夔府寓居时期、荆湘漂泊时期，选评主要依据三项标准：一是从它反映当时现实生活的角度来选，二是从杜甫一生中各个阶段的诗作来选，三是从杜甫诗歌本身的发展情况来选。所选诗歌，合而观之，则是一部"杜甫诗史"。

---

① 上述关于魏洛克的有关介绍，参见李芳《英语世界中的第一部杜甫传记——弗劳伦斯·艾斯库的〈杜甫：诗人的自传〉》，《新世纪图书馆》2007 年第 3 期。

第三章
抗战大后方历史学者的杜甫研究

　　杜诗素来有"诗史"之誉。论者以为，杜甫通过其诗歌创作，为其所生活的时代，绘出一幅生动、逼真的长卷。杜诗不但为唐朝社会保留下丰富而鲜活的细节，而且可为正史纠偏补阙，尤其是对安史之乱的状写，对苦难众生的描摹，历历如绘，足可让后世人们如临其境，感同身受。

　　杜诗的"诗史"品格，受到历史学家的高度重视。学者通过解读杜诗，释放其中的历史信息，捕捉其中的历史元素，进而重构、再现当时的社会面貌，一方面可以取得"诗史互证"的效果，另一方面可达到"以史为鉴"的目的。抗战时期，亦有不少学者致力于此项工作，其中较为突出者，有贺昌群、杜呈祥等人。本章的论述，将以朱希祖、贺昌群、杜呈祥三人为主，兼涉翦伯赞的有关研究。

第一节　朱希祖论杜

　　朱希祖（1879—1944），字逷先，又作迪先、逖先。浙江海盐人。1905 年，官费留学日本早稻田大学，攻史学专业。1908 年，在东京与鲁迅同随章太炎学习《说文解字》。1918 年，任北京大学中国文学系主任，教授中国文学史。不久兼任史学系主任，其间积极参与推行白话文。1920 年，联合北大六教授上书教育部，要求推行新式标点，中国新式标点自此始。是年底，和沈雁冰、郑振铎、叶圣陶等 12 人共同发起成立文学研究会。1923 年夏，应陕西督军刘镇华之请，入关中讲学，摹拓汉唐石刻。1926 年夏，改任清华、辅仁两大学教授。1928 年，重返北大，任史学系主任，并发起成立中国史学会。1930 年，入中央研究院，任研究员。1932 年，任广州中山大学教授兼文史研究所所长。1934 年，受聘为南京中央大学历史系主任，同年任古物保管委员会主任。1935年、1936 年，任高等考试典试委员。1937 年 11 月，随校西迁入蜀。1938 年，就大学课程标准问题，复议教育部。1940年，任国史馆筹备委员会总干事，不久即辞国史馆职；3 月，由重庆中央大学历史系主任改任考试院考选委员会委员，后兼任考试院公职候选人检核委员会主任。1944 年 7 月 5 日，因肺气肿病发，逝于重庆。

朱希祖论杜，并无专文专著，生前亦较少文字公开发表，但在日记中，多有记载，尤其是集中于 1939 年 9 月至 1940年 1 月。

首先来看朱希祖对杜诗的阅读情况：

1939 年 9 月 26 日，"夜阅《杜工部诗》"。①

10 月 22 日，"午后及夜阅杜工部诗及全集序、跋、题词"。②

10 月 27 日，"阅《杜集》《昔游》《壮游》《遣怀》等篇"。③

10 月 28 日，"阅《杜集》《八哀诗》《三吏》《三别》诸诗"。④

① 朱元曙、朱乐川整理《朱希祖日记》下册，中华书局，2012，第 1099 页。
② 朱元曙、朱乐川整理《朱希祖日记》下册，中华书局，2012，第 1107 页。
③ 朱元曙、朱乐川整理《朱希祖日记》下册，中华书局，2012，第 1109 页。
④ 朱元曙、朱乐川整理《朱希祖日记》下册，中华书局，2012，第 1109 页。

10 月 29 日，"阅《杜集》"。[1]

11 月 8 日，"夜阅《杜集》七古"。[2]

11 月 21 日，"阅《杜工部诗》"。[3]

11 月 22 日，"本日仍读杜诗，摘句"。[4]

11 月 23 日，"仍读杜诗，摘句"。[5]

11 月 24 日，"夜阅杜诗，沐浴"。[6]

11 月 25 日，"八时至十时阅杜诗"。[7]

11 月 27 日，"仍阅杜诗。本日阅完"。[8]

11 月 28 日，"综阅杜诗，并阅吴梅村诗"。[9]

12 月 4 日，"阅《十八家诗钞》中李白、杜甫二家七绝"。[10]

12 月 25 日，"午后读李太白七古，夜读杜少陵七古"。[11]

1940 年 1 月 3 日，"阅杜诗"。[12]

1 月 14 日，"上午阅杜诗"。[13]

朱希祖读杜，目的或在于提高诗艺。朱希祖不善属文，时人亦有所耳闻，如朱祖延即有札记"朱希祖（一九四五年十月七日）"一则，云："季刚与朱希祖同门友善。希祖勤

① 朱元曙、朱乐川整理《朱希祖日记》下册，中华书局，2012，第 1109 页。
② 朱元曙、朱乐川整理《朱希祖日记》下册，中华书局，2012，第 1112 页。
③ 朱元曙、朱乐川整理《朱希祖日记》下册，中华书局，2012，第 1119 页。
④ 朱元曙、朱乐川整理《朱希祖日记》下册，中华书局，2012，第 1119 页。
⑤ 朱元曙、朱乐川整理《朱希祖日记》下册，中华书局，2012，第 1121 页。
⑥ 朱元曙、朱乐川整理《朱希祖日记》下册，中华书局，2012，第 1121 页。
⑦ 朱元曙、朱乐川整理《朱希祖日记》下册，中华书局，2012，第 1122 页。
⑧ 朱元曙、朱乐川整理《朱希祖日记》下册，中华书局，2012，第 1123 页。
⑨ 朱元曙、朱乐川整理《朱希祖日记》下册，中华书局，2012，第 1123 页。
⑩ 朱元曙、朱乐川整理《朱希祖日记》下册，中华书局，2012，第 1125 页。
⑪ 朱元曙、朱乐川整理《朱希祖日记》下册，中华书局，2012，第 1134 页。
⑫ 朱元曙、朱乐川整理《朱希祖日记》下册，中华书局，2012，第 1138 页。
⑬ 朱元曙、朱乐川整理《朱希祖日记》下册，中华书局，2012，第 1143 页。

于记诵，然拙于为文。尝撰《中国文学史要略》未就，季刚
为厘定而足成之。书出，洛阳纸贵，朱氏之名噪甚，殊不知
季刚实提刀者也。"① 1939 年 9 月 28 日，朱希祖在日记中也
感慨道："余本不能作诗，今始学作，聊以遣愁，肤浅庸陋
不足言诗也。"② 故早在 8 月 6 日，便订立"学年工作计画"，
其一为"艺术"，计划"多作艺术文章，少作考据文章、碑
志传状"。③

对杜诗，朱希祖有一个整体看法，认为"《八哀诗》如
颂，《自京赴奉先咏怀》《北征》等篇以及《前出塞》《后出
塞》《兵车行》《丽人行》《哀江头》《哀王孙》等如大小雅，
《三吏》《三别》等如风，而邻于雅之作特多"。④ 朱希祖研
杜，有"摘句"一法，通过"摘录其诗学有关之句，以窥其
造诣及作诗之法"，进而主张"如此读杜诗，庶可以窥见其
堂奥"。⑤ 现将其摘句所得，录之于后：

第一则：

> "读书破万卷，下笔如有神"可见其根底之深；"许
> 身一何愚，窃比稷与契"可见其志趣之高；"窃攀屈宋

① 朱祖延：《朱祖延集》，崇文书局，2011，第 592 页。引文中的《中国文学
史要略》，或即前文朱偰一节中提到的《中国文学史概要》。1917 年 12 月
28 日，朱希祖致函陈独秀云："《中国上古文学史》，须至明年暑假前编
完，故明年上半年仍须讲义。《中国文学史要略》，未修改之前，亦须用
讲义。明年暑假时大加修改后付印。"时因北京大学文科学长陈独秀在
《北京大学日刊》发布启事，请各教授将自己的讲义编制成书，印制后作
为教材供学生使用，北京大学以后将不再印行讲义。参见朱希祖著，朱元
曙整理《朱希祖书信集 郦亭诗稿》，中华书局，2012，第 266 页。
② 朱元曙、朱乐川整理《朱希祖日记》下册，中华书局，2012，第 1100 页。
③ 朱元曙、朱乐川整理《朱希祖日记》下册，中华书局，2012，第 1075 页。
④ 朱元曙、朱乐川整理《朱希祖日记》下册，中华书局，2012，第 1109 页。
⑤ 朱元曙、朱乐川整理《朱希祖日记》下册，中华书局，2012，第 1119 页。

宜方驾，恐与齐梁作后尘"，"别裁伪①体亲风雅，转益多师是汝师"，可见其规模之大；"或看翡翠兰苕上，未掣鲸鱼碧海中"，"为人性僻耽佳句，语不惊人死不休"，可见其笔力之健；"毫发无遗憾，波澜独老成"，"赋诗新句稳，不觉自长吟"，"新诗改罢自长吟"，"题诗好细论"，可见其工夫之密；"但觉高歌有鬼神，不知饿死填沟壑"，可见其精神之专；"岂有文章惊海内，诗卷长留天地间"，可见其自期之远；"文章千古事，得失寸心知"，可见其辨别之精。②

第二则：

> 李侯有佳句，往往似阴铿。（《与李十二白同寻范十隐居》，卷一）

案：阴铿《安乐宫诗》云："新宫实壮哉，云里望楼台。迢递翔鹍仰，联翩贺燕来。重檐寒雾宿，丹井夏莲开。砌石披新锦，雕梁画早梅。欲知安乐盛，歌管杂尘埃。"昔人谓："此十句律诗，气象庄严，格调鸿整，实百代近体之祖。五言律诗之有阴生，犹五言古诗之始苏、李矣。"然则杜公所谓"李侯有佳句，往往似阴铿"，实指其五言律诗言耳，今阴铿诗流传甚少，不能窥其全豹之美，昧者有不察，谓杜菲薄李白比之阴铿，然杜亦自有句云"颇学阴何苦用心"，岂亦

---

① 原引文作"为"，径改。何谓"伪体"？赵次公曰："公今指言浮华者谓之伪体，欲裁约之，以近风雅。"黄生曰："但其中有真有伪，作者须自具鉴裁：其亲风雅者，真也；其悖风雅者，伪也。"参见萧涤非主编《杜甫全集校注》五，人民文学出版社，2014，第2512页。
② 朱元曙、朱乐川整理《朱希祖日记》下册，中华书局，2012，第1119页。

自行菲薄邪？

第三则：

　　白也诗无敌，飘然思不群。清新庾开府，俊逸鲍参军。（《春日忆李白》，卷一）

　　案：杜公生平服膺庾信，所谓"庾信文章老更成"是也。明杨慎云："庾信之诗，为梁之冠绝，启唐之先鞭。史评其诗曰绮丽，杜子美称之曰清新，又曰老成。绮丽、清新人皆知之，而其老成独子美能发其妙。予尝合而衍之曰绮多伤质，艳多伤骨，清易近薄，新易近尖。子山之诗，绮而有质，艳而有骨，清而不薄，新而不尖，所以为老成也。若元人之诗，非不绮艳，非不清新，而乏老成。宋人诗则强作老成态度，而绮艳、清新概未之有，若子山者可谓兼之矣。不然，则子美何以服之如此？"杨氏谓"清易近薄，新易近尖"，颇亦有见，然谓"老更成"为"老成"，则实曲解。杜所谓"老更成"，实谓其"老更成家"耳，即下文所谓"凌云健笔气纵横"也，老则笔愈健而气愈纵横耳，与"波澜独老成"及"歌辞自作风格老"稍异。盖清新，未必皆老成也，杜句云"诗清立意新"，又云"清新（诗）近道要"，然则，清在修辞，新在立意。辞不清则近于堆垛，意不新则近于陈腐。李白诗云"览君荆山作，江鲍堪动色"，"清水出芙蓉，天然去雕饰"，此所谓清也；韩愈云"惟古于词必己出"，此所谓新也。造此境界，自不易易。

　　又案，杜公《苏端薛复筵简薛华醉歌》云："歌辞自作风格老，近来海内为长句，汝与山东李白好，何刘沈谢力未上（工），才兼鲍照愁绝倒。"然则，李之长句乃近于鲍之俊逸也。

昔年有狂客，号为谪仙人，笔落惊风雨，诗成泣鬼神。（《寄李十二白二十韵》，卷八）

敏捷诗千首，飘零酒一杯。（《不见》注：近无李白消息。卷十）

杜公之称李白如此。①

第四则：

所谓"阅书百氏尽，落笔四座惊"，与"读书破万卷，下笔如有神"可以互相发明。盖学诗而仅在诗集中求诗学，不过仅得其布篇成章、造句用字之法而已，进一步言，亦不过使艺术尽美而已，至其思想学问品格则不专在此也。②

朱希祖尝编《中国文学史》，谓"李白结古风之局，杜甫开新体之端"。《杜少陵评传》"叙"重申此旨，认为："自李杜之后，吾国古今诗体大定，不能越其范围。"就五言古诗而言，人言至杜甫始有长篇，朱希祖则指出，李之五古，"更有长于杜者"；只有"五言排律长篇"，系杜独创，可谓"前无古人"；至于"七言古诗长篇"，则李与杜"相伯仲"。总的说来，"杜之诗体，较李尤能自开境界。杜不效四言，不仿离骚，不用乐府旧题"。③

"叙"进而从三个维度，展开李杜比较。首观其"志"。

---

① 朱元曙、朱乐川整理《朱希祖日记》下册，中华书局，2012，第1119—1121页。
② 朱元曙、朱乐川整理《朱希祖日记》下册，中华书局，2012，第1121页。
③ 朱偰：《杜少陵评传》，青年书店，1941，朱希祖"叙"第1页。

"李杜为诗家轨范，全在其志不凡，李自拟管葛，杜窃比稷契。惟其志高百世，故其诗能光焰万丈。"① "然李之志稍近功利，不忘荣遇，不如杜之己饥己渴，志切民生，尤为纯正。"②

次观其"学"。杜谓"读书万卷，下笔有神"，学诗不但要以"所宗之诗为经典"，且当多读书"以峻其学，以伸其志"，方能下笔有神。"不学则无识"，"多读书则其识自高"。如李杜"同值天宝之乱"，李白"比永王于文皇，有追随其反之嫌"，同时又"比当世时局于楚汉，而欲启内乱以博功名"；杜甫则"深斥乱臣恶子干纪"，同时有感于"诸将乘乱跋扈"，"欲洗兵马以重见天日"。即此一端，便可见二人"识之高下"。③

再观其"艺"。李与杜同时，李不过"戏翡翠于兰苕"，而杜"掣鲸鱼于碧海"。杜诗"贵清丽，而尤贵沉雄"，李诗"多粗豪，杜讥其飞扬跋扈，且欲重与细论文，可知其未臻沉雄之境"。"李富天才，而杜富学力，至其成就，则李实不如杜：李少变化，多怨怼失意，以美人旨酒消愁，百篇之中，十之八九如此。杜甫则鲜其病。"④

最后，针对"当今诗人，类多不立志，不读书，无远识，而误入歧途者，颇不乏人"，朱希祖表明其目的在于"举此大者以箴"。⑤

---

① 朱偰：《杜少陵评传》，青年书店，1941，朱希祖"叙"第1—2页。
② 朱偰：《杜少陵评传》，青年书店，1941，朱希祖"叙"第2页。
③ 朱偰：《杜少陵评传》，青年书店，1941，朱希祖"叙"第2—3页。
④ 朱偰：《杜少陵评传》，青年书店，1941，朱希祖"叙"第3页。
⑤ 朱偰：《杜少陵评传》，青年书店，1941，朱希祖"叙"第3页。

第二节　贺昌群论杜

贺昌群（1903—1973），字藏云，四川马边人。1921 年成都联合中学（即今之成都石室中学）毕业，得堂兄贺昌溪资助，考入沪江大学。一学期后辍学。后入商务印书馆编译所，并参加文学研究会（会号 169）。1928 年 6 月，完成首部学术专著《元曲概论》。1930 年 2 月，东渡日本考察，6 月返馆。1932 年 4 月，由杭州迁北平。1933 年，到北平图书馆任编纂委员，参与居延汉简的整理和释读。卢沟桥事变爆发后，举家南迁至浙江大学史地系任教，后随校迁浙江建德、江西泰和、广西宜山。1939 年 5 月，自宜山经重庆抵乐山，至复性书院供职。1940 年夏，回乡创办小凉山第一所中学——马边中学，并任校长。1941 年 2 月，到四川三台东北大学，为蒙文通代课至 7 月。10 月，改任中央大学历史系教授。1946 年 5 月，随中央大学复员南京，受聘为文学院历史系主任兼研究院历史学部主任。1950 年 3 月，经郑振铎推荐，出任国立南京图书馆馆长。1954 年，调任中国科学院历史研究所研究员，兼任中国科学院图书馆副馆长。1958 年，回历史研究二所专心治学。[①]

贺昌群对唐代诗歌，特别是杜甫诗歌素有研究。早年立下三愿：广《世说新语》刘孝标注，集释《大唐西域记》，集注杜诗。[②] 又曾在南北各旧书坊，尽力搜集杜诗各种注本，

[①] 贺龄华：《贺昌群（藏云）生平及著述年表》，载《贺昌群文集》第三卷，商务印书馆，2003，第 647—680 页。"年表"中"复性书院"作"复兴书院"（第 658、659 页），有误，径改。

[②] 贺昌群：《读杜诗》，载《贺昌群文集》第三卷，商务印书馆，2003，第 54 页。

惜在抗战时期，因四处流离而大多散失。① 任教重庆中央大学期间，开设"杜诗与盛唐时代"课程。1944年3月，在沙坪坝松林坡讲授选修课"杜诗与盛唐时代"即将结束之际，于课堂赋诗，赠诸位同学："读史才情付与谁，为君苦说杜陵诗。兰台词调亲风雅，庾信高文重典仪。三蜀烟花劳想像，一川梦雨点灵旗。萧条异代伤时泪，洒向江山只自悲。"② 伤时感世，其中化用杜诗诗句、嵌入杜诗诗题甚多。并即席为中文系同学周绶章书写条幅。③

需要补充说明的是，上引一诗，其相关信息，均取自《贺昌群文集》。该诗另题《讲杜诗与其时代将毕示诸同学》，发表于《陇铎》④ 新2卷第2期，1948年5月1日出版，但最后两句作"萧条异代哀时泪，洒向江头只自悲"。后又收入马骧程⑤编著《蚕丛鸿爪》一书，中国文学社发行，国民印刷厂印刷，1948年6月6日出版。诗题则又作《三十四年春讲杜诗与其时代将毕示诸同学》，文字与《陇铎》无异。

---

① 《贺昌群文集》第一卷，商务印书馆，2003，林甘泉"总序"第8页。
② 贺昌群：《在松林坡讲杜诗与盛唐之时代（选课）将毕写示诸同学》，载《贺昌群文集》第三卷，商务印书馆，2003，第622页。
③ 贺龄华：《贺昌群（藏云）生平及著述年表》，载《贺昌群文集》第三卷，商务印书馆，2003，第662页。
④ 1939年10月创刊，月刊，甘肃旅渝同学会编行，会址在重庆沙坪坝中央大学内，编辑部在重庆南温泉中央政治学校内，发行部在重庆界石场边疆学校内。出版至第4卷第3期（1946年3月）停刊。1947年2月在南京复刊，重新编号。1948年12月终刊。参见王绿萍编著《四川报刊五十年集成（1897—1949）》，四川大学出版社，2011，第529页。
⑤ 马骧程，1920年6月生，字北空，甘肃民勤人。1944年毕业于国立中央大学文学院中文系。在校期间，与汪辟疆主编《中国文学》月刊，主编《国立中央大学概况》与《陇铎》杂志。毕业后留校任教。抗战胜利后，调任国史馆编辑。后任西北师范大学中文系教授。著有《中国诗人小传》《蚕丛鸿爪》《艺文丛话》《马骧程诗文选》。参见王鹏善编著《钟山诗文集》，东南大学出版社，2013，第356页。

不过，据此可知，该诗的写作时间当在"1945年春"，是则《贺昌群（藏云）生平及著述年表》或又有误。

贺昌群论杜，主要见于下述论文。

1. 《论唐代的边塞诗》

发表于《文学》第2卷第2号，1934年6月1日出版。贺昌群认为，"唐诗风华绰约，声情并茂，尤以征戍边情之诗，最能表现其时代之美"①，故别有此文以述。文章主要论及唐边塞诗与汉乐府的异同、边塞诗兴起的背景以及边塞诗在唐时不同阶段的表现与特征等。其大旨如下。

中国民族不是向海上发展，而是向大陆三面扩张，故西洋民族多咏海之作，而中国有独标一格的边塞文学。唐代的边塞诗和汉乐府的兴起，同是对边塞军旅生活的反映。

唐代诗坛，除以武功为背景外，"出塞"诗也曾充取士的试题之一，故唐朝作者，几乎每人都有边塞诗。单就杜甫而论，其《前出塞》《后出塞》《喜闻官军已临贼寇》《洗兵马》《留花门》可以为例。据徐元正《全唐诗人年表》，开元十四年，置安西都护于龟兹，唐兵三万戍守，百姓甚苦其役。《前出塞》即为此而作。天宝十载，安禄山将幽州、平卢、河东三道兵，讨契丹。《后出塞》即为此而作。至德二载，广平王俶统朔方、回纥、安西众收西京，安庆绪发洛阳兵拒官军，郭子仪与回纥夹击之，复东京。《喜闻官军已临贼寇》三首，即咏此事。

杜甫一方面"仿佛高撑着熊熊的火炬，振臂疾呼"，号召"青年们为国家为民族的光荣而战"。可见诸《后出塞》第一。另一方面，却"依违于传统的保守政策，以为对外征

---

① 贺昌群：《汉唐精神》（续完），《读书通讯》第86期，1944年3月15日，第10页。

伐，足以使国病民穷"，如《前出塞》第一、《兵车行》等。杜诗处处含着两种矛盾的情调：既悲天悯人，又极富爱国爱家热情。① 杜甫思想的这一悖论，贺昌群在其后的《读杜诗》中也有所揭示。他认为，大凡情意深远之人，生当战乱杀伐的时代，一面"深感战争的残酷与人类的愚蠢"，一面又为"民族国家的图存"，"不能不讴歌战争，打叠起一番勇气"。因此，"一部杜诗的感情，就徘徊于这二者之间，不能自已"。②

2.《读杜诗》

收入《贺昌群文集》第三卷，分两节：安史之乱的流亡、入蜀岁月。该文最初发表时，无小标题。其中，《安史之乱的流亡》，刊《中国青年》第7卷第1期③，1942年7月1日出版；《入蜀岁月》，刊《中国青年》第7卷第4、5期合刊，1942年11月出版。《贺昌群（藏云）生平及著述年表》径作"7月，《读杜诗》在《中国青年》七卷一、四、五期连载"④，显然不妥。

文章开篇谈到杜诗的"包罗万有"，具体而言，有："诗家常用以托意的香草美人""经学义理中陶溶出的见道之语""每饭不忘君国的忠义之心""儿女情长的家庭恩爱""山长水远的朋友交情""天机活泼的齐物观""不

① 贺昌群：《论唐代的边塞诗》，《文学》第2卷第2号，1934年6月1日，总第1073页。
② 贺昌群：《读杜诗》（二），《中国青年》第7卷第4、5期合刊，1942年11月1日，第34页。
③ 编辑兼发行者：中国青年月刊社（重庆两浮支路八十号附一号）；总经售：中国文化服务社（重庆磁器街）；印刷者：巴渝印刷所（重庆中一路八二号）。
④ 贺龄华：《贺昌群（藏云）生平及著述年表》，载《贺昌群文集》第三卷，商务印书馆，2003，第661页。

与社会妥协的革命性"。在这许多要素中，古往今来的诗家倘能"得其一体"，便可"自成一格"。正是由于其"渊博的学力"与"雄浑的诗才"，杜诗得以充分地代表他的时代。

首先来看其游踪。杜甫足迹可与"司马迁的游踪等量齐观"。正如太史公之文得山水之助，故有奇气，杜工部之诗，也得力于山水之助，而成其"雄浑之格，变化无穷"。

次则言及杜甫生平。贺昌群的叙述，迭有卓见，其可称道者，一是《哀江头》，"更当一篇《长恨歌》读"，以之为代表，杜诗在唐时便已称为诗史。二是《北征》，首二句"皇帝二载秋，闰八月初吉"，与陶渊明的"结庐在人境，而无车马喧"，同是以散文格调入诗，堪称"旷古未有的创格"。三是《春望》。贺昌群引司马温公《迂叟诗话》的解释，由安禄山叛军糜烂后的长安，联想到被日军攻陷的南京。

安史之乱中，杜甫"心力所寄"，主要在三个方面。一是对其"所忠爱的朝廷"，"永远每饭不忘"，"无时无地不流露着"。二是"热切地呐喊着社会的痛苦"。《新安吏》《石壕吏》《垂老别》《无家别》是其代表作。诗人担荷着人间世的一切痛苦，不平则鸣，慷慨激烈。三是"怀念着乱离中朋友的生死之情"，梦李白，送郑虔，怀高适、岑参，对所敬爱怜惜的朋友，一往情深，死心塌地。而"最苦的是室家之累，最伤心的是儿女骨肉之情"，所谓"骨肉"，亦包括弟妹。其《同谷七歌》，略仿蔡琰《胡笳十八拍》，千载后读之，犹极哀痛。

关于杜甫居蜀，贺昌群首先证实"少陵入蜀，明是投依严武"，至于《韵语阳秋》以为裴冕，则明显有误。倒是后来移居夔府，"必为裴冕所招无疑"。其次是有关杜甫的成都生活。少陵居草堂，"虽说幽静无尘诗"，"内心却充满着对朋友、对社会、对人生的万千热情"。与此同时,其"去国怀乡之思,忧时感世之意,无时或已"。

3. 《记杜少陵浪迹西川》

发表于《说文月刊》第 4 卷合刊①,1944 年 5 月出版。《贺昌群文集》收入此文时,末署"《说文月刊》第 4 卷(1944 年 6 月)"②,月份有误。文字亦多有不同。

作者行文时,不时旁逸斜出,故其文理较为杂乱,现略做梳理。

题中的"西川",主要指两地:一是梓州,一是阆州。

先看梓州。少陵在梓州,盘桓约一年。一方面,此地有不少新交故旧,自然有一番诗酒优游。其相与交游的人物,大多是从中原避难或宦游蜀中的人,"常南北东西地流动着"。值得注意的是,酒与女人常是李白诗料,而少陵集中,提到女人,除妻子之外,简直没有。杜诗特别提到女伎的只有《数陪李梓州泛江有女乐在诸舫戏为艳曲二首赠李》,"算是老杜一生难得的雅兴",而所谓"艳曲",亦不过"使君自有妇,莫学野鸳鸯"。另一方面,梓州名胜很多,梵刹林立,如牛头寺、兜率寺、香积寺、惠义寺,均是少陵当日诗酒流连之所。

再看阆州。代宗广德元年,少陵一度携眷往阆州。其原因有三:或为探亲,或是特地去祭房琯墓,或是准备沿嘉陵江东下出川。贺昌群认为"当以最后一种为有力"。广德二年春,严武再镇成都。是年春晚,少陵亦归。

---

① 编辑者:说文社编辑部;发行者:卫聚贤;出版者:说文社(重庆陕西路十三号);印刷者:说文社出版部(重庆中一路八十六号);经售者:说文社门市部(重庆中一路八十六号)、铁风出版社(成都祠堂街一〇〇号)。

② 《贺昌群文集》第三卷,商务印书馆,2003,第 585 页。

贺昌群总结杜甫入蜀后的诗作,认为"经过重重的忧患,跋涉了万水千山",其"诗的意境""更广大","诗的技术更老练精细","诗的题材更加丰富"。此中有两个基本观念,一是"对于过去承平时代的追念,和切迫的感到日就衰谢,渴望着事平后还乡的日子"。其"入蜀后的诗几乎一切以此为诗情的出发点,虽有变化而不离其宗"。① 二是"感时伤世,抚今思昔",如开元盛世的国力充实、民康物阜,可见于《忆昔》;又如士大夫的游观之乐,可见于《乐游园歌》。不过,"少陵虽然怀念着过去","却不是贪恋着过去"。②

4.《诗中之史》

文章末署"1962 年 7 月 15 日完稿,12 月 8 日写清"。发表于《文史》第三辑,新建设编辑部编,中华书局 1963 年10 月出版。《贺昌群(藏云)生平及著述年表》作"12 月,《诗中之史》载《文史》第三辑"③,时间有误。

该文"可以说是贺昌群研究杜诗的一篇总结之作"。④ 共分六节。论者指出,"在中国古典文学史上,杜诗所以冠绝一时","在于他的诗能密切联系着社会生活,联系着时代,联系着自己的思想感情,联系到一切"。⑤ "作为一个伟大的诗人,杜甫具有浓厚的史学素养和高远的史识",论者因此

---

① 贺昌群:《记杜少陵浪迹西川》,《说文月刊》第 4 卷合刊,1944 年 5 月,第 270 页。

② 贺昌群:《记杜少陵浪迹西川》,《说文月刊》第 4 卷合刊,1944 年 5 月,第 272 页。

③ 《贺昌群文集》第三卷,商务印书馆,2003,第 677 页。

④ 《贺昌群文集》第一卷,商务印书馆,2003,林甘泉"总序"第 10 页。该页序文云"1962 年《文史》",亦有误。

⑤ 《贺昌群文集》第三卷,商务印书馆,2003,第 80 页。

特别强调，研究杜甫的诗，还须从"诗人之外"的角度出发，"才能尽其诗所表现的现实主义的精神实质"。①

贺昌群论杜，亦散见于其他篇章。如其《汉唐精神》指出，"大抵诗的生活，多少富于浪漫性，人生必具有适当之浪漫性，心有憧憬，始不至过于枯燥严肃，乏生人之趣，墨学苦行，使人忧，使人悲，终成绝学"。"杜少陵诗，号为有醇醇儒者之风，而当其与李白、高适春歌丛台，秋猎青丘，'放荡齐赵间，裘马颇清狂'（《壮游》）"。与此同时，"自来诗酒相连，酒可激动浪漫之情绪"，故"少陵酒债寻常随处有，李白斗酒诗百篇"。② 关于杜甫及杜诗的浪漫性，贺昌群早有发现，《记杜少陵浪迹西川》即已指出，杜甫的"性情虽然温柔敦厚，得风人诗教之正"，但也难逃"那个时代特别富有的浪漫色彩"，如其自白"我生性放诞，雅欲逃自然"，故其"又有一种悠然意远的山林之心"，"虽在流离转徙之中，每到一地，总想寻一个怡情遣兴之所"。③

总的说来，贺昌群对杜甫的关注与研究，贯其一生。其有关论述，具有扎实的文献工夫、深切的时代体验和独特的史家眼光，如其较早敏锐地认识到战争、民族迁徙、文化传播三者之间的互动："从前永嘉之乱，中原板荡，晋室播迁"，因此，衣冠文物也"南流江左"；而唐明皇幸蜀，其扈从之中，也多有惊才绝艺者陆续随来，"留下许多

---

① 《贺昌群文集》第三卷，商务印书馆，2003，第82页。
② 贺昌群：《汉唐精神》（续完），《读书通讯》第86期，1944年3月15日，第10页。引文"杜少陵诗"，《贺昌群文集》第三卷作"杜少陵"（第161页）。
③ 贺昌群：《记杜少陵浪迹西川》，《说文月刊》第4卷合刊，1944年5月，第269页。

新文化的因素"。① 所以"战争常常是促成民族的大迁徙，也就是文化传播的媒介，晋室南渡，使江域被化，安史之乱，唐玄宗幸蜀，使四川被上一层浓厚的中原文化的色彩"。② 而抗战时期民族的迁徙，又何尝没有文化的播迁与流衍？

贺昌群论杜，也存在一些疏误与时代局限。付定裕曾指出，《读杜诗》和《记杜少陵浪迹西川》主观色彩明显，故有考证失察之处；《诗中之史》则有"生硬套用当时主流理论观点的弊病，行文蹇涩，多有理论与论述不相弥合处"。③

第三节　杜呈祥的杜甫研究

杜呈祥（1909—1965?），字云五，山东乐陵人。1936 年9 月，国立北京大学史学系毕业。与邓广铭同学。曾任安徽大学副教授、中国国民党党史编纂委员。全面抗战时期，任国民党中央团部编审室编审。④ 赴台后，曾任台湾省立师范

---

① 贺昌群：《读杜诗》（二），《中国青年》第 7 卷第 4、5 期合刊，1942 年11 月 1 日，第 31 页。引文部分，于《贺昌群文集》第三卷中，辨读多误，如将"扈从（從）"作"扈纵（縱）"，"许多"作"余多"（第 66页），其编校未精，可以推知。
② 贺昌群：《记杜少陵浪迹西川》，《说文月刊》第 4 卷合刊，1944 年 5 月，第 271 页。此则引文，在《贺昌群文集》第三卷中（第 580 页）文字多异。
③ 付定裕：《贺昌群杜甫研究述评》，《杜甫研究学刊》2017 年第 3 期。
④ 初供职于三民主义青年团中央团部宣传处指导组。时任处长黄季陆，副处长邓文仪，主持其事的是丁作韶，成员则有赵友培、张平君、褚道庵、杜呈祥。参见丁作韶《扫荡报在桂林》，载《扫荡二十年——扫荡报的历史记录》，台北："中国文化基金会"，1978，第 172 页。

大学文学院教授、正中书局总编辑。① 前期编著有：《日寇暴行论（1）》（时代出版社，1939 年 1 月）、《国际援华运动（民国二十七年至二十八年）》（青年出版社，1939 年 12 月）、《日人海盗行为的重演——对敌寇"以战养战"毒计的总检讨》（独立出版社，1940 年 2 月）、《到宪政之路》（青年出版社，1944 年 12 月）、《张骞 苏武》（青年出版社，1945 年 6 月初版，1946 年 8 月再版）、《卫青 霍去病》（青年出版社，1945 年 12 月初版，1946 年 8 月再版）、《邹容》（青年出版社，1946 年 8 月再版）、《蒋主席对青年问题之指示》（青年出版社，1946 年）、《辛弃疾》（青年出版社，1946 年 8 月再版）、《卫青霍去病新传》（商务印书馆，1948 年 8 月）。2011 年 7 月，中国三峡出版社再版其《大汉雄风之张骞与苏武》和《大汉雄风之卫青与霍去病》，湮没已久的杜呈祥，重新开始进入读者的视野。

对于杜甫和杜诗，杜呈祥也有大量论述，计有下列篇章：

（1）《杜甫的爱国思想》，《三民主义半月刊》第 6 卷第 2 期，1945 年 1 月 15 日出版。该文后又分两期重刊于《三民主义半月刊》，即第 9 卷第 4 期②，1946 年 6 月 15 日出版；

---

① 杜呈祥有子杜宇堂，系广东省航道局离休干部，育有杜立诚（子）、杜汉芬（女）。2016 年 1 月 18 日，广东省交通运输厅人事处出具《证明》，其中云："根据杜宇堂个人自述，父亲杜呈祥（杜呈祥的父亲为杜树麟），号称云五，1936 年在北京大学历史系毕业，先后在安徽大学教书、在台湾省立师范大学文学院任教授，约在 1965 年去世；根据省航道局党委 1979 年 10 月 23 日《取消对杜宇堂同志限制使用的决定》，杜呈祥曾任三青团中央团部总编审、中央军校教官等职。"2016 年 2 月 2 日，杜汉芬女士将该《证明》的扫描件发与笔者参考。杜呈祥的卒年，或云 1962 年。参见王学庄《跋邹容长兄绍阳履历》，载重庆地方史资料组编《论邹容》，西南师范大学出版社，1987，第 39 页。

② 社址：暂设国民大会堂后慕慈医院。

第 9 卷第 5 期，1946 年 7 月 1 日出版。

（2）《杜甫的才与艺》，《华声》第 1 卷第 5、6 期合刊。① 其具体出版时间不详。② 该文又曾发表于《中国青年》复刊第 3 号，1947 年 5 月 25 日出版。后者在结构上有较大调整，文字与前者也多有不同。

（3）《大诗人杜甫的青年生活》，《中国青年》第 12 卷第 3 期之"人物故事"，1945 年 3 月 15 日出版。

（4）《杜诗中的唐代妇女》，《妇女月刊》第 4 卷第 3 期③，1945 年 4 月出版。末署"三十三年、九月二十六日于渝"。

（5）《杜诗与唐代的歌舞书法绘画》，《文艺先锋》第 7 卷第 4 期④，1945 年 10 月 31 日出版。

（6）《从杜诗中窥见的盛唐政治作风》，有副题"关于唐太宗武后，唐玄宗的纪述"⑤，《史学杂志》创刊号⑥，1945

---

① 出版者：华声半月刊社（重庆民族路保安路第十一号）；发行：王书林、翟桓；经理：赵文璧；编辑：顾櫆。

② 《华声》初为半月刊，第 1 卷第 4 期的出版时间为 1944 年 12 月 25 日，后因"印刷困难"，"自第一卷第五期及第六期起暂改每月出版一次，每次两期合刊（原定每期三十二面左右，合刊后每期六十四面左右）"，但此后即停刊；而合刊"《华声》备忘录（读者通信）"栏所刊四川苍溪读者夏珍的《看了〈猫国春秋〉之后》，末署"三十四年五月二日，苍溪外东龙，古龙王庙"（第 16 页），是则本期合刊的出版，至早当在 1945 年 5 月。

③ 发行者：妇女月刊社（重庆南岸清水溪放牛坪六一号，城内通讯处：重庆中三路巴县中学内）；编辑人：陆翰芩、林苑文、陆晶清；印刷者：中国农民银行总管理处印刷所（李子坝正街九十九号）；总批销处：渝中三路巴中本社。

④ 发行人：张道藩；编辑者：文艺先锋社（重庆会府街曹家庵十六号）；印行者：文艺先锋社；印刷者：鸿福印书馆（重庆江北新村十七号）。

⑤ 《隋唐五代史论著检索》（东北师范大学历史系、吉林师范学院历史系编，1984 年 10 月）作"关于唐太宗、武后、唐玄宗纪述"（第 66 页）。

⑥ 主编者：顾颉刚、刘熊祥；出版者：史学杂志社（重庆中山三路二一〇号）；发行者：郑逢原；总发行所：史学书局（重庆中山三路二一〇号）；印刷所：说文社出版部（重庆中山一路九十六号）；经售处：国内各大书局。

年 12 月 5 日出版。末署"三十三年十一月廿八日于渝"。

（7）《杜甫的贫病生活》，《文史杂志》第 6 卷第 1 期，1946 年 7 月出版。末署"三十四年四月五日于渝"。

另有商榷类文章两篇：

（1）《关于〈杜甫在蜀流寓〉一文商榷》，《读书通讯》第 96 期，1944 年 8 月 15 日出版。末署"三十三年七月廿日于渝"。所谓《杜甫在蜀流寓》一文，原题《杜少陵在蜀之流寓》。

（2）《与翦伯赞论〈杜甫研究〉》，《文化先锋》第 4 卷第 21、22 期合刊，出版时间不详①，末署"三十三年十二月于渝"。

杜呈祥论杜，见解卓特，但长期鲜为人知，现再做疏列，以为引论。

一 关于杜甫其人的生平与思想

（一）杜甫的青年生活

（1）"唐时代青年生活的特色"。杜诗中，有两首七言绝句，最足以表现"盛唐时代青年的生活特色"，一曰《赠李白》，二曰《少年行》。李白"青年时期的生活特色"，也是"盛唐时代一般知识青年所共有的生活方式"。就生活的志趣和形式而言，李杜在青年时代，并无多大差异。这种生活，颇受当时文化（道教）、民族血统（北方少数民族的新血统）

---

① 发行者：张道藩；主编：李辰冬、徐文珊；发行所：中央文化运动委员会文化先锋社（重庆会府街曹家庵十六号）；印刷者：新快报印刷所（江北董家溪二号）；总经售：天地出版社（重庆民生路）。该期的出版时间未具署，但此前的第 19 期，出版时间为 1945 年 2 月 11 日；第 20 期，出版时间为 1945 年 2 月 21 日；笔者曾留意，自该期合刊之后的第 5 卷，连续数期，同样未具出版时间。因其为周刊，可推知第 4 卷第 21、22 期合刊的出版，或在 1945 年 3 月上旬。

和"政治氛围（向外发展的倾向）"的影响。再结合李白的同名诗《少年行》，可以看出：盛唐时代的青年生活，充满"幻想""豪奢""放荡""游动""冒险"。除"读书作诗"之外，还有几个不可缺少的因素："求仙，游侠，饮酒，赌博，歌舞和骑射。"①

（2）"杜甫的幻想生活"。此即言求仙。杜甫的求仙生活，一共经过三个时期。弱冠时即东游吴越，历时五年。此为第一期。开元末年与天宝初年，杜甫游梁宋，是为第二期。天宝四载，李杜在山东共游，系第三期。②

（3）"杜甫与游侠"。此即言游侠。杜甫天宝三载以前的作品，百不得一。但《遣怀》《壮游》等诸篇，有杜甫早年"游侠活动的片段纪载"。此外，如《贫交行》，则反映出杜甫的"任侠思想"。而《义鹘行》一诗，借"鸷鸟的义行"，抒发个人的任侠思想，"足抵太史公的一篇游侠列传"。③

（4）"杜甫的饮酒，博奕④与歌舞生活"。杜甫幼年开始嗜酒；青年交游，更是以酒为媒；中年以后，虽有时"因病禁酒"，但酒和诗仍是其"生活的两个重要因素"。饮酒、赋诗、鼓琴、垂钓之余，喝雉呼卢也是盛唐青年豪侠生活的一种。不过对于"博"，杜甫好像不太感兴趣，所以在其现存

---

① 杜呈祥：《大诗人杜甫的青年生活》，《中国青年》第 12 卷第 3 期，1945 年 3 月 15 日，第 31 页。

② 杜呈祥：《大诗人杜甫的青年生活》，《中国青年》第 12 卷第 3 期，1945 年 3 月 15 日，第 32—33 页。

③ 杜呈祥：《大诗人杜甫的青年生活》，《中国青年》第 12 卷第 3 期，1945 年 3 月 15 日，第 33—34 页。

④ "奕"，通"弈"。《广雅·释言》："围棋，奕也。"杜甫《秋兴》诗之四："闻道长安似奕棋，百年世事不胜悲。""奕棋"，亦作"弈棋"。下棋，古代多指下围棋。

的诗歌中，只有《今夕行》一首，描写自己"相与博塞为欢娱"。① 至于歌舞艺术，杜甫早年也曾"热烈地爱好"并"努力学习过"。②

（5）"杜甫的文武并习与骑射生活"。其文武并习，首先表现于"会用剑"，其次是"善射"，最后是"顶会骑马"。③ 具体可见诸下文有关杜甫才艺的介绍。

总的说来，杜甫青年时期的生活，"深染着浪漫主义的色彩"。而这种浪漫主义，曾经"广泛而周密"地笼罩着盛唐的"社会和文化"。随着唐代"政治社会的隆替"，杜甫也"出没于"这一时代潮流中。可以说：杜甫的青年生活是浪漫的，中年以后的生活，则渐趋现实。前者"浮现着狂热和幻想的色彩"，后者却在"沉郁和强韧"中，"透露出"高尚理想和深厚热情。④

（二）杜甫的才艺

杜甫的青年生活，养成其多才多艺的基础。杜甫的"才高一世"，不仅表现于诗歌方面"迈绝常伦"的成就，对歌舞、书法与绘画，亦有"高深的理解和强大的鉴赏能力"。⑤

杜甫与当时著名的书画家，多有往来，尤与郑虔交谊最厚。与此同时，杜甫对书法亦曾下过相当的功夫，具有高深

---

① 语出杜甫《今夕行》。"博塞"，亦作簙篗，古之局戏也，亦樗蒲之类。
② 杜呈祥：《大诗人杜甫的青年生活》，《中国青年》第 12 卷第 3 期，1945 年 3 月 15 日，第 34—35 页。
③ 杜呈祥：《大诗人杜甫的青年生活》，《中国青年》第 12 卷第 3 期，1945 年 3 月 15 日，第 35—37 页。
④ 杜呈祥：《大诗人杜甫的青年生活》，《中国青年》第 12 卷第 3 期，1945 年 3 月 15 日，第 37 页。
⑤ 杜呈祥：《杜甫的才与艺》，《中国青年》复刊第 3 号，1947 年 5 月 25 日，第 47 页。

的造诣。如《壮游》："九龄书大字"。大历四年（769），杜甫在离长沙赴衡山时，曾作《发潭州》云："贾傅才未有，褚公书绝伦，名高前后事，回首一伤神。"杜诗于此"特举才名书法者"（贾谊、褚遂良），乃"借以自方"，实杜甫"善书之一证"。① 杜诗仇注对此已有发覆。其《赠虞十五司马》亦云："远师虞秘监。"虞世南以书法著名，从"远师"二字看，杜甫学书，当是宗法虞体。钱牧斋笺注《赠卫八处士》"惊呼肠中热"一语云："近时胡俨曰：'常于内阁，见子美亲书赠卫八处士诗，字甚怪伟。'"② 由此可知，杜甫书法的艺术特色，在于"怪伟"。

欣赏歌舞艺术，杜甫也有浓厚的兴趣，而其本人亦会歌舞，尤其是在筵席中，常"醉歌醉舞"。如《陪郑广文游何将军山林》十首之十三云："自笑灯前舞，谁怜醉后歌？"《题郑十八著作虔》："酒酣懒舞谁相拽。"又《暮春题瀼西草堂五首》："哀歌时自短，醉舞为谁醒。"但其醉舞，多半是指舞剑。如《人日二首》："佩剑冲星聊暂拔。"器乐方面，杜甫大概"雅善鼓琴"。其书斋中，常提到琴；而其诗里，也往往"琴书并称"。如："收书动玉琴"（《暝》）；"客至罢琴书"（《过客相寻》）；"琴书散明烛，长夜始堪终"（《向夕》）；等等。③

对于弈棋，杜甫则"素精此道"，且"终身乐此不倦"。如"老妻画纸为棋局"（《江村》）。玄宗宰相房琯，就曾经

---

① 杜呈祥：《杜甫的才与艺》，《华声》第 1 卷第 5、6 期合刊，1945 年［5］月，第 51 页。

② 杜呈祥：《杜甫的才与艺》，《中国青年》复刊第 3 号，1947 年 5 月 25 日，第 47 页。

③ 杜呈祥：《杜甫的才与艺》，《华声》第 1 卷第 5、6 期合刊，1945 年［5］月，第 50 页。

是杜甫的棋友。代宗广德二年（764），杜甫在阆中别房琯墓时，曾作诗追忆："对棋陪谢傅。"注杜诗者，"群以房琯为宰相时，喜听董庭兰弹琴"，后竟"受庭兰之累"，此诗以谢傅（安）围棋作比，"盖为房公解嘲"。杜呈祥则认为，杜甫早与房琯友善。杜甫"固善弈，得与房琯对局"，乃寻常事。此诗实为"纪实"，未必含有为房琯"解嘲"之意。另外，杜甫早年游吴时，曾结识棋友旻上人。其《因许八奉寄江宁旻上人》云"封书寄与泪潺湲"，所谓"旧来好事"和"棋局随竹"，都是指他们往昔的弈棋生活而言。朋友中间，还有弹棋名手席谦。杜甫向慕席谦的棋技，故在《存殁口号》第一首中说"席谦不见近弹棋"，并致慨于"玉局他年无限事"。杜甫因为善弈，所以极喜"观弈"，如："置酒高林下，观棋积水滨"（《赠王二十四侍御契四十韵》）。又因其精于"弈理"，故不时拿弈棋来比喻世事，如"闻道长安似弈棋"（《秋兴八首》之四）。①

最后来看杜甫的武艺。杜甫在"放荡齐赵"的时候，曾和高适、李白同做梁宋之游。他们长剑随身，宴饮时可做舞具，平时则可防身，故杜甫常"剑""书"并举，如"壮年学书剑"。直到晚年，"每逢忧思云集的时候，还不禁仗剑独游"；或在"壮心不死"的时候，"拔剑拨年衰"。杜甫还"善射"。《壮游》一诗，自叙早年的射猎生活。其"骑术"亦佳。寓居夔州时，有《醉为马坠，诸公携酒相看》，描述杜甫酒后策马驰骋，"自高而下，自城而郊"的情形。千载之后读来，"犹觉如在目前"。②

---

① 杜呈祥：《杜甫的才与艺》，《华声》第 1 卷第 5、6 期合刊，1945 年［5］月，第 51 页。

② 杜呈祥：《杜甫的才与艺》，《中国青年》复刊第 3 号，1947 年 5 月 25 日，第 49 页。

由此可见，杜甫堪称一位"大艺术家"，并非"村夫子"型的腐儒。他所表现出的"道貌岸然和满腔忠义"，只是其"外形和精神的一面"。在他的生命里，还充满"天才的跳跃与艺术的因素"。"天才高，肯用功"，是杜甫"复绝千古""不可或缺"的两个条件。[1]

（三）杜甫的贫困与疾病

（1）"杜甫所生的时代"。杜甫生活在一个"内乱继作，外寇侵陵，社会紊乱，人民困苦的变乱时代"。因为避乱和就食，辗转流离，最后竟"流寓而死"。这种"流离的生活和变乱的时代"，充实了杜甫"创作的内容"，并提高了它的史料价值。[2]

（2）"杜甫的贫困"。杜甫一生，有两个"严重关头"。第一个，起源于754年的"关中大饥"。最直接的后果，是"入门闻号咷，幼子饥已卒"（《自京赴奉先咏怀》）。第二次，是在同谷。其《同谷七歌》可以为证。分析杜甫贫困的原因，有如下数端：杜甫虽出身宦家，但并未"承受大量的宦产"，自己又"不善谋生"，加上"过重的家室之累"，自然造成其"流寓时的贫困"。[3]

（3）"杜甫的疾病"。杜甫在唐玄宗天宝十载（751）所上《进西岳赋表》，自称"少小多病"，"常有肺气之疾"，大概就是肺结核。杜甫晚年，有一个值得注意的病象，就是

---

① 杜呈祥：《杜甫的才与艺》，《中国青年》复刊第3号，1947年5月25日，第49页。

② 杜呈祥：《杜甫的贫病生活》，《文史杂志》第6卷第1期，1946年7月，第48页。

③ 杜呈祥：《杜甫的贫病生活》，《文史杂志》第6卷第1期，1946年7月，第50页。

"吐痰很多",如《别李义》:"我衰涕唾烦。"又曾自称"羸瘵""凋瘵""肺痿"。"瘵"普通释作"痨病";"肺痿"在唐代,更是代表"肺痨"。其起因,据《寄薛三郎中据》,是早年和苏源明、郑虔的狂饮。至于是否如此,或由传染,抑或遗传而得,今已无法断定。综计杜甫从"弃官去秦州"到"死于湖南"的十多年内,几乎"无日不在和病魔斗争"。最足以表现此种情形者,为代宗大历三年(768)所写诗句:"十年婴药饵。"其肺病,因受"流亡生活和剑南气候的影响","日见沉重",所以杜甫在入蜀后的诗作中,提到肺病的地方很多。①

杜甫的另一痼疾是疟疾。入蜀前,曾经"三年犹疟疾"。到四川后,仍不时发病,最厉害的一次,是在夔州,从大历元年冬天到二年春天。由于久病体弱,杜甫到50岁以后,"头发尽白,牙齿也大半脱落",可见诸《莫相疑行》和《春日江村五首》。杜甫的"左耳重听",始于大历二年的秋天,有《耳聋》诗。到长沙之后,右臂又开始"偏枯"。"自经丧乱少睡眠。""气衰"和"心弱",导致"神经衰弱",杜甫晚年,常"彻夜不眠"。此外,杜甫在大历元年寓居云安和夔州西阁时,还曾患"脚疾"。②

(4)"杜甫处贫病的态度"。对于贫穷,杜甫并非"甘之如饴",而是"诅咒有加"。杜甫百病交集,最大的困难,就是"营养不良"。其次,是"在耳聋臂枯之后,诸多行动不便,在在需人",自会构成其"精神上的痛苦"。至于"筹措

---

① 杜呈祥:《杜甫的贫病生活》,《文史杂志》第 6 卷第 1 期,1946 年 7 月,第 51 页。

② 杜呈祥:《杜甫的贫病生活》,《文史杂志》第 6 卷第 1 期,1946 年 7 月,第 52—53 页。

药资"和"服药针灸",也常令诗人不堪忍受。[1] 入蜀以后,
杜甫"到处依人为生",但并未"消极悲观"。[2] 晚年杜甫,
"深恨""健康的限制","不能为国宣劳",故其"忧时念
君"的诗歌,大多提到自己的疾病。杜甫不但"病不忘君",
而且正因为多病,才更加"喁喁望治",希望战乱早日敉
平。[3] 创作方面,杜甫是穷而后工,穷而后多。可以说:"贫
病致杜甫于死,而流离的生活和变乱的时代",有以促之。[4]

(四)杜甫的爱国思想

如上所言,国家变乱造成的贫苦生活,对杜甫的爱国思
想,是一种"试验和淬砺"。东坡曾谓杜甫是"一饭未尝忘
君",而杜甫眼中,"君"就是"国家"。对国家的"爱恋和
关心",可说是"造次必于斯,颠沛必于斯"。[5] 杜甫的"忠
君思想",根本就是"极其纯正而深厚"的"爱国思想"。从
杜甫一生的事迹,可以显见。

杜甫并非"一介不取",但在"出处大节"方面,却是
"丝毫不苟"。杜甫虽"蹭蹬仕途,流身剑外,也绝未降低自
己的政治理想或小就",更未因生活的压迫,"屈身于叛臣或
藩镇之门"。即便途陷贼中,也未出任伪职。杜甫不但"洁

---

① 杜呈祥:《杜甫的贫病生活》,《文史杂志》第6卷第1期,1946年7月,第
   53页。
② 杜呈祥:《杜甫的贫病生活》,《文史杂志》第6卷第1期,1946年7月,
   第54页。
③ 杜呈祥:《杜甫的贫病生活》,《文史杂志》第6卷第1期,1946年7月,第
   55页。
④ 杜呈祥:《杜甫的贫病生活》,《文史杂志》第6卷第1期,1946年7月,第
   56页。
⑤ 杜呈祥:《杜甫的贫病生活》,《文史杂志》第6卷第1期,1946年7月,第
   55页。

身自好"，还"时常勉励"当时的一般文人"愿子少干谒"。① 《述怀》和《北征》，正是杜甫忠君思想的写照。最具体的表现，是"安史之乱"发生后，杜甫的许多诗歌，"有意贬斥叛逆，鼓吹中兴"。如《凤凰台》，如《忆昔》二首之二、《往在》等，均曾深致此意。②

杜甫爱国思想的另一重要表现，是其诗歌时常"谆谆劝诫"安史之乱后的藩镇，希望他们"停止割据，服从朝廷"，使唐代重建一统。首先，杜甫敢于"明白指摘""当时藩镇的割据行为"。如其《入衡州》所说："重镇如割据，轻权绝纪纲。"其次，则是"劝诫藩镇不要拥兵自保，要能率兵勤王"。如《冬狩行》《承闻河北诸道节度入朝欢喜口号绝句十二首》。杜呈祥在此着力标举杜甫的爱国热忱和贞亮大节，无疑与汪精卫之流的叛国以及沦陷区部分文人的附逆，形成鲜明的对照，从而产生强烈的警示意义。

最后，杜甫的忠君，"不是一味地依违取容，而是敢言直谏，颇有古大臣之风"。除批肃宗逆鳞、疏救宰相房琯之外，杜甫诗中，更有许多讽刺皇帝"失德失政"的作品，如《洗兵马》、《忆昔》二首首章，所以杜甫的忠君思想，"不是忠于皇帝个人，而是忠于社稷"，也即"忠于整个国家民族"。③

---

① 杜呈祥：《杜甫的贫病生活》，《文史杂志》第 6 卷第 1 期，1946 年 7 月，第 55—56 页。

② 杜呈祥：《杜甫的爱国思想》，《三民主义半月刊》第 6 卷第 2 期，1945 年 1 月 15 日，第 30 页。

③ 杜呈祥：《杜甫的爱国思想》，《三民主义半月刊》第 6 卷第 2 期，1945 年 1 月 15 日，第 31 页。

二 杜诗所反映的唐代社会

杜甫是"写实主义的大诗人",其"政治兴趣"亦颇"浓厚"。杜诗有许多是"对于时事的叙述批评,讽喻,希望和颂扬","直接构成了它们的史料价值",也使之赢得"善于铺陈终始"(见唐元稹所作杜甫墓系铭序)和"诗史"的评语与称谓。其中,"以文化的材料为最丰富",记录了"唐代诗歌、书法、绘画和歌舞等部门发展的实况";关于政治史的材料,则"以叙述安史之乱,吐蕃回纥入寇,肃宗代宗的施政和藩镇之祸的诸诗为最可贵"。①

(一)杜诗中的唐代妇女

"情不忘君"是一面,"伤时挠弱"则是另一面。杜甫伟大深厚的同情,一半源自天性忠厚,一半受个人贫困生活的磨炼而成。这种同情,在杜甫对妇女的描述中,也随处可见。

杜诗中的唐代妇女,主要有以下类型。一是"天才的政治家",如武后、太宗宰相王珪的夫人杜氏。二是"女艺术家",如玄宗时的"歌舞明星"公孙大娘、李十二娘、李仙奴以及杨氏歌女等。② 三是"贫苦妇女群"。对唐代的贫苦妇女,杜甫"屡次用极同情的笔调",写出"她们的生活和痛苦"。如《自京赴奉先咏怀》《遭遇》。《负薪行》也是一首极富"社会史料价值"的诗歌。③ 四是"战士的家属"。在

---

① 杜呈祥:《从杜诗中窥见的盛唐政治作风》,《史学杂志》第 1 期,1945 年 12 月 5 日,第 47 页。
② 杜呈祥:《杜诗中的唐代妇女》,《妇女月刊》第 4 卷第 3 期,1945 年 4 月,第 52 页。
③ 杜呈祥:《杜诗中的唐代妇女》,《妇女月刊》第 4 卷第 3 期,1945 年 4 月,第 53 页。

剿平安史之乱的过程中，战士家属"所遭受的种种痛苦"，在杜诗中也一一得到反映。最具代表性的，是千古绝唱"三吏""三别"。一方面，她们表现出贡献亲人的"悲苦"；另一方面，她们表现出"勇敢果断"的性格。[①] 五是"乱离时代的牺牲者"。安史之乱时，由于"玄宗仓皇西走，许多妃嫔宫女，未及随行，纷遭贼兵杀戮和蹂躏"。又有许多"名门淑媛"，因为和"夫家或母家"失去联系，"流离失所"，甚至惨遭遗弃。而一般民间女子惨遭"杀戮或蹂躏"者，更是"实繁有徒"。如《往在》《佳人》《三绝句》等。"战时的婚姻问题"，作为"社会问题的一种"，其社会意义，不容忽视。以上"几种类型的妇女活动"，是杜甫用同情的笔调和语气所记述，代表着"唐代妇女社会的光荣面或悲惨面"。[②]

杜诗中另有一种典型妇女，便是杨贵妃和她三个姐姐。如《丽人行》《虢国夫人》。对她们，杜甫可谓"深恶痛绝"。同时，对杨贵妃的"恃宠招乱"，杜甫在《哀江头》中，表达了自己的"鄙弃"。[③]

（二）杜诗中的盛唐政治作风

杜呈祥认为，通过杜诗，得以"窥探""初唐到盛唐的三个政治领袖——唐太宗、武后、唐玄宗"的"政治作风"及所得评论，进而"测量""人的因素"在历史发展中的作

---

① 杜呈祥：《杜诗中的唐代妇女》，《妇女月刊》第 4 卷第 3 期，1945 年 4 月，第 54 页。
② 杜呈祥：《杜诗中的唐代妇女》，《妇女月刊》第 4 卷第 3 期，1945 年 4 月，第 55 页。
③ 杜呈祥：《杜诗中的唐代妇女》，《妇女月刊》第 4 卷第 3 期，1945 年 4 月，第 55—56 页。

用，最终"把握唐代历史发展的动力"。①

唐太宗是中国历史上一位"天才的政治家和军事家"。《行次昭陵》与《重经昭陵》除讴歌其"戡乱之功"外，还触及"造成贞观之治的一个最重要的条件"，即"知人纳谏"。杜甫视"贞观之治"为"标准政治"，其时"名臣辈出，直谏风炽"。杜甫另有《送重表侄王砯评事使南海》，提到唐太宗"起义前的政治活动"，"最富有史料价值"。诗中所言，是研究唐太宗与房玄龄、杜如晦、王珪诸人早期政治关系"最可信的纪载"，并可补正《新唐书》的记载。②

武后（或应称为周神圣皇帝）是中国历史上一位"最伟大的天才政治家"。《杜诗中的唐代妇女》已有说明。一方面，武后为维持政权，"滥行杀戮"，"以诛锄异己"；另一方面，武后为享乐而"多置嬖宠"；但"尤其可贵的"，是能"接受""唐太宗的优良政治作风"，"信用正直，接受谏诤，以谋求政治上的安定和改进"。武后在位时，曾"大量引用文人学士"，如《赠蜀僧闾丘师兄》《寄刘峡州伯华使君四十韵》，叙及武后朝"文人之盛"，其中更可见武后的"礼遇文士和热心提倡文化"。③

唐玄宗是唐代政治史上"兴衰关键的制造者"，既曾造成"开元之治"的黄金时代，又在天宝时代，使唐王朝"走上溃灭的道路"。通过杜诗，可进一步多方位了解这位"缩

---

① 杜呈祥：《从杜诗中窥见的盛唐政治作风》，《史学杂志》第1期，1945年12月5日，第47页。
② 杜呈祥：《从杜诗中窥见的盛唐政治作风》，《史学杂志》第1期，1945年12月5日，第47—49页。
③ 杜呈祥：《从杜诗中窥见的盛唐政治作风》，《史学杂志》第1期，1945年12月5日，第49—50页。

毂唐代国运的政治领袖"。① 唐玄宗的"由治致乱",究其主要原因,杜甫以为,是"宠任蕃将安禄山以用兵契丹"。《后出塞》五首,"可代表杜甫对安史之乱如何发生的具体看法"。其后寓居夔州时,杜甫又"抚今思昔",作《又上后园山脚》《昔游》《遣怀》,"深深致慨于"唐明皇的"开边致乱"。对于这位"悲剧人物",杜甫"十分同情"。其《同谷七歌》之六与《杜鹃行》,分别以"草木黄落时的蛰龙"和"哀声呼号的杜鹃"作为"玄宗的写照",最足动人。可以说,杜诗所"供给"的关于玄宗传记的许多"新鲜材料",较其本纪,"更增加了对于他的了解和同情"。②

综上以观,"唐代开国和促成国势发展的三个皇帝",具有"两点共相"。第一,大体上都能知人纳谏,知人善任,且"都很尊重文士"。正因为如此,"在唐初的政治上,理想与现实获得接近的机会",最终"造成规模宏大,凌越往古"的"武功与文治"。第二,大体上都具有"马上皇帝的体格和精神","对外能守而且能攻"。如唐初朝野上下,爱马"蔚成风气","充分表示出当时社会习尚的战斗性"。③

(三)杜诗中的唐代歌舞、书法与绘画

杜甫兴趣广泛,并且在很多艺术领域造诣深邃,故杜诗所包含的艺术史料,除文学之外,还关乎歌舞、书法和绘画。这些篇什,"纪载并讨论到当时绘画和书法艺术发展的动向

① 杜呈祥:《从杜诗中窥见的盛唐政治作风》,《史学杂志》第 1 期,1945 年 12 月 5 日,第 50—53 页。
② 杜呈祥:《从杜诗中窥见的盛唐政治作风》,《史学杂志》第 1 期,1945 年 12 月 5 日,第 53—54 页。
③ 杜呈祥:《从杜诗中窥见的盛唐政治作风》,《史学杂志》第 1 期,1945 年 12 月 5 日,第 54 页。

及其特点"，既是研究杜甫个人"艺术理论的重要资料"，更是"研究唐代美术史的珍贵史料"。①

唐代的歌舞，"集合南北中西（西域）之大成"。玄宗"最嗜音乐，兼爱舞蹈"，故"开元时代的宫廷歌舞"，已臻极点。公孙大娘、李十二娘、李仙奴、李龟年，都是玄宗时的乐工，可以说是宫廷艺术家。从《观公孙大娘弟子舞剑器行》，不但可以看出这一时期歌舞艺术发达的盛况，还可约略见出当时舞风的"雄健"。②

书法方面，由于唐代科举考试列有"书法遒丽"一条，一般士子，"竞相学书，名家辈出"。杜甫与张旭同时而稍晚，故有《饮中八仙歌》。又有《殿中杨监见示张旭草书图》，其中"悲风"六句，完全用象征手法，写出张旭草书的风格——"苍老，生动，遒劲，起伏与浩瀚"，总评为"俊拔"。除"草圣"外，尚有杜唐的从侄勤和张彪。工篆与八分者亦多，有李潮和顾诚奢。前者见《李潮八分小篆歌》，后者则见于《送顾八分文学适洪吉州》。此外，时人之善书者，有薛稷、郑虔等。③

盛唐的绘画，不仅进入"极盛时代"，而且形成一个"转变时期"。④杜诗中所见的名画家及其作品，可分述如下。（1）人物：吴道玄、曹霸。（2）马：曹霸、韦偃。（3）松石：韦偃、李道士。（4）禽鸟：薛稷、冯绍正、姜皎。（5）山

---

① 杜呈祥：《杜甫的才与艺》，《中国青年》复刊第 3 号，1947 年 5 月 25 日，第 47 页。
② 杜呈祥：《杜甫的才与艺》，《华声》第 1 卷第 5、6 期合刊，1945 年［5］月，第 50 页。
③ 杜呈祥：《杜诗与唐代的歌舞书法绘画》，《文艺先锋》第 7 卷第 4 期，1945 年 10 月 31 日，第 6—7 页。
④ 杜呈祥：《杜诗与唐代的歌舞书法绘画》，《文艺先锋》第 7 卷第 4 期，1945 年 10 月 31 日，第 7 页。

水。山水画为唐代的新兴艺术。"唐宗室李思训，好作金碧山水，王维好作破墨山水，遂各自成宗"，开南北两派。杜甫"虽有《奉赠王中丞维》诸诗，但未提及王维之画，仅称其诗，对李思训，则毫未提及"。[①] 见于杜诗者，有郑虔，亦以山水画知名于时。此外，有刘单、王宰。另有观画诗《观李固请司马弟山水图三首》《奉观严郑公厅事岷山沱江画图十韵（得忘字）》。

由上所述，可以总结得出，杜甫在艺术理论方面，首先非常看重"创作的灵感"。"读书破万卷"，是工力；"下笔如有神"，则是灵感。杜甫论画，同样应用灵感说。其次，杜甫主张艺术要有"矫健和奇古"的风格。[②] 好"奇古"，贵"瘦硬"，重"俊拔"，可代表杜甫对书画艺术的见解。[③] 从艺术的本质上看，杜诗中所显示的唐代艺术，仍是一种"以宫廷艺术和寺庙艺术为骨干的贵族艺术"。歌舞、书法、山水，已如前论。与此同时，"画壁之风"也仍在盛行。此外亦可见出唐代艺术的"混合性和战斗性"。所谓"混合性"，是指中国文化和外来文化的混杂与融合；所谓"战斗性"，是指这一时期的艺术，还"充分保留"着"北方游牧民族的战斗精神"。[④]

---

① 杜呈祥：《杜诗与唐代的歌舞书法绘画》，《文艺先锋》第 7 卷第 4 期，1945 年 10 月 31 日，第 9 页。

② 杜呈祥：《杜诗与唐代的歌舞书法绘画》，《文艺先锋》第 7 卷第 4 期，1945 年 10 月 31 日，第 11 页。

③ 杜呈祥：《杜甫的才与艺》，《中国青年》复刊第 3 号，1947 年 5 月 25 日，第 47 页。

④ 杜呈祥：《杜诗与唐代的歌舞书法绘画》，《文艺先锋》第 7 卷第 4 期，1945 年 10 月 31 日，第 11 页。

三 有关杜甫研究的批评

杜呈祥对杜甫和杜诗的见解，还体现在两篇批评文章中，其具体内容，见诸朱偰论杜与翦伯赞论杜两节，此处仅略述大概。

1944 年 2 月 17 日，朱偰作《杜少陵在蜀之流寓》，发表于《东方杂志》第 40 卷第 8 号。杜呈祥以为，朱文虽是近年研究杜甫生平诸作的翘楚，但于许多问题，尤嫌考证未精。7 月 20 日，杜呈祥撰文与之商榷。其一，关于杜甫到达成都的时间，杜呈祥以为，当在乾元二年十二月二十日前。其二，关于高适刺蜀和杜甫往依，杜呈祥亦有新论。其三，杜甫寓蜀期间，曾避汉州。推其时间和原由，疑即是广德二年的春天，杜甫从阆州回成都时的路游，并非"往谒房琯"。其四，杜甫与严武相知最深，感情逾恒，《新唐书》少陵本传关于严武欲杀杜甫的记载，绝不可信。对朱文关于严武迁拜出镇的年月之说，杜呈祥亦颇质疑。其五，有关朱文失实处，杜呈祥也有所指陈。[①]

同年，翦伯赞在第 9 卷第 21 期的《群众》杂志上，发表《杜甫研究》一文。杜呈祥"拜读"之后，于 12 月，"本学术立场，择要提出讨论"。[②] 首先，杜呈祥从史料批评和事实考订的角度，历举翦文的错误，指出：由于撰者对杜诗未能详细阅读和慎重使用，往往误解误用，以致

---

① 杜呈祥：《关于〈杜甫在蜀流寓〉一文商榷》，《读书通讯》第 96 期，1944 年 8 月 15 日，第 11—13 页。

② 杜呈祥：《与翦伯赞论〈杜甫研究〉》，《文化先锋》第 4 卷第 21、22 期合刊，出版时间不详，第 17 页。

"张冠李戴"。① 其次，对于翦文的结论，杜呈祥也未敢苟同。第一，杜呈祥认为，杜甫"超过一切"的思想是对"君主和国家民族的感情"，但翦伯赞只是承认"杜甫的情感非常热烈"，"爱家，爱友，爱贫苦人群"，对其"忠君思想"即"爱国思想"，却只字不提。第二，翦伯赞以为，杜甫的作品很少"吟风弄月，流连光景之作"，也很少"歌功颂圣，赞美权要之辞"；但在杜呈祥看来，杜诗里到处充满"风""月""光""景"一类的字眼和记述，"歌功颂圣"的作品，更是比比皆是；与此同时，杜甫不但用诗歌"赞美权要"，还常"奔走于权贵之门"，且"不自隐饰"。②

　　作为历史学家，杜呈祥的杜甫研究，有别于文学研究者的角度和路径，从文学到艺术与社会，境界开阔，深细入微，呈现文化社会学的特征。如其《杜诗与唐代的歌舞书法绘画》，开门见山，申明写作的目的，是根据"史学的观点"，从"杜诗的纪述"里，窥探"唐代美术发达的盛况及其特质"，而不是"把杜诗当作一艺术品"，拿它"和歌舞，书法，绘画比较"，或去"发现它们之间的相互关系"。③

　　与此同时，杜呈祥还提出诗史互证的研究方法。由于两《唐书》的《杜甫传》和元稹的《唐故检校工部员外郎杜君墓系铭》，均失之简略，且记载不同而大体都有讹误，因此，关于杜甫及其诗的研究，仍有许多问题未获得圆满解决，尚

---

① 杜呈祥：《与翦伯赞论〈杜甫研究〉》，《文化先锋》第4卷第21、22期合刊，出版时间不详，第17页。
② 杜呈祥：《与翦伯赞论〈杜甫研究〉》，《文化先锋》第4卷第21、22期合刊，出版时间不详，第20—21页。
③ 杜呈祥：《杜诗与唐代的歌舞书法绘画》，《文艺先锋》第7卷第4期，1945年10月31日，第4页。

需做更详尽的推考。① 杜呈祥以为，研究杜甫，应"一以杜诗为准，而副之以两唐书本传及其他同时人的纪载"，实际上，这也是研究古人生平者所应"共循"的途径。② 材料方面，一方面，要扩大"史料搜集的范围"，如研究唐代的文化史和政治史，需关注"东亚各国的历史纪载和唐代一般文学家的作品"。③ 另一方面，材料的甄别和选择也至关重要。自唐宋以降，虽注杜诗者辈出，但现存最好的注本，首推钱牧斋的《杜工部集笺注》，次之为仇兆鳌的《杜诗详注》，再次为杨伦的《杜诗镜铨》。④ 另外，历史研究在集体叙事之外，也当注重个人叙事。杜呈祥指出：在"男性中心社会"里，妇女史料的缺乏，成为必然的现象。因此，欲明了某个朝代的妇女活动及其生活，须从一些能反映或记录现实的私人著作里，搜求珍贵而重要的材料。⑤ 这些观点和主张，至今仍不乏指导意义。

---

① 杜呈祥去台后，曾就此一问题撰成《两唐书杜甫传订误》，发表在《师大学报》1961 年第 6 期。该文认为，"现存有关杜甫传记之资料，以元稹撰《唐故检校工部员外郎杜君墓系铭》为最早，内容亦较最为可信。惜全文除称赞杜诗外，叙及杜甫生平者，仅有二百多字。次为旧唐书之杜甫传，共一千一百九十余字，几将元稹文中论杜诗部分全部录入，直接叙杜甫生平者，仅六百八十余字，然竟错误甚多。新书杜传附于杜审言传之末，其叙事部分，较旧书又减，约五百四十余字，亦有不少之错误。乃依次为之订正，两传各得十余条"。参见程发轫主编《六十年来之国学》第三册"史学之部"，台北：正中书局，1974，第 178 页。

② 杜呈祥：《关于〈杜甫在蜀流寓〉一文商榷》，《读书通讯》第 96 期，1944 年 8 月 15 日，第 11 页。

③ 杜呈祥：《从杜诗中窥见的盛唐政治作风》，《史学杂志》第 1 期，1945 年 12 月 5 日，第 47 页。

④ 杜呈祥：《与蕲伯赞论〈杜甫研究〉》，《文化先锋》第 4 卷第 21、22 期合刊，出版时间不详，第 17 页。

⑤ 杜呈祥：《杜诗中的唐代妇女》，《妇女月刊》第 4 卷第 3 期，1945 年 4 月，第 50 页。

第四章
抗战大后方关于杜甫研究的论争

抗战时期，在大后方形成了抗战文化的多元空间。各种文化在相摩相荡之间，爆发出激烈的论争，反映在文学领域，也就出现了论争此起彼伏、高潮不断的态势。而在杜甫研究方面，同样伴随着学术争鸣。综观此一时期的杜甫研究论文，有两篇与他人的"商榷之作"，一是杜呈祥的《与翦伯赞论〈杜甫研究〉》，二是张汝舟的《与周邦式教授论杜诗书》。① 前者在指谬纠误的背后，也隐藏着双方史学思想与方法的尖锐对立；后者则是一种直抒己见的学理探讨。

需要说明的是，题中所谓的"论争"，从某种角度而言，并不成立。论争意味着你来我往的交锋，但本章所论及的两篇文章，更多的只是单方面的言说。杜呈祥对翦伯赞的批评，自战时延烧到战后，虽在逐步升级中，时有硝烟弥漫，偶见火光冲天，但翦伯赞在当时，并无直接回应。而张汝舟的书信，虽然对彼时杜甫研究的弊端多有指摘，不过也仅是泛泛而论，并不针对具体个人。

另外，鉴于翦伯赞历史学家的身份，故在结构安排上，

---

① 孔令环：《现代杜诗学文献述要》，《中州学刊》2016 年第 10 期。该文将"张汝舟"写作"张汝州"，有误。

将本章置于"抗战大后方历史学者的杜甫研究"之后，并首先对其《杜甫研究》的主要内容和主要观点详加引述，从而使之自然具有一种承前启后的作用。

第一节　翦伯赞的《杜甫研究》及其引发的批评

翦伯赞（1898—1968），维吾尔族，湖南常德桃源县人。与郭沫若、范文澜、吕振羽、侯外庐并称马列主义新史学"五名家"。1919 年，毕业于武昌商业专科学校，1924 年，赴美国加利福尼亚大学研究经济。1926 年回国后，在北伐军总政治部和总司令部任职。1934 年，出国考察司法。七七事变后，任南迁的北平民国大学教授，与同乡吕振羽等发起组织中苏文化协会湖南分会和湖南文化界抗敌后援会等，并任常任理事，主编《中苏半月刊》。1939 年 3 月，与谭丕模、张天翼等前往湘西溆浦民国大学任教。1940 年 3 月 26 日，到达重庆。任中苏文化协会总会理事兼《中苏文化》副主编。抗战胜利后，自巴县歇马场迁住重庆李家坝。重庆谈判期间，曾应约到毛泽东的居处聚谈。中华人民共和国成立后，历任燕京大学教授，中央民族学院研究部主任，北京大学教授兼历史系主任、副校长等职。[①]

翦伯赞的《杜甫研究》是在 1944 年 10 月作于重庆歇马

---

① 参见王乃庄、王德树主编《中华人民共和国人物辞典（1949—1989）》，中国经济出版社，1989，第 570 页；张灿辉《翦伯赞传》，湖南师范大学出版社，1997，第 20—70 页。

场①，后发表于《群众》周刊第 9 卷第 21 期，1944 年 11 月
15 日出版。共分六部分，包括：前言；杜甫的时代；杜甫的
身世；杜甫的性格；杜甫的作品；余论，并附《杜甫年表》。
原文不易寻见，故先述其大略。

杜甫在中国文艺史上有"诗圣"之称。翦伯赞引元稹、
王安石、毕沅、梁启超对杜甫的评价，说明四人"虽各有其
自己之观点，但推崇备至，则异代同声"。"推崇的出发点"，
除梁任公着重于"作品中所含的情感"，余者皆赞扬其"文
学素养之深厚与文字技术之熟练、严谨、细致与醇朴"。翦
伯赞依据清人杨伦所辑《杜诗镜铨》，从中发现"杜诗的真
正价值"，"最主要的，还是由于杜甫的作品具有丰富的内
容、深刻的含义和真实的情感。易言之，杜甫作品的价值，
不仅在于他的美辞，而是在于他的现实主义"。"他控诉社会
的罪恶，代言人民的痛苦。所以杜甫的诗，可以说是唐代天
宝前后之时代的呼声。即因如此，所以他的诗歌，便具有一
种不冷的热力，一直到现在，尚能鞭辟读者的情绪，震荡读
者的心弦。"②"杜甫为什么要为自己、为大众而哭叫？"这与
其所处的时代及个人的遭遇，乃至他的性格都有很大的关系。

---

① 据翦伯赞《回忆歇马场》（《人世间》第 5 期，1947 年 7 月 20 日，第 28—
35 页，末署"一九四七，六，一五于上海"），其寓居歇马场，具体地点是
"距离市镇半里左右的刘家院子"，时间是从 1940 年春至 1946 年春。此一时
期，市镇附近有"立法院，司法院，司法行政部，最高法院，行政法院，
乃至战地党政委员会"，以及"朝阳大学和乡村教育学院"。翦伯赞于此的
"最初半年"，写成"若干关于中国人种起源和明史的论文"，后收入《中国
史论集》第一辑；自 1943 年秋至 1946 年秋，又完成"中国史纲一二两卷，
中国史论集第二辑"。同时，从 1940 年秋，应闲住重庆巴县中学的冯玉祥
（焕章）之邀，为其讲授中国史一年；应郭沫若之邀，在文委会讲学，又应
陶行知之邀，在育才学校讲学，历时三年。前后讲授中国通史六次，专题讲
演若干。

② 翦伯赞：《杜甫研究》，《群众》第 9 卷第 21 期，1944 年 11 月，总第 945 页。

首言其时代。杜甫所处的时代，是从睿宗先天元年①到代宗大历五年，即 712 年至 770 年的 59 年。在此期间，唐朝的政权，以天宝之乱为转捩点，发生了很大的变化。"政治的变局，必然要影响到文学的作风"。天宝之乱以前太平盛世"静止的文学"，到天宝之乱以后，一变而为"波澜壮阔"的"动的文学"。"杜甫正是这个变局时代的诗人。"②

次言杜甫的身世。"杜甫一生，真是阅尽治乱盛衰之迹，历尽刀兵山川之险，尝尽饥寒流离之苦，自中年以后，一官废黜，万里饥驱，饿走灾山，老病孤舟，其生世之惨淡，实已极人生之酸辛。"③

再言杜甫的性格。杜甫"曾经是一个活泼而天真的孩子，曾经是一个浪漫、清狂、豪放的青年"。但晚年因为残酷现实的压迫，变得"沉郁"。杜甫"极有骨气"，"常以清白自赏，不肯同流合污"。对夫人、儿女、兄弟、姊妹、朋友，杜甫都有一种真挚的情感，并表现在对当时贫苦人民的关怀。"富有不屈的气节，最真挚的情感，同情贫穷人民，痛恨贪官污吏，这就是杜甫的性格。"④

最后，是关于杜甫的作品。杜甫处于一个变局的时代，个人身世惨淡；同时，又"孤芳自赏，情感热烈"，所以其作品"必然要走上现实主义的道路"。杜甫的诗，"完全是纪录他的时代，纪录他的身世"，"简直就是天宝前后的一部历

---

① 当言玄宗先天元年。
② 翦伯赞：《杜甫研究》，《群众》第 9 卷第 21 期，1944 年 11 月，总第 945—947 页。
③ 翦伯赞：《杜甫研究》，《群众》第 9 卷第 21 期，1944 年 11 月，总第 948—949 页。
④ 翦伯赞：《杜甫研究》，《群众》第 9 卷第 21 期，1944 年 11 月，总第 949—950 页。

史"。① "最大的特点，就是不以美辞而害意，因而字字真切，毫无浮辞浪语。而且描写细腻，真实入微。"②

对于此文，如其"杜甫的身世"部分，李谊指出，作者"虽然表面上是在谈唐代儒生的不幸遭遇，而实际上却是在揭露抗战期中进步知识分子所受的迫害"，"文章的矛头指向""十分清楚"，"并不是为研究杜甫而研究杜甫"。③ 因此，作者在最后亦有声明："本文稿费移作援助贫病作家捐款。"④

日本侵华期间，经济崩溃，物价高腾，若干作家，"病不能医，贫无所告，死不能葬"。⑤ 有鉴于此，中华全国文艺界抗敌协会在 1943 年 3 月决议救援贫病作家。至 1944 年下半年，更是高声呼吁社会，发起大规模的"募集援助贫病作家基金运动"。翦伯赞撰写此文，其初衷或许在于对此做出回应，但行文不免匆促，留下许多错纰。郑学稼曾讥刺翦伯赞"连杜甫作品都没有读清楚"。⑥ 不仅如此，还"有人""写了文章，对其中的失误逐一揭露出来，很迅速地在陶百川编的《中央周刊》上刊出，到抗战胜利之后，该文作者又重新加以改动，寄与《大公报》的《文史周刊》（胡适主

---

① 翦伯赞：《杜甫研究》，《群众》第 9 卷第 21 期，1944 年 11 月，总第950 页。
② 翦伯赞：《杜甫研究》，《群众》第 9 卷第 21 期，1944 年 11 月，总第952—953 页。
③ 李谊：《"挺身艰难际 张目视寇仇"——试谈杜甫及其诗歌在抗日战争中的影响》，《抗战文艺研究》1982 年第 4 期。
④ 翦伯赞：《杜甫研究》，《群众》第 9 卷第 21 期，1944 年 11 月，总第954 页。
⑤ 中华全国文艺界抗敌协会：《为宣布结束募集援助贫病作家基金运动公启》，《抗战文艺》第 10 卷第 2、3 期合刊，1945 年 6 月，第 2 页。
⑥ 郑学稼：《由李健吾事件说浪子》，《中央周刊》第 9 卷第 16 期，1947 年 4 月 11 日，第 22 页。

编）再次刊出"。①

上引文中的"有人"，即杜呈祥。前文已有介绍。文曰
《与翦伯赞论〈杜甫研究〉》。末署"三十三年十二月于
渝"。从时间上看，不可谓不"迅速"；从内容上看，也的确
是对翦文"失误"的"逐一揭露"；但该文并非发表在《中
央周刊》，而是刊发在《文化先锋》第 4 卷第 21、22 期
合刊。②

一开始，杜呈祥便谈到他对翦伯赞的了解："据说是"
"一位用功颇勤的史学家"，然在"拜读"《杜甫研究》之
后，却"发现其中颇多值得商讨的地方"。同时，对于翦文
的写作动机和所得结论，杜呈祥也未敢苟同。在他看来，杜
甫虽在各方面"现实"而且"热情"，但"并不庸俗，也不
浪漫"，更不会"只是诅咒现状而绝对避免赞颂一切"。对研
究者而言，"应该竭力地寻求他的全貌和真面目"。③

对于此次批评，杜呈祥曾有回顾："民国三十三年的冬
天，我正在看杜诗，因而也搜集到不少的时人所写有关杜甫
和杜诗的文章，其中之一，便是翦伯赞的大著《杜甫研
究》。"及至读过翦文，感觉"十分诧异"，认为其"粗心"，
于是"费了两天的工夫，把那篇《杜甫研究》的错误一起钩
出来，就手写了一篇《与翦伯赞论杜甫研究》，送给了正在
编《文化先锋》的徐文珊先生"。徐看后提出两点意见：一
是"文字太长"，二是主张"把文内批评到翦君整个治学态

---

① 《邓广铭全集》第十卷"书评 序跋 杂著"，河北教育出版社，2005，第
367 页。
② 据合刊"编后记"云："杜呈祥先生是三民主义青年团编审，对杜诗极有研
究。"（第 11 页）
③ 杜呈祥：《与翦伯赞论〈杜甫研究〉》，《文化先锋》第 4 卷第 21、22 期合
刊，出版时间不详，第 17—20 页。

度的话都删去"。杜呈祥乃照此意见,删掉"将及五分之二"。但文章刊出之后,却"没有一点反响"。①

1947 年 1 月 22 日,《文萃》第 2 年第 15、16 期合刊(总第 65、66 期)② 又发表翦伯赞的《正在展开中之史学的反动倾向》。文中对"曾经参加国大制宪的胡适"有所批评,同时宣称参加"抗战的首都"重庆"全国历史学会"的"二百以上③大学和专科的史学教授"是"应诏而至"④,并隐然将"中国的史学界划分为两大壁垒",即"古典学派和科学的历史学派"。⑤ 是年 2 月初,杜呈祥读到此文,颇有感触,遂检出批评翦伯赞《杜甫研究》的旧作,"初登载于天津《大公报》二月二十八日的文史周刊,继登载于上海《大公报》三月十二、十九日的《文史周刊》"。⑥

杜文的此次重载,则"发生了相当的影响"。⑦ 4 月 13

---

① 杜呈祥:《论翦伯赞的史学方法》,《中央周刊》第 9 卷第 32 期,1947 年 5 月 27 日,第 13 页。《中央周刊》时任主编为张文伯。

② 编辑出版者:文萃社(上海福州路八九号二楼三九号);华北总经售处:中外出版社(北平西长安街甲二三)。该刊"每逢星期四出版"。

③ "中国史学会"正式成立于 1943 年 3 月 24 日,实际参会人数为 124 人,会议公推黎东方担任临时主席,公推顾颉刚、黎东方、徐炳昶、傅斯年、雷海宗、蒋复璁、黎锦熙、金毓黻、陈衡哲九人为主席团,并由主席团公推顾颉刚为总主席(《中国史学会今日成立》,《新蜀报》1943 年 3 月 24 日,第 3 页;《中国史学会成立大会纪念录》,《史学杂志》创刊号,1945 年 12 月 5 日,第 125 页)。会刊为《中国史学》,其第 1 期由重庆中华书局于 1946 年 5 月出版。

④ 翦伯赞:《正在展开中之史学的反动倾向》,《文萃》第 2 年第 15、16 期合刊,1947 年 1 月 22 日,第 42 页。

⑤ 杜呈祥:《论翦伯赞的史学方法》,《中央周刊》第 9 卷第 32 期,1947 年 5 月 27 日,第 13 页。

⑥ 杜呈祥:《论翦伯赞的史学方法》,《中央周刊》第 9 卷第 32 期,1947 年 5 月 27 日,第 14 页。

⑦ 杜呈祥:《论翦伯赞的史学方法》,《中央周刊》第 9 卷第 32 期,1947 年 5 月 27 日,第 13 页。

日，上海《文汇报》发表"老张"的《故都琐记》，小标题为"善不必明，理不必察，胡涂胡适"，文章末尾写道："'京派'学者们是常常无理由地自相惊扰的，胡适亦然。他听说谁要对《文史》开火了，特地请了一次客，决心整顿《文史》，以新姿态出现，于是就出现了第十九期杜呈祥一篇《读翦伯赞的杜甫研究》，不但批评杜甫研究，而且批评翦伯赞的为学态度，而且讥嘲到一切'海派的'以'科学的'的'史学家自居'的人。文章的话是对的，态度却是可卑的帮闲姿势。因为照他们这［样］推论，大概只有认为'科学'是'京派'学者到美国资本家那里去包销独占了的。眼界心胸之小，也足以为这些人的没落作一说明。"

对于此文，杜呈祥认定是"翦伯赞之徒"所写，乃再撰文评论翦伯赞的"史学方法"，而其戟指的靶的，仍是《杜甫研究》。

杜呈祥认为，史学的研究，"绝对离不开对于'人'，'地'，'时'和'数字'的研究"。但在《杜甫研究》中，可以看出翦伯赞对"历史中的'人'的观念"，"很马虎"；对于"地"的观念，"更不十分清楚"；对历史的"时间"，"更不十分注意"；在"数字"上，则"毫不加计较"。这在杜呈祥看来，"是绝对不可饶恕的一种粗率"。

杜呈祥进而指出，《杜甫研究》所附《杜甫年表》，是"由各种杜诗本子所载杜甫年谱杂抄而成"，而"文内的一些纪述"，则多半是"自己根据'史料'抽绎出来或杂抄旁人的文章"，由此导致"本文所记杜甫的生平"，很多地方与"附表上的纪载"不同。①

---

① 杜呈祥：《论翦伯赞的史学方法》，《中央周刊》第 9 卷第 32 期，1947 年 5 月 27 日，第 14—15 页。

其后，对翦伯赞的批评，则溢出《杜甫研究》，如缪凤林对其《中国史论集》开篇所犯错误，也有所指陈。①

《杜甫研究》发表后引发的批评，"对翦在学术文化界的声誉和地位""起了一些不好的影响。""翦伯赞对于这篇批评文章，始终保持缄默，不作答辩。"②但这也仅限于彼时。1957年9月23日的《文汇报》，刊有翦伯赞的《从学术自由谈起》，作者在抨击国民党的图书杂志原稿审查制度时，现身说法道：

> 我记得我写过一篇《杜甫研究》，在这篇文章中我引用杜甫的《兵车行》《前出塞》《石壕吏》《新安吏》《垂老别》《新婚别》《无家别》，全被删去了。因为被删的地方不准做任何记号，以致前后脱节，达到了不通的程度。而审查官的批示是："此文显系以古非今，破坏兵役，发还修改，再送审。"
>
> 问题并不到此为止，这篇文章还引起了中统局的愤怒，有一个名叫杜呈祥的特务，在中统的刊物《文化先锋》上写了一篇文章向我作政治性的进攻，原文很长，记不清楚了，只记得其中有这样一句是："杜甫终究是第八世纪的中国诗人，他的诗里面绝不会有'冲呀，同志们！'一类话的。"应该说明一下，这一类的话，在我

---

① 缪凤林：《看了翦伯赞中国史论集第一面之半》，《中央周刊》第9卷第52期，1947年12月22日，第6页。缪凤林另有《又看了一册指鹿为马的史著——略评翦伯赞中国史纲第二卷秦汉史》，《中央周刊》第10卷第19期，1948年5月9日，第2—5页。
② 《邓广铭全集》第十卷"书评 序跋 杂著"，河北教育出版社，2005，第367页。

的文章中是没有的。①

考《杜甫研究》原文，发表时删节颇多，尤其是其第五部分《杜甫的作品》，有两处明确的标示："下被略八百字""下略八百余字"。② 1962 年，该文被《杜甫研究论文集》一辑③收录，并附翦伯赞同年 9 月 1 日所作的"后记"。据此可知，《杜甫研究》发表后，曾收入《中国史论集》第二集，1948 年 8 月再版发行时，对删节部分有所增补，却又删去结语和所附年表等；文字、标点亦略有出入。此次出版，又就记忆所及，再做修改。写作的背景，则是日寇已陷衡阳，正向西南进犯之际。文章发表时，"桂林、柳州、南阳已相继沦陷，黔边吃紧，重庆震动"，并有诗为证："焦土常桃血未干，又传日寇陷衡山，焚书到处纵秦火，杀敌何人出汉关，南渡君臣怜晋宋，北征豪杰遍幽燕。不堪回首巫巴外，万里烽烟远接天。"④

"杜甫终究是第八世纪的中国诗人，他的诗里面绝不会有'冲呀，同志们！'一类话的。"杜呈祥此说，原是针对翦伯赞关于杜甫的评论有感而发，即"在杜甫的作品中，很少有那种吟风弄月，留连光景之作；也很少有那种歌功颂圣，赞美权要之辞"。⑤ 杜文如下：

---

① 翦伯赞：《历史问题论丛》（增订本），人民出版社，1962，第 24 页。

② 翦伯赞：《杜甫研究》，《群众》第 9 卷第 21 期，1944 年 11 月，总第 951 页。

③ 翦伯赞：《杜甫研究》，载《杜甫研究论文集》一辑，中华书局，1962，第 148—167 页。

④ 翦伯赞：《杜甫研究》，载《杜甫研究论文集》一辑，中华书局，1962，第 166—167 页。

⑤ 翦伯赞：《杜甫研究》，《群众》第 9 卷第 21 期，1944 年 11 月，总第 950 页。

翦先生这样的说法，当然是极端恭维杜甫是革命诗人的意思。其实，杜甫无论如何革命，他终究是第八世纪的中国诗人，他的诗里面绝不会有"冲呀！同志们！"一类的词句在内的。相反的在杜甫诗里面，可说是到处充满了"风""月""光""景"一类的字眼和纪述的。尤其说到杜甫里面很少有歌功颂圣，赞美权要之辞，我更不敢赞同。至少是杜甫里面的"歌功颂圣，赞美权要"的诗，并不少于翦先生在本文内所列举的骂贪官污吏和揭发贪污剥削的诗歌的。[1]

"赞美权要"自然是不大好的，但唐代的一般文人如杜甫、李白、韩愈等，都是并不耻于因为自己的前途和生计而干人的，在他们大概认为这是小节，与个人的人格无损的。

杜甫不但用诗歌来"赞美权要"，还常奔走于权贵之门，他并且不自隐饰。[2]

不过，需要指出的是，《杜甫研究》中虽然没有"冲呀，同志们！"一类的呼喊，但是，翦伯赞在论及安史之乱时说："不久，肃宗即位于灵武，新的抗战政府在西北出现，这才收回首都扭转危局。"[3] 这些词句，出现在抗战的时代语境中，难免不会引人联想。而多年后翦伯赞的讲述，也仍只是一种"政治性"的回护，对于杜呈祥在学术上的"进攻"，并未展开阻击。

---

① 杜呈祥：《与翦伯赞论〈杜甫研究〉》，《文化先锋》第4卷第21、22期合刊，出版时间不详，第18页。
② 杜呈祥：《与翦伯赞论〈杜甫研究〉》，《文化先锋》第4卷第21、22期合刊，出版时间不详，第19页。
③ 翦伯赞：《杜甫研究》，《群众》第9卷第21期，1944年11月，总第947页。

相较而言，朱自清对翦伯赞的评价则平和得多。1945 年 8 月 1 日，其日记载："读完翦伯赞的《中国史论集》，具有新的立场，但深度不够。"又 8 月 4 日，"读翦伯赞的《杜甫研究》。彼强调杜甫之社会因素，但作为一位学术研究者，其学术性不足"。①

后来的杜诗研究者，对翦文也多有论及。如焦裕银认为，《杜甫研究》在论述杜诗的思想内容时，主要还是强调其作为"诗史"的意义与价值。② 在研究方法上，林继中认为《杜甫研究》是对阶级分析法的尝试。③ 吴中胜的《杜甫批评史研究》第五章"民国时期杜甫批评"第四节"抗战时期的杜甫形象及杜诗评论"，也有较多文字的评述。在他看来，翦文认为"杜诗的哭叫喊出了史上诸多大变局时期人们共同的心声"④，因而杜甫堪称"全民众全社会的代言人"。⑤ 此外，该文"从历史学家的眼光来看杜诗"，所以"充分肯定其写实性"。⑥

翦文对杜甫性格的探讨，也为研究者注目。杜晓勤曾有过梳理，勾画出一条简洁的线索，即梁启超的《情圣杜甫》和胡适的《白话文学史》，是 20 世纪较早把杜甫还原为普通人，分析杜甫身上平民意识的研究成果。从它们开始，杜甫

---

① 朱乔森编《朱自清全集》第十卷"日记编·日记（下）"，江苏教育出版社，1998，第 360 页。
② 焦裕银：《杜甫研究论文综述（1911—1949 年）》，《文史哲》1986 年第 6 期。
③ 林继中：《百年杜甫研究回眸》，《河北大学学报》（哲学社会科学版）1999 年第 2 期。
④ 吴中胜：《杜甫批评史研究》，中国社会科学出版社，2012，第 324 页。
⑤ 吴中胜：《杜甫批评史研究》，中国社会科学出版社，2012，第 323 页。
⑥ 吴中胜：《杜甫批评史研究》，中国社会科学出版社，2012，第 324 页。

性格的可爱之处和生活情趣，才开始凸显出来。① 从 30 年代直到 70 年代末，学界又因各种政治因素和时局的影响，多注意杜甫的思想和世界观的研究，涉及杜甫性格、情感和生活情趣的文章只有翦伯赞的《杜甫研究》、冯靖学的《杜少陵对生物的情感》和彭清的《杜甫的性格》等可数的几篇。② 但论者亦有忽略，例如：1925 年，余俊贤的《杜甫平传》之三，就以"杜甫之性格"为题，专门论述杜甫的个性，并归纳出七点：忠君爱国、矜夸、高傲、富于同情、笃于友谊、弟妹情深、嗜酒。③ 1941 年，朱偰在其《杜少陵评传》中，也辟出一节，根据杜甫一生的行事思想和言论诗词，推定其个性有四端：一曰忠厚，二曰质直，三曰沉郁，四曰真挚。④ 其余论及杜甫的性格但未明确点题的文字，并不鲜见。针对翦文的有关说法，杜呈祥以为，虽然翦伯赞承认杜甫的情感非常热烈，爱家，爱友，爱贫苦人群，但杜甫的忠君爱国思想，更是超越一切。实际上，封建时代的君主，就是国家的代表；杜甫的忠君，就是爱国。遗憾的是，翦文却只字不提。⑤

第二节　张汝舟与周邦式论杜

张汝舟（1899—1982），生于安徽合肥东乡蛮张村（今

---

① 杜晓勤：《20 世纪中国文学研究：隋唐五代文学研究》下，北京出版社，2001，第 890 页。

② 杜晓勤：《20 世纪中国文学研究：隋唐五代文学研究》下，北京出版社，2001，第 891 页。

③ 余俊贤：《杜甫平传》，《国立广东大学文科学院季刊》第 1 期，1925 年秋，第 166—174 页。

④ 朱偰：《杜少陵评传》，青年书店，1941，第 118—119 页。

⑤ 杜呈祥：《与翦伯赞论〈杜甫研究〉》，《文化先锋》第 4 卷第 21、22 期合刊，出版时间不详，第 19 页。

属滁州市全椒县章辉乡）。名渡，以字行，号二毋居士，取
"毋欲速、毋自欺"之义。1926 年，考入东南大学中国文学
系，受业于王伯沆、黄侃、吴梅、汪辟疆。1928 年，就读于
国立中央大学，从黄侃习声韵。1930 年毕业后，执教于安徽
省立六中。1938 年，安徽省立六中并入安徽国立八中，随校
迁湘西永绥。1941 年秋，应钱基博之邀，受聘蓝田师院国文
系讲师，一年后升任副教授。与张舜徽过从甚密。① 1945 年，
受贵州大学校长张廷休及中文系主任钱堃新之邀，任贵大中
文系教授。1952 年，因院系调整，往贵阳师范学院执教。
1959 年，调回新贵大。1971 年 9 月，被遣返南张村故里赋
闲，曾设馆讲学。先后担任中国佛教协会理事、安徽省文史
馆顾问、安徽省书法协会名誉理事、安徽省诗词学会顾问等
职。1978 年秋，被安徽师范大学滁州分校聘为顾问教授。
1982 年 1 月 22 日，卒于滁州师专家中。出版著作有：《简明
语法》（五十年代出版社，1955 年版）、《二毋室古代天文历
法论丛》（浙江古籍出版社，1987 年版）、《二毋室汉语语法
论丛》（贵州人民出版社，1987 年版）、《二毋室论学杂著
选》（贵州人民出版社，1990 年版）等。② 2019 年 4 月，《张
汝舟手稿集》（全四册）由国家图书馆出版社出版。

　　《与周邦式教授论杜诗书》，发表在《贵大学报》第 1 期
文史号③，1946 年 9 月出版。周邦式（1895—1968），名长

---

① 张道锋：《张汝舟年谱简编》（一），《滁州职业技术学院学报》2018 年第 1
　期。

② 张道锋：《张汝舟年谱简编》（二），《滁州职业技术学院学报》2018 年第 4
　期。

③ 编辑者：贵州贵筑县花溪新村国立贵州大学学报编纂委员会；发行者：国立
　贵州大学教务处出版组；印刷所：贵阳中央日报社承印组。《与周邦式教授
　论杜诗书》后收入《二毋室论学杂著选》。张汝舟论杜，另有《谈〈秋兴八
　首〉》入集，系根据 "一九六三年《古代汉语·文选》解题打印稿整理"。

宪，号恕斋，以字行。湖南长沙人。北京大学法学院法律系毕业。曾任北京警官高等学校教官，新华商科大学、畿辅大学、郁文大学、平民大学、大夏大学、光华大学、劳动大学、湖南国立师范学院、重庆国立女子师范学院等校教授。1950年任西南师范学院教育系教授。后调入重庆师范学院（即今之重庆师范大学），任中文系教授。① 《贵大学报》第 1 期的"汝舟近稿"中，另有与周邦式唱和者两首，署名"张渡"。其一，《邦式五十初度居士林为拜普佛敬献长句》："养礼养心理不违，都应计日论臞肥。尚须待我三年学，方可希君去岁非。何幸讲筵欣结契，更难禅寺对忘机。就中多少醍醐味，今以称觞各醉归。"其二，《庵居二首用邦式一春韵》："华颠始欲一庵送②，我未颠华愿不违。山珍野蔬天布施，雨蛙晴鸟道枢机。最难摄念成今是，何遽驰情忆昨非。病后工夫嗟减退，凭栏竟夕看萤飞。""性本孤高强适俗，可怜垂老尚依违。苦无托俗承僧悯，敢道栖迟避世机。到此劳人躅草草，且容玄想证非非。挑灯谁共深宵雨，点点檐花傍槛飞。"

书信首先从杜甫的思想倾向解读杜诗。一是杜甫"深于儒术"。如《法镜寺》"身危适他州，勉强终劳苦"之句。所谓"身危"，指身处危难。黄鹤曰："身危，谓避关辅之饥也。"似嫌拘泥。蔡梦弼曰："《发秦州》诗云'无食问乐土，无衣思南州'是也。""谓此行本出于不得已也。"③ 对于"勉强终劳苦"，陈式《问斋杜意》卷六曾称赞其"妙"，进而指出："本谓生来劳苦，即有不得不终之劳苦。铺叙深山

---

① 参见西南师范大学教授名录编写组编《西南师范大学教授名录》，西南师范大学出版社，2000，第 201 页；吴学昭整理、注释、翻译《吴宓书信集》，生活·读书·新知三联书店，2011，第 413 页。

② 原诗有旁注："遗山诗'一庵吾欲送华颠'"。

③ 萧涤非主编《杜甫全集校注》四，人民文学出版社，2014，第 1727 页。

古寺，景可破愁，幸从初日至亭午，却不能更寻子规微径，以日计之，一日有一日应终之劳苦也。从一日念生平，'终'字中本带有二意。"① 张汝舟则拈取"勉强"二字加以申论。在他看来，"勉强"二字，一方面，应从《中庸》去理解。杜甫自居勉强，不敢拟于安行利行之列，如同韩愈《答李翊书》所自谦，是"望孔子之门墙而未入其宫"。可见，"真用力者，出辞必有分寸"。另一方面，也足见杜甫"用力之勤，竟终劳苦"，较之"儒冠多误身"，尤"深蕴可痛"。

二是杜甫"亦通佛法，时有禅机"。如《题张氏隐居》其一云："不贪夜识金银气，远害朝看麋鹿游"。张氏，殆指张玠。《左传·襄公十五年》："宋人或得玉，献诸子罕。子罕弗受。献玉者曰：'以示玉人，玉人以为宝也，故敢献之。'子罕曰：'我以不贪为宝，尔以玉为宝，若以与我，皆丧宝也。不若人有其宝。'"又《南史·隐逸传》："（孔）道徽父祐至行通神，隐于四明山，尝见谷中有数百斛钱，视之如瓦石不异。采樵者竞取，入手即成砂砾。"此"不贪"所本。《孟子·尽心上》："舜之居深山之中，与木石居，与鹿豕游，其所以异于深山之野人者几希；及其闻一善言，见一善行，若决江河，沛然莫之能御也。"仇注引《关中记》："辛孟年七十，与麋鹿同群，世谓鹿仙。"董养性曰："三联称美张氏，内能清心寡欲，外能全身远害。"② 金圣叹《唱经堂杜诗解》卷一曰："'不贪''远害'四字，是隐居真诀。《天官书》：'金银之气见于上，下必为覆军之墟。'古语：'麋鹿走于山林，而命悬于庖厨。'利害如此，既已识得透，看得确，而尚敢贪，尚敢不远，岂人情哉？说得悚然。七八

① 萧涤非主编《杜甫全集校注》四，人民文学出版社，2014，第1730页。
② 萧涤非主编《杜甫全集校注》一，人民文学出版社，2014，第14—15页。

承上文，言说到此处，便使人回视山外，茫无投足之处，故云‘杳然’。既对君如虚舟，然则山外干戈相寻，不言可知。"① 张汝舟认为，"金银"二字，实与佛寺有关，当求其义于佛法。古文法中，多有"金银该七宝"之说。而"金银佛寺开"，即说佛寺七宝庄严。整句意为：张氏乃隐君子，兼修佛乘，当其夜课，观照佛国庄严，更何有人间富贵，可以"不贪"。而下对中的"朝看麋鹿游"，是指绝士夫之往还，可以"远害"。两句辞义相称。旧说之所以含混，是未见其旨趣所在。

又如《上兜率寺》云："庾信哀虽久，何颙好不忘。"《岳麓道林二寺行》云："久为谢客寻幽惯，细学周颙免兴孤。"诸家皆云：何颙为周颙之误。《南史·周颙传》："颙音辞辩丽，长于佛理，著《三宗论》，言空假义"，其"清贫寡欲，终日长蔬。虽有妻子，独处山舍"。② 《杜甫全集校注》在此诗"备考"中，有"关于'何颙'之歧解"③ 一则，可参考。汪瑗认为，"庾信哀虽久，何颙好不忘"一联所引，"盖谓己虽久思故乡，而客中朋友之好，亦有不能恝然而忘者。乃述己登寺所感之怀耳，无与佛书事也"，而"久为谢客寻幽惯，细学周颙免兴孤"亦是此意。④ 张汝舟认为，何是指何胤，颙是指周颙，一姓一名，如巢由、伊望之比。何胤、周颙相契，皆奉佛法，所谓周妻何肉为累者。杜甫心虽好佛，而有妻食肉，诗用何颙，方见精切。《岳麓道林二寺行》中也当是何颙，即"比己与所欲依止之老宿"。"老宿"，

---

① （清）金圣叹著，钟来因整理《杜诗解》，上海古籍出版社，1984，第 15 页。
② 萧涤非主编《杜甫全集校注》一〇，人民文学出版社，2014，第 5737—5738 页。
③ 萧涤非主编《杜甫全集校注》五，人民文学出版社，2014，第 2794—2795 页。
④ 萧涤非主编《杜甫全集校注》五，人民文学出版社，2014，第 2792 页。

王洙注为"僧之年腊高者"。张汝舟疑其"所欲依止之老宿",即"太守庭内之僚属",若作周顗,"免兴孤"三字,便无着落。

其次则着眼于杜诗的艺术技巧,尤其是"曲笔"的运用。如《乐游园歌》云:"圣朝亦知贱士丑,一物自荷皇天慈。此身饮罢无归处,独立苍茫自咏诗。""乐游园",亦名"乐游苑""乐游原"。诗写春日美景游筵情事及所生发的感慨。杜甫此时困守长安多年,献《三大礼赋》,待制集贤院,仅得"参列选序"资格,未尝授官,一生理想抱负难以实现。① 前两句意为:圣朝亦知贱士为丑行,既然朝不弃一士,天不遗一物,难道"我"不是"士"之一,不是"物"之一么?何以"朝廷不录,皇天不慈","使我失所"。后两句则"极无可奈何之至"。此四句,寄慨遥深。其中,"圣朝亦知贱士丑"为主,"一物自荷皇天慈"为宾。而"亦"字最见精神。昏君庸相,亦知贵士为荣行,如史迁所云,此即"忠者不忠""贤者不贤"之谓。所谓"一物",仇兆鳌《杜诗详注》卷二云:"指酒,犹陶公云杯中物。江淹诗:'一物之微,有足悲者。'"谓朝已被弃,而天尤见怜,故"假以一饮之缘"。张汝舟认为,仇注以"贱士"为老杜自指,言圣朝亦知我丑,故曰"朝已被弃",此说"大误"。而下句尤非,"杯中物"虽可用以代酒,但"一物"怎能指"酒"?更有甚者,因附和仇注,或改"亦"为"己",改"自"为"但",如此则"意味全失"。

最后是对时人论杜的批评。一种观点,认为《秋兴》八首"不通"。关于《秋兴》,已有韩昌黎、苏东坡、黄山谷,以至王渔洋、沈归愚、袁随园、姚惜抱、曾文正、陈散原等

---

① 萧涤非主编《杜甫全集校注》一,人民文学出版社,2014,第214页。

"千百文豪","保证其通",无须再去饶舌。

另一种观点是,杜诗"非战",致令民气消沉。张汝舟认为这是"浅见",并从三方面加以论述。第一,强调内政清明是根本。如果"贤者在位,能者布职,海内晏如,四夷向化,斯为美矣",则"何事于兵"?第二,阐明讲武练兵的重要性,即"整军经武,备而不用,胡虏畏威,宵小敛迹,斯亦可矣"。第三,指出用兵的危害。即便"扬威万里,勒铭燕然",但也会导致"民困财枯,重伤国本","斯为失矣";而最坏的状况是,如果"君昏将庸,喜谈边略,屡挫国威,征调不继",便有"分道捕人,枷锁押送,草菅民命,呼吁无门",如天宝年间的用兵,这就是杜甫写作前后《出塞》、"三别"、"三吏"、《兵车行》诸篇的根由。至于"诸将咏赠",其所期望者,恐非"非战"。因为"儒家为国",当有"《洗兵马》之道"。

张汝舟的阐发,另辟蹊径,既新人耳目,且大多信实可征,值得借鉴。不过,此封书信,既是张汝舟与周邦式就杜诗所做的商讨,想必周邦式前后当或呼或应。但遗憾的是,周邦式的信件已无处觅得,故其观点也无从得知。

第五章
文学史中的杜甫评论

　　20 世纪初，新文化与新文艺理论的传入，对古典文学研究的影响，较为显著的表现是文学史观念的建立。孔令环根据陈玉堂的《中国文学史旧版书目提要》，统计出1917—1949 年的中国文学史著作共有通史 120 部，断代文学史中唐代文学史与涉及唐代文学史的 9 部，分类文学史中涉及唐诗的 20 部，其中留存着大量杜诗学研究资料。①这些文学史著作在评论杜甫时，首先是将其放在一定的历史坐标上加以考察，同时在文学史、诗史体系的建构和书写过程中，杜甫、杜诗仅仅是作为其中的一章或一节，因此对杜甫、杜诗的承继与影响，通常都会顺理成章地予以纵向探讨。②而抗战前后，由于战争对时代氛围的刺激和扰动，文学史家在撰写文学史的时候，其视角和眼光往往随之而发生改变，其观点和结论自然也有别于平时。下面所选择的五部文学史著作，将从不同角度和不同侧面呈现抗战视域下的杜甫与杜诗。

---

① 孔令环：《现代杜诗学文献述要》，《中州学刊》2016 年第 10 期。
② 王学泰：《20 世纪文化变迁中的杜甫研究》，载董乃斌、薛天纬、石昌渝主编《中国古典文学学术史研究》，新疆人民出版社，1997，第 407—408 页。

第一节　苏雪林《中国文学史略》评杜

《中国文学史略》，国立武汉大学印，内页左侧有"乐二十七年印"。关于此书，沈晖编著《苏雪林年谱长编》竟不见记。其编成，曹建国推断是在"1937年"。①

苏雪林（1897—1999），本名苏小梅，1919年秋改名苏梅；字雪林，以字行；笔名瑞奴、瑞庐、小妹、绿漪、灵芬、老梅等。生于浙江瑞安，祖籍安徽太平，乃北宋苏辙之后。1914年，考入安庆安徽省立第一女子师范学校。1917年毕业，在母校附小任教。1919年，入北平女子高等师范。1921年，赴法国，肄业于中法学院，尔后入里昂国立艺术学院深造。因母病辍学回国。1925—1930年，任教于苏州东吴大学、上海沪江大学、安徽省立大学。1931年任武汉大学教授。与凌叔华、袁昌英并称"珞珈三杰"。1938年4月中旬，武汉大学决定西迁四川乐山县。图书、仪器先行，教职员及学生分批乘船，陆续撤离武昌。至1946年7月，随武汉大学最后一批教职工离开乐山。1949年赴香港，在真理学会任职。1950年，赴巴黎，研究神话。1952年，离法去中国台湾，任师范大学、成功大学教授。一度还到新加坡南洋大学授课。1973年退休，在家专事著述。②

古人论唐韵文，多喜分四个时期以论，即初唐、盛唐、

① 曹建国：《评苏雪林的〈中国文学史略〉》，载陈国恩主编《苏雪林面面观——2010年海峡两岸苏雪林学术研讨会论文集》，黑龙江人民出版社，2011，第170页。

② 参见中国现代文学馆编《中国现代作家大辞典》，新世界出版社，1992，第439页，该词条为李丽撰；沈晖编著《苏雪林年谱长编》，安徽文艺出版社，2017，第77、88页。

中唐、晚唐。苏雪林认为，用朝代来划分文学史时代，"无益而有害"，故此种分法，不足以表现唐代文学"变迁之精神"，真正的唐代文学，当从开元天宝算起。故将唐文学分为四期：天宝大乱前为第一期，天宝大乱后至中唐为第二期，长庆至大中为第三期，咸通至天祐为第四期。第一期为浪漫文学的时代；第二期为写实主义文学；至第三期，则变为唯美主义。晚唐到唐末，诗坛颓唐不振，诗风止于"幽僻""尖新""纤巧""靡弱""俚俗"。

杜甫是第二期最重要的诗人，也是唐代最伟大的诗人，又是"写实文学划时代的第一人"。苏雪林借用胡适的观点，将杜甫作品分为三期。第一时期是大乱以前之诗。杜甫从个人的贫苦生活里，观察到不少的民生痛苦，"体验出人生的实在状况"，感觉到社会国家的危机，写实文学已"具有端绪"。自安禄山之乱至入蜀定居，为杜诗第二时期，也是杜诗"最光荣之时代"。社会政治"崩坏之惨况"，俱入其诗，后人称之为"诗史"。入蜀至死，为第三时期。虽仍困穷，但较为安定。所作描写田园的小诗，"不加雕饰，随便挥洒，都是天趣"。

杜诗的优长，体现在三个方面。一是"情真语挚，直抒肺腑"；二是"沉郁顿挫，苍凉悲壮"；三是"体裁广博，涵盖万有"。元稹、沈臣嘉都有的评。苏雪林则以西洋文学家对李、杜有所比拟。在她看来，李白如摆仑①、雪莱、海涅，"虽天才绝代而仅此一格"，而杜甫则如同莎士比亚，"融铸万象，入于毫端，可称化工之笔"。②

---

① 摆仑，今译作"拜伦"。

② 苏雪林：《中国文学史略》，国立武汉大学，1938，第62b—74a页。讲义双面为一页。

杜甫亦有短处。如其散文虚字的用法，便颇可訾议，苏雪林引用秦少游的评论，指出"杜子美诗冠古今而无韵者乃不可读"。[1]

"史略"论及杜甫与陆游的比较。陆游作品，"慷慨激昂，悲愤抑塞，与老杜不相上下"，两人虽同为"忠爱诗人"，但杜甫忠爱的对象"仅为唐室帝皇"，陆游则为"国家民族"。因为安禄山虽为胡人，但归化唐朝已久，其起兵叛乱，不过是"强藩之叛乱"而已。至于金人侵扰，则更多是民族冲突。陆游时代，国家观念和民族意识较杜甫时代更加明了，而陆游在南宋诗人中，将此种意识表现得"最为清楚而且强有力"，堪称"中国第一爱国诗人"和"第一民族诗人"。[2]

苏雪林的上述观点，在其《唐诗概论》中已见端倪。《唐诗概论》是现代意义上的第一本唐诗学专著，也是中国首部断代诗歌史。论及唐诗变迁，该书将有唐一代诗歌，分为五个时期，第三期为"写实文学诞生的时期"，而杜甫开其端。[3] 其影响后世，亦极伟大。至第十一章，则以"写实主义开山大师杜甫"为题予以专论。苏雪林认为，面对安史大乱，当时的诗人，"最初是不理会，最后是逃避"，如"李白逃到天上，王维、裴迪逃入山林"，"高适、岑参，则爽性逃归静默"，只有杜甫和"几位同志""迎上前去"，"细心观察""解剖"，寻出时代的症结，"开出脉案"，同时将其变化"一一铭刻在作品里"，留下"大变动的真相"，从而"把文学由天上提到人间，由梦想变成真实，而且代浪漫主义而

---

① 苏雪林：《中国文学史略》，国立武汉大学，1938，第88a页。
② 苏雪林：《中国文学史略》，国立武汉大学，1938，第78a页。
③ 苏雪林：《唐诗概论》，商务印书馆，1933，第17页。

兴，成为唐诗一大宗派"。[①]

对于苏雪林的《中国文学史略》，曹建国曾从多方面加以考察。就文学史的理念而言，苏雪林认为文学史不能等同于诗文评，而是文化的雏形，民族的写照，是一条剪不断的河流。因此，在文学史章节的安排上，尽可能不去"切断文学史内在的逻辑环链"。为"彰显其发展的脉络"，苏雪林放弃"以朝代为限的分法"，以便在较长的一个时间段内，可以清晰地考察某种文体的流变。在许多重要的文学史问题表述上，苏雪林对胡适的《白话文学史》都有所吸收和借鉴，但也并非盲从。《中国文学史略》关于杜甫的论述，即体现出上述特点。此外，还表现出体验的细腻，读之便能产生"望表而知里，扪毛而辨骨"的效验；同时表现出了中西比较的学术视野。[②]

在乐期间苏雪林另有逸事一则。1944 年 2 月 8 日，农历正月十五，苏雪林在凌叔华家的乐山新居，为其爱女陈小滢的第二本纪念册写下勉言："前人看见杜工部儿子的诗，叫人送把斧头要他砍断手臂，免得天下诗名又归杜家独得。我看见小滢的作品，并不想送斧，只希望她能打破名父母之下难乎为子的成例。"此语出自宋人周紫芝《竹坡诗话》："杜少陵之子宗武，以诗示阮兵曹，兵曹答以斧一具，而告之曰：'欲子砍断其手，不然天下诗名，又在杜家矣。'"苏雪林借用这一典故，勉励陈小滢"时刻鞭策自己，不断自我完善，不断进步"。[③]

---

① 苏雪林：《唐诗概论》，商务印书馆，1933，第 83 页。
② 曹建国：《评苏雪林的〈中国文学史略〉》，载陈国恩主编《苏雪林面面观——2010 年海峡两岸苏雪林学术研讨会论文集》，黑龙江人民出版社，2011，第 169—176 页。
③ 沈晖编著《苏雪林年谱长编》，安徽文艺出版社，2017，第 85—86 页。

第二节　张雪蕾《中国文学史表解》评杜

《中国文学史表解》，1938 年 7 月初版。① 1939 年 2 月再版。

著者张雪蕾，名嘉明；父张俊贤，字治安，一生佃耕；妇名雪菀，识文断字，能缮写。其余不详。该书是据汉寿曾毅所著《中国文学史》表解而成，同时参考谢无量《中国大文学史》、郑振铎《文学大纲》、顾实《中国文学史大纲》、孙俍工所译盐谷温《中国文学概论讲话》、陈钟凡《中国文学批评史》诸书，兼及张惠言（皋文）、张琦《词选》、郭绍虞《诗话丛话》，以及其他短篇文学评论。分总论、上古、中古、近古、近世五篇，凡 77 章，148 表，附"读后记"及参考书目。有"孙序"，"孙俍工于廿六年三月成都军分校"；"自序"，"一九三六年十二月三日，张嘉明雪蕾谨序"；"例言"，"一九三六年十二月，著者于锦江客次"；"跋语"，"时一九三二，九，二九，夜。嘉明于反省院三舍题志"。此系"狴室文稿之三"。狴室犹言牢狱。

何谓"表解"？即"将一些最重要的文学史料按表格的形式排列出来，使读者一目了然"，具有"纲目性的作用"。② 列表介绍中国文学史，为刘宇光首创。张雪蕾亦云："本编表解之法，原非独创。惟见古今读书笔记，类多支蔓不经，或简率无体系，必与原书参读，始可洞见窍要"，故"立意

---

① 发行人：王云五（长沙南正路）；印刷所：商务印书馆（长沙南正路）；发行所：商务印书馆（各埠）。

② 邓敏文：《中国多民族文学史论》，社会科学文献出版社，1995，第 68—69 页。

脱离原书之束缚，仅取其可征信者，自为表解述评，而使另成一独立之体制"。①

　　该书第四篇"近古文学"第六章为"李杜比较"②，具体从五个方面展开。

　　一是李、杜才兼古今，究其各体，与盛唐诸子比较，可得五点。（1）五古——"王、孟、储学陶，而供奉（李白）学阮，与财洪③曲工同宗，而更出之以旷逸。少陵则才力飙举，纵横挥忽，不主一家。"（2）七古——"王、李、高、岑安详合度，供奉加之以恣肆。少陵又济之以沉雄。"（3）五律——"王、孟悠然自得，太白秾丽，复运以奇逸之思。少陵更于四十字中，包含万象。"（4）七律——"右丞、东州安和俊爽，高、岑亦与比肩。太白好运古于律，时与少陵同，不拘拘于音律对偶，而一种英爽之气，自凌厉无前。少陵尤五色藻缋，八音和鸣，故能前无古人，后无来者。所为长律，亦与供奉俱称绝伦。"（5）绝句——"右丞、龙标，并皆佳妙。太白纯以神行，独多化工之笔。杜所不及者，惟此耳。"

　　二是"李白诗，肖其为人，神气高朗，轩然霞举。性宏放，喜为大言。青年时，伟骨棱棱，不顾细行，不修小节，气盖一世。故其发于诗也，亦侠亦仙，飘然而来，倏然而往，不屑于雕章琢句，不劳劳于刻骨镂心，而天马行空，不可羁轭"。

　　三是"杜甫诗纯本学力，善自道其境遇，非若李之运以天才者比。其思力雄厚，笃于性情，而笔力豪健，律切精深。

---

① 张雪蕾：《中国文学史表解》，商务印书馆，1938，"例言"第3页。
② 张雪蕾：《中国文学史表解》，商务印书馆，1938，第118—119页。
③ "财洪"，当是"射洪"之误。陈子昂，梓州射洪人。

凡所作皆经千锤百炼而后出，故其句法、字法、章法、篇法，无一不曲尽其妙"。

四是"后代诗人，踵杜而深造者最多，故杜在文学上之影响及其位置，较李尤为极要"。

五是"李、杜二人时同，境同。交情又笃。而其性行，其思想，其文章，则各擅其胜。李受南方感化，杜受北方感化。李品如仙，杜品如圣。李出世，杜入世。李为理想派，杜为实际派。李受道家之影响，杜本儒家之见地。李如李广，杜如程不识。李以才胜，杜以学胜。李豪于情，杜笃于性。李斗酒百篇，有挥洒自如之概。杜读书万卷，极沉郁顿挫之观。彼海阔天空而乐自然，此每饭不忘而泣时事。彼为智者乐水，此为仁者乐山。要其潦倒颓放，而为浪漫之诗人，则一也"。

最后有"明按"："李、杜之比较特精，虽今人不能易也。""明"即张嘉明。

该书表解的目的，在张氏看来，"文学事业，原为吾族精神所寄"，"古先民之所遗"，"宜继续发扬而光大"，使之成为民族的精神甲胄。"今绥战已开"，故"举此相勖"，希望国人"乘时奋起"，最终"能与世界各民族并存而不替"。①

第三节　刘大杰《中国文学发展史》上卷评杜

《中国文学发展史》上卷，1941年1月初版。上海中华书局印行。1947年2月再版。其写作始于1938年，《自序》末署"民国二十九年九月于上海"。另有下卷，1949年1月

① 张雪蕾：《中国文学史表解》，商务印书馆，1938，"自序"第2页。

初版。两卷共 30 章，上、下卷各 15 章，"按朝代详述中国文学的发展史"。首章为"殷商社会与巫术文学"，末章为"清代的小说"。①

刘大杰（1904—1977），笔名修士、湘君，湖南岳阳人。1922 年考入武昌高等师范中文系，受教于黄侃、胡小石、郁达夫等名家。1925 年出版短篇小说集《黄鹤楼头》。同时，与胡云翼等人在武昌组织艺林社，创办文学刊物《艺林》。1926 年赴日本早稻田大学，学习和研究欧洲文学。1930 年回国，在上海大东书局任外国文学编辑。1931 年起，先后任教于复旦大学、安徽大学、上海大夏大学、上海圣约翰大学、厦门大学、四川大学及上海临时大学等。全面抗战爆发，回沪探亲，因交通阻断，滞留上海，潜心著述，一度遭日军拘禁。1948 年任暨南大学文学院院长。中华人民共和国成立后，长期担任复旦大学教授，兼中文系主任。②

《中国文学发展史》"因其研究内容的系统全面，结构布局的科学严谨，学术质量的精准崇高"，为中华人民共和国成立后"中国文学史的建构奠定了基本范式"。③ 上卷出版后，《图书月刊》第 1 卷第 6 期④的"新书介绍"曾做推荐，

---

① 北京图书馆编《民国时期总书目（1911—1949）：文学理论·世界文学·中国文学》上，书目文献出版社，1992，第 202 页。

② 参见中国现代文学馆编《中国现代作家大辞典》，新世界出版社，1992，第 300 页，该词条为孙金鉴撰；王友胜、李鸿渊、林彬晖、李跃忠《民国间古代文学研究名著导读》，岳麓书社，2010，第 43—44 页。

③ 王友胜、李鸿渊、林彬晖、李跃忠：《民国间古代文学研究名著导读》，岳麓书社，2010，第 43 页。

④ 该刊编纂者：国立中央图书馆（四川江津中白沙）；印行者：三民主义丛书编纂委员会（四川江津中白沙）；总经售：中国文化服务社（重庆磁器街四十七号）；印刷者：中央文化驿站总管理处印刷所（重庆磁器口大杨公桥）。

同时题下注明此为"大学用书",指出:"治史不能无史识,否则非庞杂肤浅,即谬戾褊狭。本卷断自殷商,下迄晚唐,凡十五章,不可谓非巨帙;而作者写述所把握之中心意识,则殊简当而扼要。"其"中心思想",即"特别要注意到每一个时代文学思潮之特色,和造成这种思潮之政治状态,社会生活,学术思想,以及其他种种环境与当代文学所发生的联系和影响"。"执此以研讨,故举凡代表作家与作品之介绍,大体均妥贴;而每一时代文学思潮之轮廓,亦殊明晰。"总之,"治文学史似易而实难;若比贯陈籍,细大不捐,便成芜杂之史料。又若雌黄评骘,终无精意,则传统式之文学评论,尤属可厌。本书能力避此病,诚不失为后来居上,比较合理之作。举述容有未周,亦瑕不掩瑜"。①

1943 年 4 月 3 日,余冠英于昆明蒜村,撰成《评刘大杰中国文学发展史上卷》,初发表于《人文科学学报》第 2 卷第 1 期②,后又应浦江清之请,略加修订,再次发表于《国文月刊》第 25 期。③ 论者指出,"本书叙述范围较一般中国文学史稍狭,在他书郑重纪述的史实本书亦有删略",因其只注重每一时代主要文学潮流的叙述,而不在作家本身。这是其特色之一。同时"津津于表扬本书的方法"。一方面,著者在"观察及说明一个文学主潮的来由"和"文学某一体特异性的根源及其发达原因"时,除文学本身发展的通则

---

① 哈:《新书介绍:中国文学发展史上卷(刘大杰撰)》,《图书月刊》第 1 卷第 6 期,1941 年 9 月 30 日,第 39—40 页。

② 该刊编者:人文科学学报编辑委员会;发行者:人文科学学报编辑委员会(昆明国立西南联合大学收发室转);印刷:中央文化驿站印刷厂;代售者:全国各大书局。

③ 余冠英:《评刘大杰中国文学发展史上卷》,《国文月刊》第 25 期,1944 年 1 月,第 32 页。

外，还涉及下列因素：社会经济、政治制度、风俗习惯、学术思想、自然环境与外来影响。另一方面，在说明"作家个人作品的特色"及其转变的根由时，其所据因素则更为复杂，包括时代精神、地方色彩、民族特性、阶级背景、社会风气、生活体验、思想宗派、家庭环境、文学传统、智识范围、遗传、个性。①

由上可见，《中国文学发展史》虽成书于沪上，但在大后方亦曾引起极大关注。

该书"十二章至十五章论唐代文学，亦偏重诗歌，因取材之多，虽于全卷中为最繁富，而排比论断尚整饬精当"。②其"条理大体能将文学主潮明晰地表示"，段落的划分，也"往往见出著者卓越的识见"，如"唐诗以陈子昂、杜甫、李贺各领一个时代"，便极为"自然合理"。③ 至于其"解说唐诗兴盛的原因"，除"诗歌本身进化的历史"外，著者还提到：（1）"皇帝提倡利禄劝诱的政治背景"；（2）诗人多出于民间，其较前代诗人"富于社会人士的实际体验，丰富充实了诗的内容"；（3）"汉朝血统混流之后，民族产生新创造力"。④

第十五章题名"社会诗的兴衰与唯美诗的复活"，共分六节：绪说、杜甫的生平思想及其作品、杜诗的影响与张籍、元白的文学思想与作品、孟韩的诗风、唯美诗的复活与唐诗

---

① 余冠英：《评刘大杰中国文学发展史上卷》，《人文科学学报》第 2 卷第 1 期，1943 年 6 月 12 日，第 99—100 页。

② 哈：《新书介绍：中国文学发展史上卷（刘大杰撰）》，《图书月刊》第 1 卷第 6 期，1941 年 9 月 30 日，第 40 页。

③ 余冠英：《评刘大杰中国文学发展史上卷》，《人文科学学报》第 2 卷第 1 期，1943 年 6 月 12 日，第 103 页。

④ 余冠英：《评刘大杰中国文学发展史上卷》，《人文科学学报》第 2 卷第 1 期，1943 年 6 月 12 日，第 100 页。

的结束。

刘大杰的论述,从"发展"的角度,勾勒出有唐一代文学潮流演进的轨迹,使人一目了然。其中主线,大致而言,即"从初唐的格律古典文学变为王维李白所代表的浪漫文学,再变为杜甫张籍白居易所代表的社会文学,最后由李贺李商隐所代表的唯美文学闭幕"①,而杜甫是这一发展线索中至关重要的节点。

《中国文学发展史》成书于全面抗战时期,对于其论杜部分与抗战的关联,吴中胜主要拈取两点:一是从思想内容而言,杜甫"能用他的理智,去细细地观察人生社会的实况,从自己的生活经验,去体会旁人的苦乐",因而成为"全民众全社会的代言人";二是从语言风格来讲,战乱时期,尤其需要通俗浅易的白话诗,而杜甫就是平民诗人,杜诗则是"民歌式的乐府体",其语言正具有战时特质。②

第四节　罗根泽《隋唐文学批评史》评杜

《隋唐文学批评史》,1943 年 11 月初版。发行人:王云五(重庆白象街);印刷所:商务印书馆印刷厂;发行所:各埠商务印书馆。该书为《中国文学批评史》第三分册。"中央大学文学丛书"之一。

编著者罗根泽(1900—1960),号雨亭。河北深县人。1925 年考入河北大学中国文学系。1927 年考取清华研究院国学门。1928 年考入燕京大学国学研究所续读一年。1929 年任

---

① 刘大杰:《中国文学发展史》上卷,中华书局,1941,第 408 页。
② 吴中胜:《抗战时期的"杜甫热"》,《光明日报》2015 年 11 月 30 日,第 16 版。

河南大学、天津女子师范学院教授，次年任河北大学中文系教授兼系主任。1932 年任北京中国大学、北平师范大学教授。1934—1935 年任安徽大学教授。[①] 七七事变后，"浮海南来，道出徐济，南至京师，北返开封，然后西走长安。又随西北联合大学，播迁汉上"。"闻中央大学，自京移渝，载书颇富，遂于二十九年一月，由陕入川"[②]，任重庆中央大学教授，并兼四川教育学院教授。1942 年 10 月 10 日，撰《中国文学批评史序》于渝郊。1943 年 8 月，出版《魏晋六朝文学批评史》；11 月，出版《隋唐文学批评史》。1944 年 1 月，出版《周秦两汉文学批评史》。1945 年 3 月，出版《墨子》（与康光鉴合著）；7 月，出版《晚唐五代文学批评史》。1946 年秋，随中央大学复员南京。后即执教于南京大学。[③]

　　该书共 7 章 65 节，分两部分。"前四章论诗，后三章论文"，"第三四两章论诗与社会政治，盛唐以前人对此尚无明确理论，至元白始提出诗之作用在补察时政与泄导人情"。[④] 罗根泽论杜，主要见于第三章第三节"杜甫的兼取古律及倡导社会诗"。此节紧承第二节"李白的提倡古风"，故开首便

---

① 任孚先、武鹰主编《中外文学评论家辞典》，吉林教育出版社，1991，第 326 页。

② 罗根泽：《中国文学批评史自序》，《读书通讯》第 68 期，1943 年 6 月 16 日，第 14 页。

③ 刘绍唐主编《民国人物小传》第 12 册，上海三联书店，2016，第 382—383 页。

④ 壹：《图书介绍：魏晋六朝文学批评史，隋唐文学批评史（罗根泽著）》，《图书季刊》新第 5 卷第 1 期，1944 年 3 月，第 66 页。《图书季刊》编辑者：国立北平图书馆图书季刊编辑部；通讯处：重庆沙坪坝南开大学经济研究所本馆驻渝办事处转；发行者：五十年代出版社（重庆新生路四十号、成都陕西街一三八号附三号、西安北大街曹家巷十号）；印刷者：军政部陆军经理杂志社印刷所（磁器口小杨公桥）。

是李白与杜甫的比较。认为其相异处，主要有三。一是两人活动的时代不一致。李白"大半当开元中兴"，而杜甫"大半在天宝之乱"。二是生活境遇不同。李白是"翩翩公子"，杜甫则"少贫不自振"，且终生贫困潦倒。三是对诗各有主张。李白是"天才的作家"，而杜甫"特别讲求功力"；李白"冲出律诗，提倡古风"，杜甫对古律之争，则主张"兼收并蓄，不可偏废"。

杜甫的伟大成就，"尤在律诗"。一是技术方面，如元稹《唐故检校工部员外郎杜君墓系铭》所赞："尽得古今之体势，而兼昔人之所独专"，特别是其"铺陈终始，排比声韵，大或千言，次犹数百，词气豪迈，而风调清深，属对律切，而脱弃凡近"。二是实质方面，则见称于白居易《与元九书》所举其社会诗。前者基于其"天才与学力"及其"作诗方法"，后者则基于"环境使然"及其"诗学观念"。

杜甫的作诗方法，可说是"诗神"，近于扬雄的"赋神"。但"神"从何来？"一由于素养，二由于感兴，三由于陶冶，四由于研究。"素养、感兴、陶冶三种方法，于古于律，均是一样；研究则比较偏于律诗。

杜甫论诗，主要见于《戏为六绝句》，《解闷十二首》之"沈范早知何水部""李陵苏武是吾师""复忆襄阳孟浩然""陶冶性灵在底物""不见高人王右丞"，《偶题》等。具体而言，"人"的方面，主张"不薄今人爱古人""转益多师是汝师"；"时代"方面，主张把取周秦汉魏，也不菲弃六朝隋唐；"诗"的方面，则主张古律并存。其诗学观念，在《求贤敷厥说议》及《进雕赋表》中，亦隐约可见。前者主张"贵切时务"，后者则以"鼓吹六经"为重。诗人虽未"彰明较著"地提出"诗与社会政治的关系"，但其诗作多在"伤

悼社会，讽咏政治"，由此可以推断：杜之主张，乃在社会
诗歌而非个人诗歌。①

　　20 世纪，最早将中国文学批评史带入大学讲台者，当
为胡小石、陈钟凡；而为学界公认的中国文学批评史学科
最重要的奠基人，是郭绍虞、罗根泽、朱东润三人。罗著
《中国文学批评史》，其体裁之长在于，"大体以问题为中
心"，故"非一般撰文学史只知以时代为次者所企及"。②
关于该书第三、四章，时人曾将其与郭著有所比较。第三
章论述诗"与社会及政治，谓由初唐'艺术文学的方法'
转变为中唐'人生文学的理论'，两者绝对相反，除元结等
继盛唐的陈子昂再提倡风雅诗外，杜甫提倡社会诗，李白
提倡自由抒写法，且主'士先德行'与尚'君子之交'"。
第四章论述"元白完成社会诗与诗论：元于乐府较有研究，
自矜亦止于讽喻；白于诗论较为详尽，自我批评兼重闲
适"。而"郭书第五篇第二章'复古运动的高潮时期'第一
节'诗国的复古说'分目述李、杜、白、元，并着眼于复
古；本书标出社会，则会心于顺时，此亦进步之一端"。③ 需
要强调的是，罗根泽论杜，尤其是关于杜甫作诗方法即"诗
神"的论述，颇受罗膺中《少陵诗论》的影响。此一点，罗
根泽已在书中说明。

---

① 罗根泽编著《隋唐文学批评史》，商务印书馆，1943，第 46—50 页。

② 壹：《图书介绍：魏晋六朝文学批评史，隋唐文学批评史（罗根泽著）》，
《图书季刊》新第 5 卷第 1 期，1944 年 3 月，第 66 页。

③ 南屏：《书评：中国文学批评史（罗根泽编著）》，《国立中央图书馆馆刊》
第 1 卷第 4 号，1947 年 12 月 1 日，第 34 页。该文末署"卅六，十，三，夜
半脱稿"。南屏，或为胡云翼。

第五节　宋云彬《中国文学史简编》评杜

　　《中国文学史简编》，1945年5月初版。[①] 编著者宋云彬（1897—1979），文学史家、编辑家。曾用笔名无我、宋佩韦。浙江海宁人。曾就读于上海政法大学。1923年前后，任《新浙江报》主笔。1924年8月加入中国共产党，后在广州黄埔军校编辑《黄埔日报》。1927年春，广州国民政府迁武汉，任《民国日报》编辑，兼武汉政府劳工部秘书。"四一二"政变之后，潜居上海，充商务印书馆馆外编辑，曾点校《资治通鉴》。1928年冬起，任开明书店编辑，整理《辞通》并题跋。后参加主编《国文讲义》和《中学生》。全面抗战初期，在武汉军事委员会政治部第三厅从事抗日宣传活动。武汉沦陷后，转赴桂林，任中华全国文艺界抗敌协会桂林分会理事、常务理事，入文化供应社任编辑兼出版部主任，并任桂林师范学院教授。同时，与夏衍、秦似、孟超、聂绀弩等共同编辑《野草》。1945年6月，参加中国民主同盟。抗战胜利后，任重庆进修出版社编辑。1946年1月，主编中国民主同盟机关刊物《民主生活》周刊。后去香港，任香港文化供应社总编辑。1948年8月，《文汇报》在香港出刊，主编该报《青年周刊》，同时为上海书店编写南洋华侨中学的语文教科书，并在达德学院任教授。中华人民共和国成立后，曾担任浙江省人民政府委员、文史

---

① 发行者：文化供应社；印刷者：润华印刷厂（重庆南岸马鞍山）；总发行：文化供应社（重庆民权路新生市场）；分发行：重庆·成都·西安·兰州联营书店。

馆馆长、体委主任。①

　　该书有"序",末署"云彬一九四五年三月于昆明"。据此可知,1934 年,上海开明书店创办开明函授学校,宋云彬、夏丏尊、叶圣陶、陈望道合编《国文讲义》,其中《文学史话》一门,由宋云彬担任撰写。全面抗战以来,因为种种关系,《国文讲义》终未再版。1944 年冬,宋云彬从桂林逃难到重庆,"旅况萧瑟,意兴阑珊",文化供应社同人乃鼓励其再写中国文学史,一方面"借此排遣",一方面以"补助"生活费。② 其对象,是"豫备给中学程度的青年们阅读"。其目的,借用《文心》(夏丏尊、叶圣陶合著)之说,是教他们"知道一点文学的源流和演变",然后"依文学史的线索去选读历代的名作"。

　　《中国文学史简编》的成书,亦可从宋云彬的日记中窥见一二。

　　1945 年 3 月 20 日上午,"补写《中国文学史简编》最后一章,未毕"。③

　　3 月 21 日,"下午尚钺来。补写《中国文学史简编》最后一章已毕,再写叙言一篇,即全部告竣矣。夜十二

---

① 参见江流《宋云彬》,载海宁县政协文史资料工作委员会、海宁县文学艺术界联合会合编《海宁人物资料》第一辑,内部本,1985,第 191—192 页;重庆市新闻出版局编纂《重庆市志·出版志(1840—1987)》,重庆出版社,2007,第 596 页。
② 宋云彬"昆明日记"题下曾有按语云:"一九四四年九月,余避寇离桂林,沿黔桂路西上,至十二月十五日始抵重庆。留重庆两月余,应友人张今铎之邀,挈妇作昆明之游。"参见海宁市档案局(馆)整理《宋云彬日记》上册,中华书局,2016,第 113 页。
③ 海宁市档案局(馆)整理《宋云彬日记》上册,中华书局,2016,第 117 页。

时睡"。①

3 月 22 日上午，"《中国文学史简编》末章及叙言已脱稿，再看一遍，加以修正后，便可付邮了"。②

3 月 23 日，"《中国文学史简编》末章及序文付邮"。③

6 月 7 日，"文供社寄到《中国文学史简编》十册"。④

全书共分 12 章，第五章"唐代的律诗与古文"勾勒出"唐朝一代律诗的演进与递嬗之迹"，其中谈及杜甫的贡献与地位。宋云彬认为，陈子昂、杜审言、沈佺期、宋之问开初唐气象，李白、杜甫集诸家之大成，其余各自成家，至晚唐，则唯独李义山犹有杜甫遗风。

唐代律诗之盛，考其时代背景，一是"唐代诸帝，大都能诗"。"专制时代，君主的好尚，每足以造成风气"。二是唐以诗赋取士，故有"大量的生产"。此外，因"时势的不同"，诗风也会随之变换。如开元、天宝之前的作品，"大都是歌舞升平，充满一种愉快的情调"；开元、天宝之后，诗人饱经离乱，作品"遂多感慨"，如杜甫的《咏怀古迹》，堪称此一时期的代表作品。到晚唐，"犹有杜公遗响"的玉溪生，其诗作则更"悲感多端，近于亡国之音"。⑤

---

① 海宁市档案局（馆）整理《宋云彬日记》上册，中华书局，2016，第118 页。
② 海宁市档案局（馆）整理《宋云彬日记》上册，中华书局，2016，第118 页。
③ 海宁市档案局（馆）整理《宋云彬日记》上册，中华书局，2016，第118 页。
④ 海宁市档案局（馆）整理《宋云彬日记》上册，中华书局，2016，第138 页。
⑤ 宋云彬编著《中国文学史简编》，文化供应社，1945，第 52—57 页。

第六章
选本、国文教材中的杜诗及其检索工具书

　　所谓"选本",实际上也是一种文学评论,去取之间,自有一种原则和标准。

　　题中的"选本",当指两类:一是关于杜诗的选本,大多是以《杜工部集》为底本所做的选编,也有在其他杜诗选本的基础上的再度选辑;二是兼及杜诗的选本,即在某一主题之下所做的选辑,杜诗作为其中一部分,占有或大或小,或轻或重的比例。至于国文教材,在某种意义上讲,也是一种特殊的选本。本章论及的选本与国文教材,部分出版于全面抗战之前,但全面抗战期间仍在继续印行;部分出版地未在大后方,但发行遍及全国,笔者均将其纳入考察的范围,并将分类以述。

　　而题中的"检索工具书",此处单指由洪业主编、哈佛燕京学社引得编纂处所编的《杜诗引得》。该书虽成于北平,但问世之后,影响甚大,并很快传到大后方。

　　这些选本、教材及工具书,推动和促进了抗战时期杜诗在不同文化水平知识分子中的普及和深入。

第一节　杜诗选本

　　抗战时期,除杜诗全集及其注本,如仇兆鳌《杜诗详

注》之外，有关杜诗的选本，坊间市面，也并不少见，而较为流行的，有傅东华选注《杜甫诗》及沈归愚选《音注杜少陵诗》。

一　傅东华选注《杜甫诗》

《杜甫诗》①，系"学生国学丛书"之一。

傅东华（1893—1971），又名则黄，笔名伍实、郭定一、黄约斋等。浙江金华人。翻译家、出版家。1912年毕业于上海南洋公学中学部，次年考入中华书局当练习生，不久即聘为编辑员。1924年，曾在商务印书馆任编译员。1936年春，在上海发起组织文艺作家协会，号召文艺家共赴国难。"八一三"上海抗战开始后，参加上海市文化界救亡协会，任协会主办的《救亡日报》主编。并应"复社"之请，与胡仲持等翻译《西行漫记》，次年在上海出版。上海沦陷后，留守租界，翻译《飘》《业障》等，同时编辑出版《孤岛闲书》。1942年7月应暨南大学之聘，携眷属去福建建阳途中，在浙江金华被日军俘获，被关押在杭州日伪敌工总部，9月由汉奸傅式说保释出狱，曾短暂地为汪伪政府主编《东南》月刊。1943年起隐居上海，从事翻译与语言文字的研究。中华人民共和国成立后，历任中国文字改革委员会研究员、中华书局《辞海》编辑所编审、《辞海》编辑委员会委员、语辞学科主编。参加《资治通鉴》标点本清样校注，标点《汉书》等。②

渝版之前，该书另有两种版本：

---

① 主编者：王云五、朱经农；发行人：（重庆白象街）王云五；印刷所：商务印书馆印刷厂；发行所：各地商务印书馆。1945年4月渝第一版。渝版熟料纸，41+170页，36开。定价国币叁元。

② 张玉春主编《百年暨大人物志》，暨南大学出版社，2006，第80页。

（1）上海，商务印书馆，1930 年 10 月初版，1934 年 7 月再版，48+246 页，36 开（万有文库第一集：学生国学丛书王云五主编）。

（2）上海，商务印书馆，1934 年 3 月初版，1934 年 6 月再版，1947 年 1 月 4 版，50+246 页，36 开（学生国学丛书王云五、朱经农编）。1947 年版增列丛书名为"新中学文库"。[①]

该书所选杜诗，若以诗题计，有 263 首（《民国时期总书目》谓"300 余首"）。据《凡例》，其选编标准，约为两点：因其"专供学生阅读"，故所选皆取"典实不过浓重而诗意易于领悟者"。虽非全集，而排次仍依原集编年体例，注释则大致从《杜诗镜铨》。

又有《导言》，末署"一六、一、三，编者，于上海"。首先是关于杜甫生平事迹的介绍。其次是对杜甫思想的分析。最后是对杜诗艺术成就的评价。

《杜集书目提要》云："王云五、朱经农主编。一九三四年，上海商务印书馆出版。铅印本，一册。是书首载编者'导言''凡例'。全书选杜诗近四百首，以编年为序，大致以杨伦《杜诗镜铨》为底本，每首诗下有简要注解。是书为商务印书馆'学生国学丛书'之一。"[②] 《杜集书录》中的"板本"云："一九三三上海商务印书馆排印"；又有"编者按"："此书收入'中学生丛书'，又收入'学生国学丛书'。"[③] 《杜集叙录》云："该书上海商务印书馆 1934 年出

---

① 北京图书馆编《民国时期总书目（1911—1949）：文学理论·世界文学·中国文学》上，书目文献出版社，1992，第 331 页。

② 郑庆笃、焦裕银、张忠纲、冯建国编著《杜集书目提要》，齐鲁书社，1986，第 280 页。

③ 周采泉：《杜集书录》上，上海古籍出版社，1986，第 440 页。

版，为王云五、朱经农主编的《学生国学丛书》之一。此书
共选杜诗约 400 首，大致以杨伦《杜诗镜铨》为底本，有简
要注释。1968 年，台北（湾）商务印书馆再版。1972 年，
列入该馆'人人文库'，再行印刷。"① 《杜集书录提要》和
《杜集叙录》均采录"1934 年"为初版年，似是未见该书
1930 年的版本。而《杜集书录》的"1933 年"明显有误。
另外，所谓"近 400 首""约 400 首"，或是同一诗题下，偶
有多首，累加而成此数。

二 沈归愚选《音注杜少陵诗》

封面署"沈归愚选本"。沈归愚即沈德潜（1673—
1769），归愚是号。此系"中国文学精华"丛书之一。② 据其
版权页，辑注者：中华书局；发行者：中华书局有限公司
（代表人：路锡三）；印刷者：（上海澳门路）美商永宁有限
公司。1936 年 8 月发行，1941 年 1 月四版。四版总发行处：
（昆明）中华书局发行所；分发行所：各埠中华书局。实价
国币六角。

此版应是在《音注杜少陵诗》（清沈德潜选本，张廷贵
音注）基础上改头换面而成。马同俨、姜炳炘《杜诗版本目
录》有"音注杜少陵诗四卷"条目："（清）沈德潜选张廷
贵音注民国十八年（1929）上海文明书局铅印本二册（四川
省图书馆藏）。"又一部："民国二十五年（1936）上海中华
书局铅印本一册。"③ 《杜集书录》列其条目："廷贵，吴兴
人。字号履历不详。【板本】一九四二年，前上海中华书局

---

① 张忠纲、赵睿才、綦维、孙微编著《杜集叙录》，齐鲁书社，2008，第
509—510 页。
② 据古籍网，该书是"中国文学精华"之 15，但 4 版未注明其序号。
③ 中华书局编辑《杜甫研究论文集》三辑，中华书局，1963，第 368 页。

排印。又有文明书局石印本。【编者按】此书无序，首列小传，有编辑大意，有圈点、简注。"① 《杜集书目提要》收"沈德潜选本"，但未录"沈归愚选本"。前者的相关介绍云："一九二四年上海中华书局出版，铅印一册，是书首载'揭要''杜甫小传'。选诗二百余首，不出沈德潜《杜诗偶评》之范围。诗中难字加注同音字，并有简要注解，以适合中学师范及家庭自修课本之用。此书为中华书局《中国文学精华丛书》之一。"② 或云该书"系就沈德潜《唐诗别裁集》所选杜诗音注而成"。③ 此两版，《杜集叙录》均未见收。

书前有《揭要》，又有《小传》。共选诗 159 首（以诗题计），包括：五古（23 首）、七古（38 首）、五律（44 首）、七律（36 首）、五排（15 首）、七绝（3 首）。

第二节　兼及杜诗的选本

20 世纪中国启蒙救亡运动的兴起，其直接原因即在于"列强的窥伺和国家的危难"，至 30 年代，"列强的窥伺"则演变为日本帝国主义的直接入侵。时局的急转直下，不仅"给文学创作以刺激"，而且给古典文学的研究带来"十分醒目的变化"，即此一时期，"民族英雄诗话""民族诗选""爱国诗选"之类的选本与评注本，不断涌现。杜甫作为"对后世影响最为深刻"的"爱国诗人"，更是这些选本重点

---

① 周采泉：《杜集书录》上，上海古籍出版社，1986，第 440 页。

② 郑庆笃、焦裕银、张忠纲、冯建国编著《杜集书目提要》，齐鲁书社，1986，第 276 页。

③ 陈伯海、朱易安编撰《唐诗书目总录》上，上海古籍出版社，2015，第 466 页。

拣择的对象。① 今姑举两例。

一　徐天闵选编《古今诗选》《历代诗选》

徐天闵（1890—1957），原名杰，字汉三，别号信斋，安徽怀宁（今属安庆）人。早年就读于安徽高等学堂。学成后，始而执教小学、中学（安庆），继则私塾（杭州、天津）。民国初年，任教于安徽省立第一师范学校。1927—1929 年任教于南京中央大学。1929 年秋，应王星拱校长之聘，任教于武汉大学文学院。抗战时期，随校迁至乐山。1939 年 3 月 3 日，国立武汉大学第 351 次会议推定徐天闵、刘博平、朱光潜组成校歌撰拟委员会，由徐天闵召集。其所撰歌词，具有鲜明的时代性和民族性。1948 年 7 月—1949 年 7 月，短暂任教于安徽大学。1956 年被教育部定为二级教授。与刘永济（弘度）、刘赜（博平）、席启炯（鲁思）、黄焯（耀先）合称武汉大学"五老"。其治学，主要集中在三个方面：一是中国古代诗歌的发展情况和源流派别，二是杜甫诗歌，三是探讨如何使用旧体诗形式表达新思想、新感受。

徐天闵在中文系，主要讲授中国古代诗歌，每学期的课程名目，大抵分为两类，即古代断代诗歌和名家诗歌研究。但在全面抗战时期，只开杜诗研究，原因是：全面抗战时讲杜诗最合适。关于徐天闵上课时的情景，吴鲁芹有绘声绘色、绘形绘影的描述：

> 这时我最高兴上的一门课是选修中文系的"古今诗选"……教这门课的徐天闵先生是安徽人，嗓门特别

---

① 王学泰：《20 世纪文化变迁中的杜甫研究》，载董乃斌、薛天纬、石昌渝主编《中国古典文学学术史研究》，新疆人民出版社，1997，第 409 页。

大。他往往是唱着进教室唱着出教室的，他和古今诗真可以说是浑然一体。他很少讲解，一大半时间是唱掉了的。他有时候几乎是不能自已，在说话中引用了某首诗就高声唱起来了，对历代诗人如数家珍，就像是他同代的朋友。当然最有交情的是老杜，老杜这，老杜那，说得眉飞色舞唾沫横飞。他大约是最不讲究教学法的教授，他的治学方法恐怕也是最不科学的，但这都无碍于他的博雅精深。他唱诗的时候缓急顿挫都带感情，尤其是嗓门儿大，感情的成分也就表现得巨细无遗。这在珞珈山文学院大楼，只要关紧教室的门，并不至于惊动四邻，后来搬到四川乐山文庙的破屋中，情形就大不一样，他一声"支离东北风尘际"，隔壁会计学戴铭巽教授的资产负债表就震得不平衡了。但是他唱诗唱了一辈子，改弦易辙，谈何容易，而且对学生而言，唱的部分是这门课的灵魂，不能从缺的。至于邻居的安宁，下一堂再说吧。[1]

其每门课程均编有讲义。武汉大学档案馆所藏资料中，自 1930 年到 1940 年，由"皖江徐天闵编选""国立武汉大学印"的各种古代诗歌讲义，计有八种。讲义一般包括三方面的内容：诗作原文、前人评语、徐之批评意见。后者多表现为"天闵案"，或称"信斋诗话"。

"古今诗选"是武汉大学中文系的"当家课"。徐天闵主讲此课，所编讲义七八种。其一生的学术研究、教学活动、社交往来、个人影响，都与这门课程的讲授和讲义的编写大

---

[1] 吴鲁芹：《我的"误人"与"误己"生活》，载吴鲁芹《师友 文章》，上海书店出版社，2009，第185—186页。

有关系。就课程而言，其所讲诗选如《四唐诗选》《宋诗选》《杜甫诗选》《苏轼诗选》，都属于"古今诗选"课程，也有单独称为"古今诗选"的课程名称。就讲义而言，上述选本统统属于"古今诗选"，也有直接称为《古今诗选》的选本。目前可见的铅印本讲义有 1930 年版的《古今诗选》（卷一至卷三、卷四至卷五）、《宋诗选》（七至十），1931 年版的《四唐诗选》（卷四至卷五），1935 年版的《古今诗选》（卷一至卷八）。卷八以后的《古今诗选》则未见。因此，其所谓"古今诗选"，实则是"古代诗选"。八卷所选诗作，始于古逸诗中的《伊耆氏蜡辞》，终于晚唐韩偓的《避地寒食》，其中卷一选古逸诗，卷二选汉魏诗，卷三选六朝诗中的晋、宋诗，卷四选六朝诗中的齐、梁、陈诗，隋诗、北朝诗，卷五至卷八全是选唐诗。

《历代诗选》的选编则始自 1939 年。该项工作启动后，《古今诗选》的续编即告中止。熊礼汇认为，不排除徐天闵有意以《历代诗选》取代《古今诗选》。[1]

1.《古今诗选》

《古今诗选》卷六的杜诗部分，应即《杜甫诗选》。开首有杜甫简介。其所选篇目最多，计有 155 种，其中安史之乱后的诗 88 种。

选诗多引前人评语，如曾国藩、浦起龙、张裕钊、方东树、王阮亭、姚惜抱、管世铭等，而以方东树居多。其后有"天闵案"者，仅八例。

其一，《遣兴五首》（"朔风飘胡雁""长陵锐头儿""漆

---

[1] 以上介绍和说明，参见熊礼汇《徐天闵教授和他的〈古今诗选〉——〈古今诗选〉代前言》，载徐天闵选编，熊礼江校订《古今诗选》，武汉大学出版社，2013。

有用而割"猛虎凭其威""朝逢富家葬")。天闵案:"此《遣兴五首》,当是禄山未乱以前,天宝末年,公在长安时所作。观'北里富薰天'等句,知在长安未破时也。旧编于乾元二年秦州诗内,恐非。"①

其二,《发刘郎浦》。天闵案:"此与上荐,皆山谷规模,特无此雄浑耳。"②

其三,《追酬故高蜀州人日见寄(并序)》。天闵案:"起四句,叙检高所赠诗。'呜呼'八句,慨叹高任蜀州时赠诗。高既北去而没,己亦留滞潇湘。'潇湘'句引起下段,'东西'八句叹己北归无期,却就高诗结语推透而出。收四句,寄汉中王敬使君也,悲凉沉痛,不知所云。"③

其四,《九日蓝田崔氏庄》。天闵案:"此诗一波三折,极抑扬吞吐之妙。"④

其五,《秋兴》。天闵案:"《秋兴》八章,乃七言转韵之排律耳。排比铺张,杜公本自擅长。沉着悲壮,亦是杜公本色,故此诗亦自足惊人。特杜公佳处,实不尽在此。明代作者专精务此,其不陷为肤阔庸滥不止,此终难为俗人道也。"⑤

---

① 徐天闵选编,熊礼汇校订《古今诗选》,武汉大学出版社,2013,第286页。

② 徐天闵选编,熊礼汇校订《古今诗选》,武汉大学出版社,2013,第306页。

③ 徐天闵选编,熊礼汇校订《古今诗选》,武汉大学出版社,2013,第307页。

④ 徐天闵选编,熊礼汇校订《古今诗选》,武汉大学出版社,2013,第320页。

⑤ 徐天闵选编,熊礼汇校订《古今诗选》,武汉大学出版社,2013,第328页。

其六，《投赠哥舒开府翰二十韵》《大历三年春，白帝城放船出瞿塘峡，久居夔府，将适江陵漂泊，有诗凡四十韵》。天闵案："杜公长律，诚如惜抱所云'有千门万户、开阖、阴阳之意'，然专事排比铺张，于义较侈，故仅录此二篇，略以知其梗概耳。"①

其七，《武侯庙》《八阵图》。天闵案："杜公于五绝，似不经意，篇什甚少。兹特录其脍炙人口者二首。"②

其八，《江南逢李龟年》。天闵案："杜公七绝，自有一种隽永趣味，与阮亭所标持神韵之说不同，不得谓杜公不善七绝也。山谷专摹杜。"③

由此观之，其"所作按语言简意赅，或直述个人看法，或对前人看法加以辨析。所论问题具体单纯，虽多从'微观'中来，却能够见微知著、由近及远"。④ 之所以能够如此，熊礼汇认为，是因为徐天闵"对古代诗歌作品，无论写作背景、诗歌立意、兴寄所在、结构层次、修辞艺术以及风格特征、渊源所自、影响所及，无不洞彻其事，尤于诗情诗思、诗味诗境，别具会心"。⑤

2. 《历代诗选》

《历代诗选》的选编，虽起自全面抗战中期，目前可见

① 徐天闵选编，熊礼汇校订《古今诗选》，武汉大学出版社，2013，第332页。
② 徐天闵选编，熊礼汇校订《古今诗选》，武汉大学出版社，2013，第332页。
③ 徐天闵选编，熊礼汇校订《古今诗选》，武汉大学出版社，2013，第335页。
④ 徐天闵选编，熊礼汇校订《古今诗选》，武汉大学出版社，2013，封底。
⑤ 徐天闵选编，熊礼汇校订《古今诗选》，武汉大学出版社，2013，"代前言"第13页。

者，则是《历代诗选》第一期，"国立武汉大学讲义一九四九年—9"。署"怀宁徐天闵"。讲义分两编。上编选录汉诗、魏诗、晋诗、宋诗；下编选录齐诗、梁诗、陈诗、北魏诗、北齐诗、北周诗、隋诗、初唐诗。后者包括魏徵、虞世南、王绩、王勃、杨炯、卢照邻、骆宾王、马周、韦承庆、沈佺期、宋之问、刘希夷、于季子、杜审言、苏味道、李峤诸人，尚未及杜甫。有《历代诗选第一期总论》，分述"五言诗之起原（源）""七言诗之起源""律诗之进展""乐府与古诗之异同及其源流""作家及其作风之递变"，最后以"信斋诗话曰"做出总结。

讲义有"序说"，以《诗歌分期之说明》为题，发表于《国立武汉大学文哲季刊》第 7 卷第 3 期（1943 年）。[①]作者认为，自五七言既兴以后，"吾国诗歌"可划分为三大时期："自古诗十九首至初唐之沈宋，为各体诗建立时期，谓之第一期；唐之陈子昂至宋末移民诗，为各体诗完成时期，谓之第二期；金之元遗山以至今日，谓之第三期。""每期复分为前后期"，前期为各体诗之建立，后期为各体诗之完成。其"完成之工作"，多与杜甫有关。具体言之：

一为五言古体。"杜韩巨制，雄奇万变"，"已跨越六朝而轶汉魏"；"苏黄短篇，排宕蟠屈，吊诡可观"。

二为七言歌行。"自柏梁以至四杰，略具端倪，王李高岑，流风始盛，太白之纵横豪宕，直逼风骚，工部之顿挫沉雄，元气结撰。元和长庆间，昌黎力追李杜而怪变奇险，

---

① 该刊创刊于 1930 年。自第 7 卷开始，在四川乐山出版，其中第 1 期出版于 1941 年 10 月，第 2 期出版于 1942 年 10 月。第 3 期笔者未见，据此推断，或是出版于 1943 年 10 月。其编辑者：国立武汉大学文哲季刊委员会；发行者：国立武汉大学出版组；总发行所：国立武汉大学出版组。

妥帖排奡，香山务为平易，期于谕俗，然犹为未失古意。"
"迫至有宋，六一半山，力图复古，盖杜韩之后劲，苏黄之
前茅。"东坡"杂糅众体，蔚为新制"，"殆与庄子之文同
工"。而"山谷清奇兀傲，迥不犹人，托径少陵，自辟户
牖"。"歌行一体，得六七巨公以完成"，"可谓波澜老成，
毫发无憾"。

三为七言律体。"开宝诸公，雅称正宗，而篇什未富。
独至工部，百五十篇，洵为开山之祖，孕育百世。然大历诸
公，崇尚王李，未知尊杜。晚唐惟义山得其体势，牧之得其
宏放，冬郎得其沉至。宋之作者，如半山之清空，东坡之疏
宕，山谷之顿挫，放翁之悲壮，皆师杜之一体一境，深造而
发挥之，便成大家，而七言律体遂臻绝境。"

整体来看，中国诗歌"至唐而后大，至宋而后极其绝。
宋人效法唐贤，力破余地，其尤致力者则在杜陵，师其神而
袭其貌，一变三唐作风，故唐宋作风迥然不同"。[①]

上引之文，则从"宏观"入手，对杜甫在中国诗歌史上
的关键枢纽地位，言之凿凿。其所做规律性的概括，既一目
了然，又令人信服。

二　祝嘉编[②]《军国民诗话》

1943 年 7 月初版。发行人：王云五（重庆白象街）；印
刷所：商务印书馆印刷厂；发行所：各地商务印书馆。有
"自序"，1943 年 1 月 9 日"序于四川璧山"；"跋"，1943 年

---

① 徐天闵编《历代诗选》第一期，国立武汉大学，1949 年 9 月，"序说及目
　　次"第 2 页。原文无句读，亦多缺损。引文同时参考《古今诗选》熊礼汇
　　校订本之附录。
② 版权页为"著作者：祝嘉"。封面署"祝嘉编"。

2月1日，"王德亮①识于陪都龙门浩涂山北麓莲花山敬恕寄庐"。

祝嘉（1899—1995），20世纪碑学大家，被誉为"近现代书法研究第一人"。原名朝会，字乙秋，或作燕秋，号愚庵。据其《书学史自序》，"予家粤之文昌"②，文昌今属海南。幼从其父宝斋公声璞启蒙。1916年，入广雅书院。其间，师从胡仁陔学习古文、诗词与书法。1921年，回家乡从事中小学教育。1928年，至南洋，曾在新加坡育婴学校任教。1931年，父病返故里。1932年赴广州，因"共党嫌疑"入狱。次年，保释出狱后赴南京，经介绍入首都新闻检查所工作。1936年参加中国文艺社。全面抗战爆发，辗转到达湘潭，在步兵学校管理军需。1939年，转调到四川璧山，在图书馆工作，直至抗战结束。③ 又兼职于国立社会教育学院，讲授金石学、文字学、目录学等课程。1947年，随社会教育学院迁苏州。④ 其著述甚富，多关书学。"二十四年春，而

---

① 王德亮，名重言，江苏盐城人。毕业于复旦大学新闻系，为程沧波罗致，任南京《中央日报》编辑。后历任重庆《扫荡报》编辑、《工商导报》主笔等。1938年12月，当选为中国青年新闻记者重庆分会理事。其编著有：《中华民族御侮自卫文献》（文通书局，1943年9月初版）、《曾国藩之民族思想》（商务印书馆，1943年11月初版）、《文天祥》（中华书局，1947年4月初版）。

② 祝嘉：《书学史自序》，《书学》第4期，1945年2月，第6页。《书学》编辑者：中国书学研究会（北碚蔡锷路五十一号）；主编者：商承祚、沈子善、朱锦江；发行人：王君一；发行所：文信书局（重庆保安路一七〇号）。该文单独发表时未署写作时间，据《书学史》，其"自序"末署"民国三十年双十节，文昌祝嘉"。

③ 《书学史自序》亦云："倭寇犯淞沪，予踉跄出都，而鄂而湘，而桂而蜀，万里萍踪。"

④ 关于祝嘉的生平事迹，参见杨吉平《中国书法100年（1900—2000）》，山西人民出版社，2010，第319页。

《书学》付梓，二十六年夏，而《愚庵书话》杀青。"[1] 1947年 8 月，其《书学史》由上海教育书店出版，于右任 1942年 8 月序"于山洞"。[2] 1951 年，任教于苏州二中，至 1961年退休。

《军国民诗话》之作，始于 1935 年夏天。彼时已在一·二八事变之后，敌人一再以武力侵陵，陆军步兵学校《步兵杂志》决意新增"诗歌"一栏，刊登能引发国人敌忾的作品，祝嘉遂应邀编撰《军国民诗话》，主要面向没有空闲读诗的武装同志。

诗话编写的体例是：首先叙述介绍该诗的缘由，其次是诗作，最后是白话解释。其发表从第 23 期起，到第 43 期止。及至结集出版，敌人已由"小规模的蚕食"，进为"大规模的鲸吞"；由"侵犯我藩篱"，进而"占据我堂奥"，因此，选介"我国古来大诗人及奇男子的有刺激性的诗歌"，在"强寇深入，军事第一"之际，更可发挥其力量，更能彰显其意义。[3]

该书辑春秋至太平天国的战争题材的诗歌 60 余首，逐首加以简要评述。其所选杜诗，为《前出塞》之六："挽弓当挽强，用箭当用长；射人先射马，擒贼先擒王。杀人亦有限，立国[4]自有疆。苟能制侵陵，岂在多杀伤！"

作者先言选诗理由。纵观中国历史，外患之迫，几乎无

---

① 祝嘉：《书学史自序》，《书学》第 4 期，1945 年 2 月，第 6 页。

② 于右任：《祝嘉〈书学史〉序》，《文史杂志》第 2 卷第 4 期，1942 年 4 月 15 日，第 44 页。该序中云："今春王君德亮函示祝君嘉所著此书，阅之甚为兴奋。"山洞是重庆一镇名。

③ 祝嘉编《军国民诗话》，商务印书馆，1943，"自序"第 1—2 页。

④ 宋百家本、宋千家本、宋分门本、三蔡本、元千家本作"立"；而钱钞本、宋九家本、三蔡本外，诸本引伪苏注，又俱以"列国"为说。参见萧涤非主编《杜甫全集校注》一，人民文学出版社，2014，第261页。

代无之，如"处之有方，则化险为夷；处之失当，则祸至亡国"，而祸于今尤烈。"兵凶战危，不得已而用之"，杜甫此诗，便是这一主张的"代表工作"。继则白话释义，强调"立国是各有各的疆界"，"不能恃强去侵占他人的国土，残杀他国的人民"。只要"能够自救自守""免于人家的侵陵"就好，"岂在多杀些敌人吗？"最后引申其意义：该诗的主张，即墨子的"非攻尊守"。"人来攻我，为保守国土计"，自是"不得不抵抗到底"，倘若"无故兴师"，虽是"得胜归来"，也不免"残民伤财"。①

王德亮曾"感于暴寇深入，河山破碎，非提倡尚武图强，不能御侮自卫，立国于世界；而振厉民气，鼓舞军心，尤以精神食粮，关系至巨"；而《军国民诗话》一书，"激昂慷慨，充满敌忾同仇思想"，因此一方面，期待作者"再有续编之问世，必为社会所需要"；另一方面，则期望读者能"涵濡吟咏，感发兴起"，进而"谋民族之复兴，绵华胄于万年"。②

最后补充说明的是，据《书学史》所附《祝嘉著作一览》，祝嘉论杜，另有《杜诗醇》一书，不过未见出版。③

第三节　国文教材中的杜诗

国文教材作为选本，有其特殊之处：既要系统反映学科内容，又要贯彻国家意志，通过二者有机、紧密的结合，实施教育功能，达到教育受众的目的。其所选素材，必须兼顾

---

① 祝嘉编《军国民诗话》，商务印书馆，1943，第16页。
② 祝嘉编《军国民诗话》，商务印书馆，1943，第53页。
③ 祝嘉：《书学史》，上海教育书店，1947，第534页。

思想性和艺术性两个方面。而全面抗战前后的国文教材，在培育国民精神、砥砺民族气节方面，承担着艰巨的任务，因此对所选篇目，既煞费苦心，又别具匠心，杜诗通常也就成为其中占有特殊比例、具有突出地位的部分。

杜甫及杜诗本身，事实上也极富教育意义。这与杜甫的高尚人格有关。抗战时期，"知识阶层的人们"，不仅"在颠沛流离中感到杜甫与自己在一起"，而且"在与现实的接触中看到的社会的不公、人间的不平，在杜诗中皆有广泛而深刻的揭露"。① 作为"我们当中的一员"，杜甫"理解我们，帮助我们去认识这个世界"。② 即如冯至所称，杜甫不仅是我们的代言人，而且往往站得高，可以做我们的老师。③ 因此，"抗战期间批评家们认为杜甫和人民一起承受人间的苦难，并以其真诚的同情把它淋漓尽致地描写出来"，让"读者从中受到教育"。④

本节涉及的国文教材，既有中学国文课本，也有师范学校教程，还包括大学国文教本。

一 宋文翰编《国文读本》第三册

"新课程标准师范适用"。1945 年 11 月 7 版。⑤

---

① 王学泰：《20 世纪文化变迁中的杜甫研究》，载董乃斌、薛天纬、石昌渝主编《中国古典文学学术史研究》，新疆人民出版社，1997，第 410 页。

② 王学泰：《20 世纪文化变迁中的杜甫研究》，载董乃斌、薛天纬、石昌渝主编《中国古典文学学术史研究》，新疆人民出版社，1997，第 411 页。

③ 冯至：《杜甫与我们的时代》，《萌芽》第 1 卷第 1 期，1946 年 7 月 15 日，第 11 页。

④ 王学泰：《20 世纪文化变迁中的杜甫研究》，载董乃斌、薛天纬、石昌渝主编《中国古典文学学术史研究》，新疆人民出版社，1997，第 411 页。

⑤ 该册初版时间不详。发行人：姚戟楣（中华书局有限公司代表）；发行处：各埠中华书局。《国文读本》共计五册，第一册初版、发行的时间为 1935 年 8 月，第二册初版、发行的时间为 1936 年 2 月。

　　宋文翰（1893—1971），乳名兆彬，学名文翰，号伯韩。浙江金华人。宋濂之后。1917 年被任命为金华县立乙种农校校长。1924 年毕业于北京高等师范学校，曾受教于鲁迅。其后，任教于天津南开附中、福建厦门集美女子师范、上海劳动大学附中、沪江大学附中、中国公学附中、省立衢州中学、杭州私立两浙盐务中学、杭州市立第一初中、省立杭州师范、省立台州中学、省立金华师范、金华县立简师、杭州师专、浙江师范学院等校。1962—1965 年任浙江师范学院中文系主任。曾任上海中华书局编辑部编辑。一生从教 50 年，颇有建树。何炳松赞其为"教育界实干家的代表人物"，施存统也题赠"东南师表赖我兄"。

　　著有语法修辞专著《文字学发凡》《国语文修辞法》《中国文法表解》《国字研究法》《虚字使用法》《文言虚字》《说文解字段注纠谬》等十余种。其中《国语文修辞法》是20 世纪 30 年代白话修辞学的代表作，建立了中国国语修辞学的理论。又曾负责主持旧《辞海》语词的诠释审定。并依据当时教育部《新学制部颁标准》，自行完成高中、初中、普师、简师四套国文教科书，送交中华书局呈教育部审定发行，为全国各中等学校欢迎并采用。①

　　本册所选诗人共五位，选文之后均有题解、作者略历、文体及其特征、注释。其中杜甫选诗六首：《羌村》（三首），即"峥嵘赤云西""晚岁迫偷生""群鸡正乱叫"；《兵车行》；《登高》；《闻官军收河南河北》。

　　其"题解"云："杜甫，世称诗圣，亦称诗史，是不特

---

① 参见宋瑞楠、俞龙光《宋文翰先生事略》，载政协浙江省金华县委员会文史资料工作委员会编印《金华县文史资料》第 2 辑，1989，第 125—133 页；倪祥和《宋文翰和他的〈国语文修辞法〉》，载倪祥和、乐玲华《汉语论集》，安徽大学出版社，2014，第 168—172 页。

其诗如白居易所称'贯穿今古，觇缕格律，尽工尽善'，堪推诗界之圣，亦以生当乱离，其伤时即事之感，一皆寄之于诗，剀切精深，至千言不少衰，后人读之，颇可据以见当时之治乱及社会之背景。"故"选其五古三首，七古一首，七律二首"。

"作者略历"云："杜甫，字子美，唐襄阳人。居杜陵，自称杜陵布衣，又称少陵野老。少贫，举进士不第。玄宗时，以献诗赋待制集贤院。安禄山作乱，玄宗入蜀，肃宗立，甫走凤翔上谒，拜右拾遗。后以疏救房琯，出为华州司功参军。关辅饥，弃官客秦州。流落剑南，依严武，武表为检校工部员外郎。大历中，避乱荆楚，游衡山，寓居耒阳。一夕大醉，年五十九。甫博极群书，善为诗歌，浑涵汪洋，千态万状，不拘一格。元稹为作墓志铭，称'诗人以来，未有如子美者'，至今许为确评。著有《杜工部集》。"

"文体及其特征"云："五七言古诗体例，已详第二册。七言律，与五言律同，亦为唐代新兴诗体之一种，号为近体诗。其格律亦綦严：每篇八句（八句以上为排律），每句七字，字须叶平仄，句末须押脚韵。八句之中，中间四句亦须两两相对，构成二联。其前后各二句，以不对为常，对者听。例如《登高》八句皆对，即前后各两句亦自成对；《闻官军收河南河北》末二句亦对。惟七律押脚韵之法与五律稍有不同：七律以第一句起韵为通则，如《登高》；以第二句起韵为变例，如《闻官军收河南河北》。五律反此。参阅前课。"①

由此可见，《国文读本》的功效在于，通过选例的学习，进而让学者了解、掌握不同的文体，且兼顾正体与变体。

---

① 宋文翰编《国文读本》第三册，中华书局，1945，第124—125页。

二 夏丏尊、叶绍钧合编《国文百八课》第四册

"初中国文科教学自修用。" 1938 年 9 月初版发行。发行者：章锡琛（上海福州路开明书店）；印刷者：开明书店；总发行所：开明书店（上海福州路二六八）；分发行所：开明书店分店（广州惠爱东路、重庆西三街、桂林环湖西路、天津卅号路、汉口交通路、长沙南阳路）。

《国文百八课》"专供初级中学国文科教学及有志自修者之用"，计划出六册，每册 18 课，共 108 课，故得此名。每课成一单元，内含"文话""文选""文法或修辞""习题"四项，各项联络成片。文话以一般文章理法为题材，按程配置；次选列古今文法两篇为范例；再次列文法或修辞，就选文中取例，仍旧保持其固有的系统；最后附列习问，提举复习考验的事项。六册原拟供三年之用，即每学期一册。[1] 1935—1938 年印行第一至第四册，因全面抗战爆发，第五、第六册未能继续编写出版。第一册重点是记叙文，第二册由记叙文过渡到文学作品，第三册逐步转入应用文、说明文，第四册重点讲议论文。选文的语体文与文言文比例大致为3∶2。教学偏重对学生语文实用能力的培养。缺点是选文没有注释。[2] 此四册，人民教育出版社曾重印出版。出版时间为 1985 年 11 月，印刷则在 1987 年 8 月。

第八课之"文话八"为"律诗"。其主要内容，言及律诗的生成、律诗的限制和律诗的发展。其后的"文选十五"，选七律四首，俱为杜甫所作。四首分别是：《九日蓝田崔氏

---

[1] 奇中：《介绍〈国文百八课〉》，《中学生》第 59 号，1935 年 11 月 1 日，第 191 页。

[2] 顾明远主编《教育大辞典》第十卷"中国近现代教育史"，上海教育出版社，1991，第 383 页。

庄》、《蜀相》、《登高》及《咏怀古迹》五首之一"群山万
壑赴荆门"。其后"文法六",为"副词在句中的用途及位
置"。讲到副词的位置时,即举《九日蓝田崔氏庄》的"醉
把茱萸子细看"为例。最后为"习问八",共列五个问题,
前二关于律诗,后三则关于副词。[①]

三　郭绍虞编《学文示例》上册

"大学国文教本"。1941 年 8 月初版,1946 年 12 月四版。
发行者:开明书店(代表人范洗人);印刷者:开明书店。
《学文示例》另有下册,1944 年 8 月"内一版"。所谓
"内",即内地。总发行所:(重庆保安路一三二号)开明书
店;分发行所:(赣州西安路、桂林环湖路、成都陕西街、
昆明武成路、衡阳陕西巷、贵阳醒狮路)开明书店分店。

郭绍虞(1893—1984),原名郭希玢,江苏苏州人。中
学未毕业。1919 年到北京,为《晨报副刊》撰稿,同时在北
大旁听,并加入新潮社。1921 年和茅盾、郑振铎、叶圣陶等
共同发起成立文学研究会。1921 年起,先后到济南第一师范
学校、福州协和大学、开封中州大学、武昌中山大学执教。
1927 年后任北平燕京大学国文系教授。1941 年 12 月,太平
洋战争起,燕京大学停办,一度到中国大学任教。1943 年[②]
离平至沪,以郑振铎之介,任开明书店编辑。其间历兼上海
大夏大学、之江大学、光华大学中文系教授、系主任。1945
年,任同济大学中文系教授兼系主任。1950 年后,任教于复

---

① 夏丏尊、叶绍钧合编《国文百八课》第四册,开明书店,1938,第 104—
110 页。
② 据其《五四运动述感之二》,为 1943 年,其《自传》则作 1942 年,两说
互歧。

旦大学。①

　　该书原为燕京大学一年级国文教本。编纂时曾得董鲁安、凌敬言、郑因百、杨戆甫、黄如文之助，共商去取。其主旨，是欲使大学国文教学有异于中学之法，故"略本修辞条例，类聚性质相同之文"，同时并顾理论与实例。② 《语文通论》收录《大一国文教材之编纂经过与其旨趣》一文，其二为《学文示例》"序"，说明该书"以技巧训练为主而以思想训练为辅"，"重在文学之训练"，"其编制以例为纲而不以体分类"，"示人以行文之变化"。③ 论者曾将其与夏丏尊、叶圣陶合著的《文心》加以比较，认为《文心》"利用故事穿插，深入浅出，抽象的问题而能具体说明，可称作文法中一部佳著"，而《学文示例》"以例示人，使人自生领悟，亦可说是作文法中生面别开之作"。④ 朱自清亦称许其为"独创"之作，可用于启发对古文学的欣赏兴趣，培养欣赏能力。⑤

　　全书共分五例，即评改例、拟袭例、变翻例、申驳例与熔裁例。上册包含两部分。一是评改例，二是拟袭例。"两部分触及写作方面的两件事情，一是成稿以后的斟酌修改，

① 参见中国现代文学馆编《中国现代作家大辞典》，新世界出版社，1992，第150页，该词条为陈维崧撰；刘绍唐主编《民国人物小传》第八册，上海三联书店，2015，第331页。

② 郭绍虞编《学文示例》上册，开明书店，1941，"编例"第1页。

③ 郭绍虞：《语文通论》，开明书店，1941，第139—140、142页。

④ 《图书介绍：081 学文示例上册（郭绍虞编）》，《中法汉学研究所图书馆馆刊》第2号，1946年10月，第160—161页。

⑤ 朱自清：《书评：语文通论，学文示例（郭绍虞著）》，《清华学报》第14卷第1期，1947年10月，第173页。关于此书，另有张长弓《读〈学文示例〉》（《教育函授》第1卷第1期，1948年1月1日），强调此系"有组织有结构的著作，是以'比较'金线，贯穿各种文体，提起来成就一串珠练"（第18页）。

一是属稿以前的定局取材。"①

拟袭部分的"理论之部",采选昔人谈及规摹因袭的文字;"实例之部"则将"拟袭"分为两类:规范体貌者为"摹拟",点窜陈言者为"借袭"。"摹拟"又分二目,即法式之拟与体格之拟。前者是指形式的摹仿,后者是指风格的摹仿。"借袭"则又分为缀集与衍约二目。②

"实例之部"的"模拟类上—法式之拟"③,所收示例包括杜甫《乾元中寓居同谷县作七首》,认为此诗一出,拟作者亦络绎而来,如文天祥《六歌》、汪元量《浮丘道人招魂歌》、郑燮《七歌》④;指出:这些都是"形式的摹仿",阅读时,须认真体会,方可窥见"摹仿的要诀",即"摹仿之作虽不免依傍",但思想性情仍出于自己。因此,摹仿只是借径,"目的在乎完成自己的技术",只有摹仿时不忘我在,才能计日程功。⑤ 不过,从拟杜者甚众这点来看,也足见杜甫影响的广大深远。

第四节 杜诗的检索工具:《杜诗引得》

首先需要说明的是,笔者将《杜诗引得》纳入"抗战大

---

① 朱逊:《介绍〈学文示例上册〉》,《国文杂志》第 1 卷第 4、5 期合刊,1943 年 3 月 10 日,第 38 页。朱逊即叶圣陶。该文后收入刘国正主编《叶圣陶教育文集》第三卷(人民教育出版社,1994),末署"1942 年 11 月 1 日作"(第 390 页)。

② 朱逊:《介绍〈学文示例上册〉》,《国文杂志》第 1 卷第 4、5 期合刊,1943 年 3 月 10 日,第 38 页。

③ 目录则作"甲模拟类"之"子法式之拟"。

④ 郭绍虞《学文示例》上册,开明书店,1941,第 166—172 页。

⑤ 朱逊:《介绍〈学文示例上册〉》,《国文杂志》第 1 卷第 4、5 期合刊,1943 年 3 月 10 日,第 39 页。

后方的杜甫研究"，并非无稽之谈或无据之言。1941 年 12 月
7 日，珍珠港事件爆发，驻扎北平的日本宪兵，旋即占领并
封闭燕京大学。1942 年 2 月 8 日，燕京大学临时校董会在重
庆召开，一致决议燕京大学在后方复校。后租用成都陕西街
的华美女中和毗邻的启华小学作为校舍，并推举梅贻宝为代
理校长及代理教务长。同年 10 月 1 日，成都燕大正式开
学。① 自此之后，燕京大学在成都办学历时四个学年。燕京
大学的复校，也为其图书资料在大后方的传播创造了条件。

《杜诗引得》，英文书名 *A Concordance to the Poems of Tu
Fu*。哈佛燕京学社引得编纂处编，燕京大学引得校印所印。
1940 年 9 月出版，系特刊第十四号。三册。全书检索采用
"中国字庋撷法"。杜诗本文，据清嘉庆年间（1796—1820）
翻宋刻《九家集注杜诗》排印；《补遗》则据 1921 年上海扫
叶山房石印仇兆鳌《杜诗详注》增入。

不过，关于三册内容的介绍，说法各异。《杜集书目提
要》云：第一册，洪业序、叙例、笔画检字、音序检字、中
国字庋撷、杜诗各本编次表和杜诗各本逐卷章次起讫表；第
二册，《九家集注杜诗》和《补遗》；第三册为引得和补遗引
得。② 《杜集书录》云："第一册为序及表，第二册为引得，
第三册为九家集注。"③ 其中第二册与第三册的内容似有混
淆。《文史工具书词典》云，第一册为"序例""笔画检字"
"杜诗各本逐卷章次起讫表"；第二册杜诗原文；第三册按

① 陈远：《燕京大学 1919—1952》，浙江人民出版社，2013，第 168 页。
② 据后来上海古籍出版社影印本，未见"音序检字"郑庆笃、焦裕银、张忠
纲、冯建国编著《杜集书目提要》，齐鲁书社，1986，第 281 页。
③ 周采泉：《杜集书录》下，上海古籍出版社，1986，第 683 页。

"中国字庋撷"法排列。前附"笔画检字"。① 此说无"音序检字"。

该书编者，多署"哈佛燕京学社引得编纂处"，具体而言，则是"洪业主编并序，聂崇岐、李书春、赵丰田、马锡用同参订"。② 所谓"哈佛燕京学社"，是指美国哈佛大学和中国燕京大学联合组成的以研究中国文化为宗旨的学术机构。创始于1928年，经费来源于美国科学家霍尔（Charles Martin Hall，1863—1914）死后捐赠的巨款。主管机构为托事部。学社总部设在哈佛大学，负责开办东亚语文系。出版《哈佛东亚学志》，并刊印专号和专著。附设哈佛燕京图书馆（原名汉和图书馆）。1949年以前，学社在燕京大学设有北平办事处，出版《燕京学报》与若干特刊。另设引得编纂处，原与北平办事处平行，1949年以后合并，基本附属于办事处之下。编纂处采用洪业创制的中国字庋撷法，专印经过整理的中国古籍的"引得"。总计出版正刊41种，特刊23种，共64种，81册，是国内较早运用科学方法整理出版中国古籍文献的工具书。③

洪业（1893—1980），谱名正继，字鹿芩，号煨莲，英文学名威廉（William）。福建侯官人。1913—1920年留学美国。先后毕业于俄亥俄韦斯良大学、哥伦比亚大学和纽约协和神学院。1923—1946年，执教于燕京大学历史系。1924—1927年兼任该校文理科科长。1928年兼任图书馆馆长。从

---

① 祝鸿熹、洪湛侯主编《文史工具书词典》，浙江古籍出版社，1990，第431页。

② 周采泉：《杜集书录》下，上海古籍出版社，1986，第683页。

③ 中国大百科全书总编辑委员会《中国历史》编辑委员会、中国大百科全书出版社编辑部编《中国大百科·中国历史》，中国大百科全书出版社，1994，第190页。该词条为王钟翰所撰。

1924 年起，代表燕大与美国哈佛大学筹划创立哈佛燕京学社，1928 年应聘赴哈佛讲学两年。1930 年返校任大学研究院文科主任和导师。1941 年 12 月，太平洋战争爆发，与陆志韦、赵紫宸、邓之诚等教授被捕，初拘留于北平日本宪兵队本部，后转押日本陆军监狱，将及半载。出狱后历时四年，衣粗食粝，拒绝为日伪工作。1946 年再赴美国哈佛大学等校讲学。1947—1948 年担任哈佛大学东亚语文系客座教授。自 1948 年至 1963 年退休，担任哈佛燕京学社研究员。一生从事著述，老而弥笃。其史论体大思精，多有创获。短文佳什，推考正确，可订补前人或史文阙失。门人翁独健、王钟翰曾辑《洪业论学集》，选编其中文论文 37 篇，中华书局 1981 年 3 月出版。①

　　洪业对杜甫的爱好，始于父亲的启导。少时，洪业喜读李白、白居易。年方十三，其父即授以杨伦《杜诗镜铨》，语之云："杜子美志意宏远，心性桀倔，且多谐趣。"② 嘱其可向杜甫学习"作诗"与"做人"，并说："读李诗、白诗，好比吃荔枝、吃香蕉，谁都会马上欣赏其香味。读杜诗好像吃橄榄，嚼槟榔，时间愈长愈好，愈咀嚼愈有味。"随着年龄的增长，洪业对杜诗体会日深，同时，也渐渐搜罗杜集，逐步发现其版本文字、编排先后、诗句注解各方面的问题。抗战期间，老杜"国破山河在"的哀叹，引发其内心的无限隐忧。《杜诗引得》是哈佛燕京学社引得编纂处出版的"唯

---

① 《中国社会科学家辞典》（现代卷）编委会编《中国社会科学家辞典》（现代卷），甘肃人民出版社，1986，第 569—570 页。

② 洪业：《杜甫：中国最伟大的诗人》，曾祥波译，上海古籍出版社，2014，第 423 页。引文转引自该书代译后记《洪业及其〈杜甫：中国最伟大的诗人〉》，亦为曾祥波所译。

一纯文艺"作品。① 其编纂，原本"只是为了覆核、校勘异
文的便利，为最终全面整理杜诗、编就集大成性质的《杜诗
校注》作工具性的准备"。在哈佛燕京学社编纂的诸种引得
中，《杜诗引得》当是洪业"最具个人关切"的一种，寄托
着其自身的"阅读情感与撰述规划"，是其"杜甫研究的真
正学术起点"。② 该书之序作于 1940 年 8 月 4 日，考证精详，
虽是序文，实同专著。论者认为，《杜诗引得序》"以富赡的
资料，系统、全面考证了杜诗源流和历代注本。对杜集由成
书到注释、评点、批选的发展过程及诸本间的源流关系，详
为辨析；对自宋到清的数十种杜诗注本作了言简意赅的评介，
几成一部杜诗学简史"。③ 1946 年春，洪业应邀赴美讲学，先
后在耶鲁大学、匹兹堡大学及哈佛大学，开设关于杜甫生平
及其诗集的系统讲座，借此寄托眷恋祖国的情怀。在此基础
上，完成英文评传《杜甫：中国最伟大的诗人》（*Tu Fu:
China's Greatest Poet. With a Supplementary Volume of Notes*, Cam-
bridge: Harvard University Press, 1952）。④ 本文、子注分订二
册，1952 年由哈佛大学出版部印行，士林推为权威之作。曾
祥波认为，此书可与陈贻焮完成于 1988 年的三卷本《杜甫评

---

① 〔美〕陈毓贤：《洪业传》，商务印书馆，2013，第 199 页。据该书记述，其
　父授书时，洪业为 14 岁。
② 洪业：《杜甫：中国最伟大的诗人》，曾祥波译，上海古籍出版社，2014，
　第 425 页。
③ 胡大浚、王为群主编《杜甫诗歌研读》，甘肃人民出版社，2011，第 91 页。
④ 侯仁之：《我从燕京大学来》，生活·读书·新知三联书店，2009，第 14
　页。是书上卷论述杜甫生平，分导言、正文和结语，共 12 章，包括 374 首
　杜诗的散文英译在内。下卷《附录》则注明各诗文的出处，兼讨论历代注
　杜诗诸家的异同及中外翻译者的错误。这是西方学界公认的研究杜甫生平及
　诗作的一部重要论著。参见张忠纲、赵睿才、綦维、孙微编著《杜集叙
　录》，齐鲁书社，2008，第 730 页；郑庆笃、焦裕银、张忠纲、冯建国编《杜
　集书目提要》，齐鲁书社，1986，第 434 页。

传》"并称东、西方杜甫研究的杰构"。① 其《我是怎样写杜甫的》则发表于《南洋商报》1962 年元旦特刊。1970 年秋，洪业又作《再说杜甫》，但迟至 1974 年 7 月，方见刊于台湾《清华学报》新 10 卷第 2 期。1971 年 11 月，郭沫若《李白与杜甫》问世，书中认为杜甫不肯就任河西尉，有畏难不前之嫌。洪业作诗《读郭沫若〈李白与杜甫〉有感》，予以批评。

《杜诗引得》可称为"第一部隋唐五代文学文献检索的专书"。② 周采泉在此书书目之下，有"编者按"云："'引得'一词为西文'堪靠灯'（concordance）转译而来，实即索引。其法将杜诗每句分割，按首一字排列，下注诗题以利查检。唯字序之排列，不依笔划或部首，而是用一种'庋撷法'，略似'四角号码'，依字之结体编号，非经熟练，查检亦感困难，因'庋撷法'除引得外其他索引中均未推行"，其"所收杜诗尚属完整，较日本饭岛、福田之《杜诗索引》更切实用，为一单纯之工具书，不能视为著作"。③

---

① 洪业：《杜甫：中国最伟大的诗人》，曾祥波译，上海古籍出版社，2014，第 426 页。
② 傅璇琮、蒋寅主编，蒋寅分卷主编《中国古代文学通论·隋唐五代卷》，辽宁人民出版社，2005，第 577 页。
③ 周采泉：《杜集书录》下，上海古籍出版社，1986，第 683 页。

结　语

　　杜甫是著名的现实主义诗人，其"热爱祖国的高贵品德"以及浸透于诗篇中的"忧国忧民的爱国主义精神"，"始终哺育和鼓舞着后代的爱国诗人、民族英雄以及革命志士，成为中华民族保卫祖国、抵御外侮的精神支柱"。这种影响，"世代延续、古今贯串"，在关乎民族存亡的抗日战争中，同样"激励和鼓舞学术界、知识界以及文艺界的爱国者"，积极展开"反侵略和反投降"的英勇斗争。① 可以说，杜甫的精神特质与文化象征，很大程度上影响和决定着当时知识分子的个人行为和价值取向；而杜甫研究，也就成为文化抗战、学术抗战的主要代表和重要力量。

　　同时，自日本全面侵华以来，一批批东北、华北、华东、中原的作家和学者流落西南的经历，与杜甫当年"飘泊西南天地间"的生活，又颇多相似之处。因此，对杜甫和杜诗的体认与研究，尤为深切。正是由于当时的文化生态和文人心态与杜诗多有暗合，抗战大后方的杜甫书写，无论专著、论文、教材抑或文学作品，均蔚为大观。整体而言，此一阶段的杜甫研究，呈现战时性和现代性的显著特色。

---

① 李谊：《"挺身艰难际 张目视寇仇"——试谈杜甫及其诗歌在抗日战争中的影响》，《抗战文艺研究》1982 年第 4 期。

其一，战时性。日本全面侵华带来的社会动荡，与唐时的安史之乱近似，故此一时期的文人学者，习惯于将自己的感受与体验投射到杜诗，并从中得到印证；与此同时，对杜诗的解读，也多联系战时的社会情形加以阐发，具有鲜明的战时指向与战时功能。兹举数例。

对安史之乱与日本侵华，朱偰曾有类比。他指出，唐代安史之乱的"两京沦陷，士庶流离"，近于日本侵华造成的国破家亡。许多士大夫，"自中原流亡到四川"，"在漫漫的岁月中，度着流亡的生活"，"系念着故乡的家庭，牵记着旧都的产业，时时渴望回到故土；但是中原无主，寇盗纵横，只好寄居异乡，惨澹度日"。而杜诗"我来入蜀门，岁月亦已久。岂惟长儿童，自觉成老丑"（《将适吴楚，留别章使君留后兼幕府诸公，得柳字》），可以表现"流亡者久客他乡的心情"；"浮生看物变，为恨与年深"（《又示两儿》），则可表现"一般流亡者心头的隐痛"。[1] 正是基于"流亡人的亲身经历"，朱偰在描写"当年少陵流亡入蜀的心情"时，才"特别具有深刻的体会"，其感情也"十分真诚"。[2]

杜呈祥同样认为杜甫的诗歌如同其实际生活，一方面充满"伟大理想的辉光和积极奋斗的精神"，一方面充满"人生的苦痛和动乱时代的影像"，其中"所反映出来的一切"，千载以下，仍"十分动人而簇新"，如以"抗战期间的文化人的眼光"去看，尤觉"古今文人在变乱时代的命运相同"，

---

[1] 朱偰：《杜少陵在蜀之流寓》，《东方杂志》第40卷第8号，1944年4月30日，第36页。

[2] 朱偰：《杜少陵在蜀之流寓》，载《杜甫研究论文集》一辑，中华书局，1962，第138页。

而杜甫的态度足够"奉为圭臬"。①

　　贺昌群对杜甫时代与抗战年代的类比，也随处可见。他认为，书斋的生活，只能对杜诗加以考据，如要深深体会老杜的诗情意境，则需身临其境，与实景实物融汇，同时予以"美的点化"。日本侵华造成的民众大流徙，有如安史之乱中杜甫亲历的颠沛流离，时间与其居蜀的年岁约略等长，路线也包括杜甫当年"流亡转徙的大道"，故人们所见的山川风物，"虽古今有异，毕竟大致无殊"。②他进而指出："处于今日忧患深重的时候，少陵的情怀，其实就是我们的写照。"③

　　正是基于这种"异代而心通"，杜甫因其"直观现实的现实主义精神以及不屈不挠的战斗精神"④，成为抗战时期"时代的喉舌"，成为饱受战乱之苦的广大民众的"代言人"，成为鼓舞国人奋勇抗敌的"号角"。⑤与此同时，抗战也"直接激发了民族主义思潮"，"强化了杜诗的'诗史'说"，并为"诗史"增添了新的时代内涵。⑥

　　其二，现代性。抗战时期的杜甫研究，新旧并存，多元发展，其路径较先前更为开阔，"大至时代、民族文化、社

①　杜呈祥：《杜甫的贫病生活》，《文史杂志》第6卷第1期，1946年7月，第47页。
②　贺昌群：《读杜诗》（一），《中国青年》第7卷第1期，1942年7月1日，第119页。
③　贺昌群：《读杜诗》（二），《中国青年》第7卷第4、5期合刊，1942年11月1日，第29页。
④　王学泰：《20世纪文化变迁中的杜甫研究》，载董乃斌、薛天纬、石昌渝主编《中国古典文学学术史研究》，新疆人民出版社，1997，第412页。
⑤　关于抗战时期杜甫作为"全民全社会的代言人"和"抗战的号角"的论述，可参见吴中胜《杜甫批评史研究》，中国社会科学出版社，2012，第318—327页。
⑥　赵睿才：《百年杜甫研究之平议与反思》，人民出版社，2014，第83—84页。

会,细至一字一句,多有论及"。① 其现代性的特征渐次显现并渐趋成熟。

首先是由于现代学术意识的影响和现代学术规范的建立,这一时期的杜甫研究,逐步从传统的点评式的审美感悟,过渡到系统的理论探讨,形成研究方法的科学化与研究者的专门化。

就研究方法而言,体现在杜诗艺术的研究上,传统的点评方法依然大行其道。江絜生的《吟边扎记》,邵祖平的《无尽藏斋诗话》《杜诗研究谈》《读杜札记》,朱希祖的"摘句法"亦属此类。但在点评的基础上,开始出现综合性的论述,如邵祖平的《杜甫诗法十讲》、徐中玉的《伟大作家论写作》,均是纲目并举,条分缕析。而系统性的论述,相对于碎片化的点评,是对传统的超越。至于贺昌群、杜呈祥的杜甫研究,更是表现出多角度、多面向的特征。这种系统性和综合性即现代性学术品格的表征。

与此同时,西方现代文学理论开始大量进入杜甫研究领域,"特别是写实主义或现实主义理论"②,如李广田的《杜甫的创作态度》等。再如闻一多论杜,不少地方可以见出白璧德新人文主义的影响。而洪业主编的《杜诗引得》,是"现代西方的引得编撰方法和中国传统的乾嘉学派的诗文校勘整理的合璧"。③

五四运动以后,马克思主义在文化领域"逐渐被越来

① 林继中:《百年杜甫研究回眸》,《河北大学学报》(哲学社会科学版)1999年第2期。
② 杜晓勤:《20世纪中国文学研究:隋唐五代文学研究》下,北京出版社,2001,第872页。
③ 杜晓勤:《20世纪中国文学研究:隋唐五代文学研究》下,北京出版社,2001,第873页。

多的知识分子"接受。值得注意的是，抗战期间，也有部分学者运用阶级与阶级斗争理论分析杜诗。如焕南和钱来苏的两篇文章，即把杜甫视作"代表被压迫人民讲话的诗人"；翦伯赞的《杜甫研究》，也认为杜诗"洋溢着爱国爱穷人的热情"，从某种角度揭示出"杜诗的本质"。①

从整体来看，此一时期的杜甫研究，主要是社会学的新方法开始逐渐取得主流地位，但并未形成一种固定的模式。②在具体论述的过程中，则时有中外文学的对比与对照，如闻一多、朱偰的部分著述。不但如此，闻一多还将唐诗与后期印象派的点画联系起来，这实际上初步具有了跨学科比较的特征。

就写作形式而言，也有新的体裁出现，如采用"评传"的形式叙述杜甫的生平，分析杜诗的艺术，评价杜甫的思想，其中朱偰的《杜少陵评传》导夫先路，冯至的《杜甫传》则后来居上。

其次是用现代的观念诠释杜诗的思想，如对杜甫"忠君"之"君"的阐说等。

苏东坡曾说杜甫是"一饭未尝忘君"。对此处的"君"，有诸家进行阐释和引申。正论中的"杜呈祥的杜甫研究"一节，设有专题加以总结。他认为，"君"就是"国家"。杜甫自安史之乱发生后，"开始表露出""个人的强烈爱国思想"，其《自京赴奉先咏怀》《北征》《同谷七歌》，充满"对国家

---

① 王学泰：《20 世纪文化变迁中的杜甫研究》，载董乃斌、薛天纬、石昌渝主编《中国古典文学学术史研究》，新疆人民出版社，1997，第 412 页。
② 林继中：《百年杜甫研究回眸》，《河北大学学报》（哲学社会科学版）1999年第 2 期。

安危的关心和对皇帝个人的系念"。① 对于杜甫的爱国思想，杜呈祥还专门撰文予以阐述。②

易君左在分析杜甫的"忠君爱国"时，指出所谓"忠"，应该"一切以国家为前提，一切以社稷为重"，并且"忠君"与"爱国"联为一体，不可断分；同时强调，"所有一切的人要爱国"，将"爱国"视为国民应尽的义务。③ 他后来又指出，杜甫的中心思想即爱国思想，也即"国家至上主义"。④

此外，朱偰在论述杜甫的政治思想时，也强调其"忠君爱国之诚，溢乎辞表"。⑤

上引诸说，无不将"君"视同国家。而现代意义上的国家概念、民族意识，在中国的兴起和形成，都是始自清末，至全面抗战时期，才广泛地深入人心。

抗战大后方的杜甫研究，虽然取得相对突出的成绩，但也存在一些不足。

首先，日本侵华期间，动乱的社会现实，驱动文人学士不断接近、亲近杜甫与杜诗，成为杜甫研究一度繁盛的时代契机，但战争环境也在一定程度上制约了杜甫研究的推进。一方面，辗转播迁造成的资料缺失和散佚，给研究工作带来极大的不便；另一方面，因为缺少相对安宁、安定的生活环

---

① 杜呈祥：《杜甫的贫病生活》，《文史杂志》第 6 卷第 1 期，1946 年 7 月，第 55 页。

② 即《杜甫的爱国思想》（《三民主义半月刊》第 6 卷第 2 期，1945 年 1 月 15 日出版）。

③ 易君左：《杜甫今论》（二），《民族诗坛》第 3 卷第 3 辑，1939 年 7 月，第 10—11 页。

④ 杜裔：《易君左先生论杜甫及其诗》（上），《政工周报》第 10 卷第 9 期，1943 年 6 月 1 日，第 19 页。

⑤ 朱偰：《杜少陵评传》，青年书店，1941，第 113 页。

境，学者大多难以安心地开展研究。① 因此，此一时期的杜
甫研究，传世之作较少，更多的是湮没无闻。本著大力发掘
的动因，即根源于此。

　　除客观条件的限制外，抗战时期的杜甫研究，也体现出
一定的时代局限性。1962 年 4 月 8 日，朱偰在"应征"将其
《杜少陵在蜀之流寓》收入《杜甫研究论文集》一辑时，曾
作附记，对早期的观点有所修正。在他看来，杜甫"具有无
限的热情，和人民同甘苦，热爱人民，热爱祖国"，而"所
遭逢的时代"，又是外敌入侵，"藩镇割据，丧乱频仍，流离
失所"，其"一腔热情，无处寄托"，所以"发为诗歌，腾为
词章"。正因为如此，朱偰认为，"不能用'忠君爱国'的陈
旧观念"，衡量杜甫"热爱人民、热爱祖国的伟大的、真诚
的感情"；也"不能单纯用'身世之悲、漂泊之感'"，说明
杜甫的"怀抱不遇"；更不能用"抑塞磊落之志"，说明"杜
诗沉郁苍凉之由来"。杜诗的沉郁苍凉，应当从杜甫"人格
的伟大，感情的真挚，个性的忧郁"，以及"时代的丧乱"
等各个方面去探求，仅从"个人的遭遇"出发，难以得到正
确的解释。②

　　至于易君左对杜甫意识形态化的解读，亦可从反面立鉴。
1938 年 3 月 29 日至 4 月 1 日，国民党临时全国代表大会在武
汉召开。会议制订并通过《抗战建国纲领》，确立三民主义
为一般抗战行动及建国的最高准则。在此背景下，易君左运
用三民主义理论，对杜甫及杜诗做出"合乎时宜"的阐释，
从国家至上、民族主义、民生主义三个维度，建构起"杜甫

---

① 冯建国：《杜甫研究的思考》，《齐鲁学刊》1990 年第 4 期。
② 朱偰：《杜少陵在蜀之流寓》，载《杜甫研究论文集》一辑，中华书局，
　　1962，第 137—138 页。

思想"的体系。其《杜甫今论》虽偶有精彩之见，但通篇强拉古人以就己意，整体上终归是失败之作。此处再引申说明的是，后来对"三民主义文艺政策"的倡导，易君左同样与有力焉。他在 1943 年 3 月 23 日，于"渝郊"写成《我们所需要的文艺原则纲要》①，对张道藩《我们所需要的文艺政策》一文，进行修正和"补充"。学术研究一旦阿时趋俗，必将导致学术品质的窳劣与败坏。这也是我们在总结抗战大后方杜甫研究时，得到的教训和警示。

---

① 该文发表于《文艺先锋》第 2 卷第 4 期（第 15—20 页），1943 年 4 月 20 日出版。后收入《文艺论战》（发行者：中央文化运动委员会；总经售：正中书局），1944 年 7 月出版。

附　录
解放区的杜甫研究

此处的"附录"，主要是从区域范围补论解放区的杜甫研究。"解放区"一词，其最初含义是指从日军侵占的沦陷区"恢复与新开辟的地区"①，后用来指代中国共产党领导的军队从敌伪统治和国民党统治下解放出来的地区。在抗战胜利以前，"解放区"这一概念，主要对应于"沦陷区""国统区"，其含义近于根据地、抗日根据地等。

抗战时期，杜甫及其诗歌对解放区的"老一辈无产阶级革命家、爱国诗人、革命知识分子，甚至党政干部"，同样有着深刻的影响。② 解放区的杜甫研究，其代表性文章有二，即焕南的《案头杂记》和钱来苏的《关于杜甫》，两者同时发表于延安《解放日报》1946 年 11 月 3 日第 4 版，内容上也有先后的关联。尽管从时间上看，两文的发表晚于抗战的结束，但从内容上看，是抗战时期杜甫研究的流风余绪；且研究者大多将其视作抗战时期的杜甫研究，故本著也仍从众说。

---

① 《战时是能够实行民主的——平北解放区村选完成》，《新华日报》1944 年 8 月 7 日，第 2 版。
② 李谊：《"挺身艰难际 张目视寇仇"——试谈杜甫及其诗歌在抗日战争中的影响》，《抗战文艺研究》1982 年第 4 期。

　　焕南，即谢觉哉①，时任中共陕甘宁边区政府党组常务
干事、常务委员，中共中央法律问题研究委员会主任委员。
其《案头杂记》②主要是响应胡乔木的提议，即"边区应该
对中国的最大诗人杜甫有所纪念"。提议之下，还开列四种
"纪念办法"。焕南文首先介绍了"延城南关外杜甫川口"的
"唐左拾遗杜公祠"，并对其"故事"展开夹叙夹议的说明，
最后认为"诗人大抵敦厚，高洁，正直，勇敢，不为利所
诱，不为名所惑"，故能"代表人类的义愤，正气，甚至能
写出被压迫阶级的呼声"。杜甫正是因为有"极崇高的人
格"，所以"锻炼出""极伟大的作品"。

　　杂记写完之后，焕南交付钱来苏③请提意见，于是有
《关于杜甫》一文的诞生。钱来苏首先肯定杜甫的"民族意

---

① 谢觉哉（1884—1971），字焕南，辈名泽深，册名维鐕，别名觉斋，革命名
觉哉。

② 其《案头杂记》共计 11 篇，分别为：（1）《案头杂记》（《解放日报》1946
年 9 月 17 日）；（2）《案头杂记》（《解放日报》1946 年 9 月 26 日）；（3）
《案头杂记》（《解放日报》1946 年 9 月 28 日）；（4）《案头杂记》（《解放日
报》1946 年 10 月 3 日）；（5）《实际与原则——案头杂记》（《解放日报》
1946 年 10 月 8 日）；（6）《也是作风问题》（《解放日报》1946 年 10 月 9
日）；（7）《案头杂记》（《解放日报》1946 年 10 月 12 日）；（8）《案头杂
记》（《解放日报》1946 年 10 月 16 日）；（9）《案头杂记》（《解放日报》
1946 年 10 月 22 日）；（10）《案头杂记》（《解放日报》1946 年 10 月 29
日）；（11）《案头杂记》（《解放日报》1946 年 11 月 3 日）。

③ 钱来苏（1884—1968），原名钱启隆，字叔常，后名钱拯，字来苏，一字太
微。原籍浙江杭县，出生于奉天省奉化县（今吉林省梨树县）。1904 年赴日
本早稻田大学留学，加入同盟会，后日俄战起，弃学回国，在奉天（今沈
阳）创办辅华中学。曾任《吉林报》编辑、保定育德中学和保定军官学校
教员、东三省特别区行政长官公署参议等。七七事变后，任第二战区司令长
官部少将参事。1943 年 3 月到达延安，任陕甘宁边区政府参议员。其间曾
参加怀安诗社。1949 年，任中央文史馆馆员。著有《孤愤草初喜集合稿》
《钱来苏诗选》。参见魏晓光编著《梨树古今人物》，吉林文史出版社，
2015，第 189—190 页。

识""非常坚强"，是"中华民族历史上最有骨头的一个人"，
然后从"诗圣"和"诗史"的称谓入手，分别展开论述。就
"诗圣"而言，主要体现在杜诗的"艺术高明，思想高尚，
骨力刚大，气魄雄浑，描写的细腻，用事的确切，对仗的工
整，格律的谨严，字句的凝炼，声调的铿锵"，堪称"集汉
魏以来作家之大成"。就"诗史"而言，杜甫"有气骨而富
正义感"，对"豪贵的荒淫，贫民的痛苦"，"一方面是深恶
痛绝，一方面是哀怜惋惜"。其"据笔直书，毫无隐讳，董
狐笔下，魑魅魍魉，无所逃形"。钱来苏最后阐明纪念杜甫
的重大意义，并号召"做诗的朋友"学习杜甫，"把复兴民
族的义愤和勇气，以新的形式，歌唱到广大人民中去"。

　　同期谢觉哉日记亦有关于杜甫的论述。1946 年 10 月 12
日记："昨天接乔木同志信，提议为诗圣杜甫建纪念亭或
碑"[1]，接着便是对杜公祠的介绍：

　　　　延城南关外杜甫川口有唐左拾遗杜公祠，祠系依石凿
　　洞，祠内石龛犹在，有"北征遗范"木匾，门有石刻联：
　　"清辉近接鄜州月，壮策长雄芦子关。"为陈炳琳题。祠旁
　　石壁刻"少陵川"大字，道光癸卯知肤施县事西粤陈炳琳
　　重立并书。没有碑既说"重立"，可知以前是有的。[2]

　　在对上文所引杜甫的故事详加"说明"之后，谢觉哉得
出结论："从来有名的诗人总比有名的文人可爱，因为诗人
大抵敦厚、正直，不易为利所诱、为名所惑，一句话：有真

---

① 谢觉哉日记编辑组整理《谢觉哉日记》下卷，人民出版社，1984，第
　　1009 页。
② 谢觉哉日记编辑组整理《谢觉哉日记》下卷，人民出版社，1984，第
　　1009—1010 页。

性情。所以他能代表人类的义愤、正气，甚至也能写出一点被压迫阶级的呼声，就是写家庭、朋友、男女，也多能一往情深，发人深省。杜甫是我国诗圣，我们崇拜他的作品，更崇拜他的人格。他有极崇高的人格，也就能锻炼出他伟大的作品。"最后，谢觉哉认为，"照乔木同志的提议"，"主张把杜祠修葺一下，于明年的诗人节开个纪念会"。①

14 日，谢觉哉又"翻本杜诗看看"，主要关注点有二。一是杜甫在秦州，"儿女饿莩者数人"；二是晚年在耒阳，"忽然得到白酒牛肉"，终被"胀死"。由此，"深深感到不合理的社会，对于抱天才的富正义的人的惨酷"。② 随着国内形势的发展，谢觉哉评述杜甫，其批判的锋芒所向，已在蒋介石政权。

受到杜诗影响的，还有怀安诗社。该诗社为自由吟唱的业余文艺团体，由陕甘宁边区政府主席林伯渠倡导，正式成立于 1941 年 9 月 5 日。陕甘宁边区高等法院院长李木庵任社长，社员近百人，包括董必武、谢觉哉、高自立、鲁佛民、朱婴、吴缣、汪雨相、安文钦、戚绍光、贺连城、施静安、李丹生等。朱德、叶剑英、吴玉章、徐特立等曾向该社投诗。"怀安"寓意为"老者安之，少者怀之"，叶剑英诗句"投身革命将何事，老者安兮少者怀"，体现了该社宗旨。③ 该社编

---

① 谢觉哉日记编辑组整理《谢觉哉日记》下卷，人民出版社，1984，第 1011 页。
② 谢觉哉日记编辑组整理《谢觉哉日记》下卷，人民出版社，1984，第 1012 页。
③ 参见尚海、孔凡军、何虎生主编《民国史大辞典》，中国广播电视出版社，1991，第 525 页；鄂基瑞等撰《中国现代文学词典》，上海辞书出版社，1990，第 18 页。

辑出版有《怀安诗刊》。1949 年 9 月停止活动。① 该社社员"多用古体诗的形式热烈地表达自己悲愤的呐喊，必胜的信念，胜利的欢乐"，"或者直接咏颂杜甫，或者凭吊其遗迹，或者化用他的诗句"，如林伯渠曾作《杜工部遗居羌村》（1941 年 12 月），李木庵有《游杜甫祠感赋》（1946 年，《怀安诗选》题《游杜甫祠》），等等。影响所及，至 1947 年 11 月，朱德还作有《感事八首用杜甫〈秋兴〉诗韵》。

由此可见，解放区"在继承和发扬杜诗中的爱国主义传统，用以激励人们的民族气节和侵略者展开英勇斗争方面"，其特点在于，"不是自发地开展，而是有组织、有领导从上而下加以倡导"。②

---

① 吴海发：《二十世纪中国诗词史稿》，中国文史出版社，2004，第 528 页。或言"1947 年后停止活动"，参见鄂基瑞等撰《中国现代文学词典》，上海辞书出版社，1990，第 18 页。

② 李谊：《"挺身艰难际 张目视寇仇"——试谈杜甫及其诗歌在抗日战争中的影响》，《抗战文艺研究》1982 年第 4 期。

主要参考文献*

一　工具书类

北京图书馆编《民国时期总书目（1911—1949）：文学理
　　论·世界文学·中国文学》上，书目文献出版
　　社，1992。

陈玉堂：《中国文学史书目提要》，黄山书社，1986。

陈玉堂编著《中国近现代人物名号大辞典》（全编增订本），
　　浙江古籍出版社，2005。

范泉主编《中国现代文学社团流派辞典》，上海书店，1993。

吉平平、黄晓静编著《中国文学史著版本概览》，辽宁大学
　　出版社，1992。

马兴荣、吴熊和、曹济平主编《中国词学大辞典》，浙江教
　　育出版社，1996。

王友胜、李鸿渊、林彬晖、李跃忠：《民国间古代文学研究
　　名著导读》，岳麓书社，2010。

张忠纲主编《杜甫大辞典》，山东教育出版社，2009。

---

　　* 本书写作过程中还引用、参考了抗战时期及中华人民共和国成立前后的
　　旧报旧刊。凡征引处，已在正文或注释中有所说明，此处不再一一列出。
　　谨向相关论著的作者、译者和编者，以及为本人查阅资料提供帮助的各
　　位师友表示衷心感谢。

中国现代文学馆编《中国现代作家大辞典》，新世界出版
　　社，1992。

中华书局编辑部编《中华书局图书总目（1912—1949）》，
　　中华书局，1987。

二　著述类

蔡镇楚：《中国古代文学批评史》，岳麓书社，1999。

〔美〕陈毓贤：《洪业传》，商务印书馆，2013。

程会昌：《目录学丛考》，中华书局，1939。

重庆文史研究馆编《中国抗日战争诗词曲选》，重庆出版
　　社，1997。

《邓广铭全集》第十卷"书评　序跋　杂著"，河北教育出版
　　社，2005。

《杜甫研究论文集》一辑，中华书局，1962。

杜晓勤：《20 世纪中国文学研究：隋唐五代文学研究》下，
　　北京出版社，2001。

冯姚平编《冯至与他的世界》，河北教育出版社，2001。

冯至：《十四行集》，文化生活出版社，1949。

冯至编选，浦江清、吴天五注释《杜甫诗选》，作家出版
　　社，1956。

《冯至选集》第一卷、第二卷，四川文艺出版社，1985。

高旭东：《梁实秋：在古典与浪漫之间》，文津出版
　　社，2005。

郭绍虞：《语文通论》，开明书店，1941。

海宁市档案局（馆）整理《宋云彬日记》上册，中华书
　　局，2016。

《贺昌群文集》第 3 卷，商务印书馆，2003。

洪业：《杜甫：中国最伟大的诗人》，曾祥波译，上海古籍出

版社，2014。

洪业：《洪业论学集》，中华书局，1981。

季镇淮编著《闻朱年谱》，清华大学出版社，1986。

翦伯赞：《历史问题论丛》（增订本），人民出版社，1962。

蒋勤国：《冯至评传》，人民出版社，2000。

梁实秋：《梁实秋读书札记》，中国广播电视出版社，1990

《梁实秋散文集》第二卷、第六卷，时代文艺出版社，2015。

陆耀东：《冯至传》，北京十月文艺出版社，2003。

罗庸著，杜志勇辑校《中国文学史导论》，北京出版
　　社，2015。

罗庸：《习坎庸言 鸭池十讲》，新星出版社，2015。

罗宗强：《隋唐五代文学思想史》，中华书局，2003。

沈晖编著《苏雪林年谱长编》，安徽文艺出版社，2017。

四川省文史研究馆编《杜甫年谱》，四川人民出版社，1981。

苏雪林：《唐诗概论》，商务印书馆，1933。

（明）王嗣奭：《杜臆》，上海古籍出版社，1983。

王亚平、王渭：《两代书》，人民文学出版社，2004。

《闻一多全集6：唐诗编上》，湖北人民出版社，1993。

吴中胜：《杜甫批评史研究》，中国社会科学出版社，2012。

《夏承焘集》第七册，浙江古籍出版社、浙江教育出版
　　社，1997。

萧涤非主编《杜甫全集校注》，人民文学出版社，2014。

谢觉哉日记编辑组整理《谢觉哉日记》下卷，人民出版
　　社，1984。

谢思炜校注《杜甫集校注》，上海古籍出版社，2016。

徐建荣主编，海盐县政协文教卫体与文史委员会编《孤云汗
　　漫——朱偰纪念文集》，学林出版社，2007。

徐天闵选编，熊礼汇校订《古今诗选》，武汉大学出版社，

2013。

徐有富：《程千帆沈祖棻年谱长编》，南京大学出版社，
2013。

姚可崑：《我与冯至》，广西教育出版社，1994。

易君左编著《中国文学史》，香港：自由出版社，1959。

张辉：《冯至：未完成的自我》，文津出版社，2005。

张献青、闫永利：《遗忘的绿荫：李广田论》，山东人民出版
社，2002。

张忠纲、赵睿才、綦维、孙微编著《杜集叙录》，齐鲁书社，
2008。

章衣萍：《磨刀新集》，社会生活出版社，1942。

赵睿才：《百年杜甫研究之平议与反思》，人民出版社，
2014。

郑庆笃、焦裕银、张忠纲、冯建国编著《杜集书目提要》，
齐鲁书社，1986。

郑临川记录，徐希平整理《罗庸西南联大授课录》，北京出
版社，2014。

郑临川记录，徐希平整理《闻一多西南联大授课录》，北京
出版社，2014。

中国社会科学院外国文学研究所编《冯至先生纪念论文集》，
社会科学文献出版社，1993。

周采泉：《杜集书录》，上海古籍出版社，1986。

朱元曙、朱乐川整理《朱希祖日记》，中华书局，2012。

朱元曙整理《朱希祖书信集 郦亭诗稿》，中华书局，2012。

朱祖延：《朱祖延集》，崇文书局，2011。

三　论文类

戴佳圆：《试论冯至和他的杜甫研究》，《巢湖学院学报》（人

文社会科学版）2002 年第 4 期。

杜晓勤：《20 世纪唐代文学研究历程回顾》，《北京大学学报》（哲学社会科学版）2002 年第 1 期。

冯姚平：《冯至年谱》，《新文学史料》2001 年第 4 期。

冯至：《昆明日记》，冯姚平整理，《新文学史料》2001 年第 4 期。

冯至：《昆明往事》，《新文学史料》1986 年第 1 期。

付定裕：《贺昌群杜甫研究述评》，《杜甫研究学刊》2017 年第 3 期。

何跃祖：《谈梁实秋先生"剑外"新解》，《杜甫研究学刊》1994 年第 2 期。

焦裕银：《杜甫研究论文综述（1911—1949 年）》，《文史哲》1986 年第 6 期。

孔令环：《现代杜诗学文献述要》，《中州学刊》2016 年第 10 期。

李凤玲、赵睿才：《治杜的结果：真了解——闻一多先生的杜甫研究（二）》，《杜甫研究学刊》2004 年第 4 期。

李谊：《"挺身艰难际 张目视寇仇"——试谈杜甫及其诗歌在抗日战争中的影响》，《抗战文艺研究》1982 年第 4 期。

林继中：《百年杜甫研究回眸》，《河北大学学报》（哲学社会科学版）1999 年第 2 期。

王渭：《王亚平传略》，《新文学史料》1989 年第 1 期。

王学泰：《20 世纪文化变迁中的杜甫研究》，载董乃斌、薛天纬、石昌渝主编《中国古典文学学术史研究》，新疆人民出版社，1997。

汪曾祺：《西南联大中文系》，载汪曾祺《昆明的雨》，云南人民出版社，2011。

吴中胜：《抗战时期的"杜甫热"》，《光明日报》2015 年 11

月 30 日。

查正贤：《论夏承焘〈杜诗札丛·儒学与文学〉的学术意义》，《北京大学学报》（哲学社会科学版）2016 年第 2 期。

张道锋：《张汝舟年谱简编》（一），《滁州职业技术学院学报》2018 年第 1 期。

张道锋：《张汝舟年谱简编》（二），《滁州职业技术学院学报》2018 年第 4 期。

张国强：《黄芝冈先生学术年表》，《艺海》2019 年第 3 期。

张迎胜：《冯至先生的杜甫研究》，《杜甫研究学刊》2001 年第 3 期。

赵睿才：《荜路蓝缕，以启山林——冯至先生的杜甫研究》，《杜甫研究学刊》2006 年第 3 期。

赵瑞蕻：《离乱弦歌忆旧游——纪念西南联大》，《新文学史料》2000 年第 2 期。

周棉：《冯至年谱》（续），《徐州师范学院学报》1992 年第 4 期。

后　记

　　2011 年 7 月，笔者曾进入重庆图书馆工作；次年 7 月，调回母校重庆师范大学任教。重庆图书馆曾是陈荒煤的避栖之所，也是刘小枫学术起步的地方；其中有郑振铎纫秋山馆行箧鲜为人知的藏书，但更为人熟知的，是中国抗战文献的府库。

　　供职重庆图书馆期间，笔者在整理民国文献时，发现杜甫研究在抗战时期的繁盛与浩博，而后来的研究者，囿于资料，所做关注，还远远不够。2014 年，笔者即以"抗战大后方的杜甫研究"为题，申报国家社科基金项目，后以西部项目立项。申报前后，曾断续发表《邵祖平论杜甫与杜诗辑佚》《易君左的杜甫研究掇精》《易君左与杜甫草堂三题》《余俊贤〈杜甫平传〉略说》《民国时期杜甫诗学著作四种经眼录》《朱偰〈杜少陵评传〉及其它》《重拾杜甫研究的遗珠：杜呈祥论杜辑评》《王亚平〈杜甫论〉叙录》《翦伯赞的〈杜甫研究〉及其引发的批评》《论梁实秋的杜甫研究》等文。

　　本著成稿于 2019 年 10 月。书中用力最多的地方，在于文献的搜罗，以及对此所做的整理与考证。令人欣慰的是，通过此项研究，部分文化学者得以重新浮出历史的地表，如2013 年涉及杜呈祥的两篇文章问世后，即收到杜立诚先生、杜汉芬女士的来信，称赞笔者是国内唯一关注其祖父的学人，并希望笔者再接再厉。倏忽间，12 年流光已逝，笔者因困于琐务，再无暇整理、研究杜呈祥的著述，实在有愧于二位老人的托付。如今音讯已断，不知两老是否安好？

本著初拟名"飘泊西南天地间，萧条异代不同时——杜甫研究在抗战大后方"。"飘泊西南天地间"，语出杜甫《咏怀古迹五首》其一。诗云："支离东北风尘际，飘泊西南天地间。三峡楼台淹日月，五溪衣服共云山。羯胡事主终无赖，词客哀时且未还。庾信生平最萧瑟，暮年诗赋动江关。"

"萧条异代不同时"，语出杜甫《咏怀古迹五首》其二。诗云："摇落深知宋玉悲，风流儒雅亦吾师。怅望千秋一洒泪，萧条异代不同时。江山故宅空文藻，云雨荒台岂梦思。最是楚宫俱泯灭，舟人指点到今疑。"

"五首"为杜甫流寓夔州时所作，盖"因古迹而自咏怀"（黄生语）。庾信流寓江陵，尝居宋玉之宅，其生平与杜甫尤多类似之处，故首章即及之。"支离东北风尘际，飘泊西南天地间"两句，错文见义，意谓无论东西南北，充塞于高天厚地者，皆浼洞风尘；自己则支离、飘泊于其间。而"怅望千秋一洒泪，萧条异代不同时"，乃从"深知"二字展演而出。之所以"望千秋"而"洒泪"，是因为杜甫深知宋玉的摇落之悲，但恨不同时，无由倾心与谈。

《咏怀古迹》首以庾信自比，次则"因宋玉而有感于平生著述之情"（蒋绍孟说）。总体以观，均是借宋玉为题，表达"百年歌自苦，未见有知音"的寂寞与悲愤，在浑融一气中，别有峥嵘飞动、磊砢郁勃之致。①

---

① 关于《咏怀古迹》之一、二的阐释，多参考陶道恕主编《杜甫诗歌赏析集》，巴蜀书社，1993，第 455—461 页。《咏怀古迹》五首的赏析，为白敦仁所撰。

　　杜甫与宋玉，遭际相似，虽身处异代、时隔千年，却能共鸣同应。而日本侵华期间，大批文人内迁，所处境况，又与杜甫大同小异。"飘泊西南天地间"，是同一空间场域的复临；"萧条异代不同时"，则是同一时代氛围的再现。正是在此时空交叠之中，杜甫研究勃然兴焉。

　　2020年4月，课题得以顺利结项。欣然、释然之余，笔者对书稿的缺失，亦了然于胸。如以人物为纲的架构，一方面可能带来新的遗漏和遮蔽，即对于仅有单篇文章，甚或只有片言只语的论者，难以单独立论并纳入本著的整体框架；另一方面，也会造成章节之间，连属不甚紧密。至于阐幽发微，虽奋力而为，仍未深表入里。此次出版，经删改增订，或可差强人意，其中力有未逮之处，敬祈方家批评指正。

熊飞宇

于重庆市抗战文史研究基地

2025年7月10日

图书在版编目（CIP）数据

抗战大后方的杜甫研究／熊飞宇著. -- 北京：社会科学文献出版社，2025.8. --（抗战大后方文学史料建设丛书）. -- ISBN 978-7-5228-5460-1

Ⅰ. K825.6

中国国家版本馆 CIP 数据核字第 2025NP4063 号

抗战大后方文学史料建设丛书
抗战大后方的杜甫研究

著　　者／熊飞宇

出 版 人／冀祥德
责任编辑／韩莹莹
文稿编辑／孙少帅
责任印制／岳　阳

出　　版／社会科学文献出版社
　　　　　地址：北京市北三环中路甲 29 号院华龙大厦
　　　　　邮编：100029
　　　　　网址：www.ssap.com.cn
发　　行／社会科学文献出版社（010）59367028
印　　装／三河市东方印刷有限公司

规　　格／开　本：880mm×1230mm　1/32
　　　　　印　张：10.125　字　数：245 千字
版　　次／2025 年 8 月第 1 版　2025 年 8 月第 1 次印刷
书　　号／ISBN 978-7-5228-5460-1
定　　价／98.00 元

读者服务电话：4008918866